통일 시대를 살다

포앤북스는 북한과 열방을 사랑하시는 하나님 아버지의 마음을 나누기 원합니다.
포앤북스는 한국교회가 감당해야할 가장 시급한 사명이 바로 우리민족의 평화적인 통일과 북한복음화임을 믿습니다. 포앤북스는 샬롬의 영성을 북돋우는 기독출판사로서 북한선교는 곧 '복음회복운동'임을 선포하며, 하나님께서 통치하시는 New Korea를 세워가는 데 헌신하겠습니다.

통일 시대를 살다

전병길 지음

포앤북스

본 도서는 통일정책연구회의 연구기금 지원과
도서출판 포앤북스의 기획·편집으로 출간되었습니다.

목차
Contents

머리말   6

1부
역사의 뒤안길에서

아 대한제국!   16

붉은 깃발, 세계를 흔들다   21
     시대를 담은 영화 | 〈레즈, The Reds, 1981〉

'대량생산' 그리고 '인간소외'   34
     시대를 담은 영화 | 〈모던 타임즈, Modern Times, 1936〉

혼돈의 세계   44
     시대를 담은 영화 | 〈마이웨이, My Way, 2011〉

'냉전'과 '열전'   56
     시대를 담은 영화 | 〈태극기 휘날리며, 2003〉

'천리마'와 '대약진'	70
시대를 담은 영화	〈인생, 人生, 1995〉	
번영의 시대	82
시대를 담은 소설	〈한강〉	
타는 목마름으로	94
시대를 담은 영화	〈화려한 휴가, 2007〉	
굿모닝 '자본주의'	108
시대를 담은 영화	〈굿바이 레닌, Good Bye, Lenin, 2003〉	
고난의 행군	120
시대를 담은 영화	〈크로싱, 2008〉	
기로에선 한반도	128

목차
Contents

2부
통일 한국을 세우는 직업의 세계

통일의 스윗 스팟(Sweet Spot) 찾기   134
'창조적 소수' 그리고 '직업의 세계'   142
통일 한국을 세우는데 필요한 직업들   153
    탈북자 정착지원 160 / 정책학술연구 164
    남북한 음식의 세계화 170 / 도시개발 & 어메니티 176
    통일스토리 개발 182 / 환경 복원 프로젝트 187
    북한의 외국어 교육 192 / 의료관광 197
    Win-Win의 경제협력 202
통일의 날에 떠오를 'Hidden Job' BEST 10   208
달란트 찾기   229

3부
내게, 그리고 우리에게 강 같은 평화

은혜의 메아리	238
삼천리 반도 금수강산	241
눈을 들어 하늘 보라	247
어둔 밤 마음에 잠겨	254
부흥과 그날	263
십자가와 평화의 기도	275

마치며, 통일 세대에게

통일 세대에게	282
참고자료	291

머리말

이 책에 담겨 있는 3개의 키워드는 '복음·민족·역사'다. '복음·민족·역사'는 1990년대 초 중반 캠퍼스선교단체 연합모임인 '학원복음화협의회'에서 개최하던 청년대학생을 위한 통일집회의 이름이었다. 1993년 10월 30일 토요일 오후 스무 살의 청년이었던 본 저자는 당시 같이 성경공부를 하던 예수제자운동(JDM)동아리 친구들과 경기도 파주 임진각에서 열렸던 '복음·민족·역사' 집회에 참석했다. 그리고 그곳에서 찬양하고 기도하며 말씀을 나누는 가운데 '임진각 너머 북녘 땅을 향해 나아가라'는 강한 부르심을 체험했다.

그날 이후 북한과 통일 문제는 내 삶의 핵심 가치가 되었다. 북한과 북한 사람들을 위해 기도하기 시작했고 뉴스에 북한 소식이 나오면 주의 깊게 들었다. 좋은 믿음의 선배들을 만나 함께 공부할 수 있었고 미래의 꿈을 키울 수가 있었다. 물론 삶의 고비마다 다른 길을 가고자 했던 적도 있었지만 그때마다 하나님은 당신의 방법으로 비전의 첫 마음을 다시금 갖게 해 주셨고 그 뜻을 굳건히 하셨다.

30대 중반이 넘어서며 그동안 느끼고 경험했던 것들을 글로 정리하기 시작했다. 통일 한국이라는 푯대를 향해 어떻게 뜻을 세우고 행하여야 하는지에 대한 고민을 글로 담았다. 특히 경제적인 대안과 기업경영전략, 사회의 새로운 가치형성에 초점을 맞췄다. 그리고 나름의 시각을 담은 '새로운 자본주의에 도전하라(2009)', '코즈마케팅(2010)', '통일 한국 브랜딩(2010)'을 출간했다.

이번 책에서는 '복음·민족·역사'의 가치 속에 시대의 흐름을 담았고 미래세대가 구체적으로 통일을 준비할 수 있는 방법들, 그리고 한 명의 신앙인으로서의 고백을 적었다. 1부 '역사의 뒤안길'에서는 이데올로기-분단-전쟁-갈등-갈망의 20세기 역사를 나름의 시각에서 해석했다. 1부의 각 꼭지 마지막 부분에는 시대를 담은 영화와 소설이 소개된다. 본 저자가 이 책을 준비할 때 영감을 주었던 시대정신을 담은 작품들이다.

2부 '통일 한국을 세우는 직업의 세계'에서는 통일 과정과 통일 이후에 생길 직업들을 중심으로 이야기를 전개한다. 지금까지 통일에 대한 당위론을 다루는 책들이 많았고 헌신으로 초대하는 글들도 많았다. 하지만 언젠가 임할 그날에 어떤 직업들이 생겨날 것이고 어떤 준비를 해야 할지에 대해서는 거의 논의가 되지 않았다. 아니, 않았다기보다는 할 여력이 없었던 것 같다. 그래서 부족하지만 나름의 상상력을 발휘해서 통일 한국 시대의 유망 직업을 소개하는 다소 발칙함을 보였다.

3부 '내게 그리고 우리에게 강 같은 평화'는 찬송시를 통해 역사의 주관자이시며 민족의 주인이신 하나님에 대한 고백을 담았다. 자주 부르는 찬양이고, 낭송하는 시이지만 그 속에 내포된 시대의 메시지는 나의 뜻과 지식이 아닌 하늘의 뜻을 소망해야 함을 다시금 고백하게 만들었다.

이 책에 삽입되어 있는 그림은 대부분 시대상을 담은 우표와 엽서 이미지들이다. 한국의 우표는 '우정사업본부' 웹사이트에서 자료를 제공 받았으며 외국의 우표는 해당국가의 체신관련 정부기관 사이트를 참조했다.

또한 이 책에는 다른 책들과는 다르게 '추천사'가 없다. 그동안 여러 권의 책을 출간하면서 지방자치단체장, 국회의원, NGO대표자, 기업인, 학자, 목회자 등 저명한 분들로부터 추천사를 받았었다. 하지만 이번 책은 타인의 추천보다, 내가 나를 추천하는 '자기추천'으로 가려고 한다. 적어도 이번 책만큼은 타인의 지명도보다는 콘텐츠가 갖고 있는 생명력으로 사람들의 마음에 다가서고 싶다.

책이 출간되기까지 많은 분들의 격려와 도움이 있었다. 무엇보다 책의 기획과 원고 집필 과정에서 재정적인 지원을 해준 '통일정책연구회'에 감사를 드린다. 2005년 설립된 통일정책연구회는 각 전문 영역을 통하여 통일 시대를 준비하는 비전가들의 공동체로, 통일 한국이 하나님의 나라가 될 수 있도록 사회 각 영역에서 예수 그리스도의 정신이 반영된 정책을 연구하고자 하는 소망을 갖고 있다. 필자와 같이 부족한 사람에게 통일정책연구회 회원들의 조언과 격려는 큰 힘이 되었다.

그리고 참 스승이신 고려대 경영학과 이장로 교수님, 경찰대 조요셉 박사님, 통일연구원 허문영 박사님께도 감사를 드린다. 이 분들은 통일 한국의 길을 제시해 주셨던 훌륭한 멘토들이시다. 또한 여러모로 힘이 되어준 한국리더십학교 동문들과 도서출판 포앤북스 관계자 여러분들에게도 감사의 마음을 전하고 싶다. 마지막으로 책의 모든 과정을 지켜봐 주고 격려해 준 사랑하는 아내 영라와 아들 예찬에게도 고맙고 미안하다는 말을 하고 싶다.

이 모든 것에 감사하며…

2012년 9월
스무 살 청춘의 그 마음으로
전병길

Living United Korea

우리가 바라는 바와 현실의 난제들 사이에는 상당한 거리가 있다. 그럼에도 불구하고 우리는 과거 선배들의 도전과 아픔을 다시 한 번 되새겨 봐야 한다.

1부

역사의 뒤안길에서

아 대한제국!

벨 에포크 (La belle epoque)

1900년.

새로운 세기를 맞이한 사람들에게 미래 세상은 어떤 모습이었을까? 유럽과 미국의 중·상류층 사람들에게 한정된 이야기이긴 하지만 결론부터 내리자면 정치는 안정되고, 경제는 발전되고, 사회는 한층 더 풍요로워지는 무한한 가능성을 꿈꾸었던 희망의 세상이었다. 1900년대 초, 유럽과 미국의 도시인들은 자신들이 이룩한 것들을 둘러보며 뿌듯해했고, 미래에 대한 확신으로 가득했다. 유럽의 여러 국가들은 서로 경쟁관계이면서도 세심한 외교를 통해 1871년 '프로이센-프랑스 전쟁'이 끝난 이후 30년간 평화를 유지하던 때였다. 대서양을 끼고 있던 유럽과 북미 대륙 모두 이런 평화와 안정이 영원할 거라고 믿었던 시기이기도 했다. 이런 시기에 열린 파리만국박람회(엑스포)는 그야말로 새로운 세기의 희망을 상징하는 것이었다. 사람들은 19세기 말에서 20세기 초, 파리의 풍경을 좋은 시대란 뜻의 〈벨 에포크 La belle epoque〉라 부르기도 했다.

1900년 4월 14일, 19세기의 놀라운 과학기술과 경제의 성과를 기념하고 새롭게 열리는 20세기의 발전을 기원하는 만국박람회(엑스포)가 낭만의 도시 프랑스 파리에서 열렸다. 파리 박람회에 증기 기차와 승합마차를 타고 온 관람객들은 최신형 교통수단으로 박람회장을 누볐다. 박람회장은 움직이는 도로(오늘날 무빙워크의 원조)가 있어서, 각 나라가 경쟁적으로 자랑하고 있는 전시관으로 사람들을 데려다 주었다. 당시 세계 최고의 산업 국가였던 영국은 중공업 기술을 선보였고, 신흥 공업국 독일은 최신 기계식 도구들과 자동차를 들고 나왔다. 점차 유럽을 따라잡고 있던 미국도 다양한 제품들을 전시하며 신대륙의 부를 마음껏 과시했다.

　에너지 전시관은 그야말로 사람들로 인산인해였다. 당시는 각 가정에서 석유등이나 촛불을 사용하던 시기였으니 신기한 전등이 휘황찬란하게 빛나는 에너지 전시관은 이를 구경하는 사람들로 넘쳐났다. 파리 박람회에는 대중오락의 성격을 바꿀 새 발명품이 보였다. 바로 오늘날 컬러 동영상의 원조인 '천연색의 활동사진'이다. 이외에도 파리 만국박람회에서 처음 공개된 냉장고, 에스컬레이터 등은 많은 사람들의 관심을 끌었다. 파리 박람회는 한마디로 좋은시대 벨 에포크(La belle epoque)였다.

파리 만국박람회 '대한제국관'

　19세기를 마감하고 20세기를 여는 축제의 장이였던 파리 박람회에 동양에서 온 생소 한 나라가 참가했다. 바로 The Greater Korean Empire, 대한제국이었다. 대한제국의 황제 고종은 근대화를 위해 한 세기를 마감하고 새로운 시대를 여는 이 대규모 국제 행사에 주목했다. 조선은 1889년 파리 만국박람회와 1893년 시카고 만국박람회에 간소한 전시대를 설치한 적은 있으나 전시관을 건설하고 대규모 대표단을 파견한 적은 없었다.

1896년 1월 프랑스 서리공사 르페브르가 1900년 4월 파리에서 열리는 만국박람회에 조선을 공식 초청했으며 고종임금은 이를 흔쾌히 허락했다. 1897년 1월, 박람회 사무국과 다리 역할을 할 프랑스 주재 특사 및 전권공사로 민영환이 임명되고 본격적인 준비에 나선다. 파리 만국박람회 각 나라의 전시관은 곧 국력의 상징이었다. 저마다 특색을 살리면서 가장 눈에 띠는 건물을 세우려는 참가국들의 경쟁은 치열했다. 대한제국에게는 샹드 마르스 서쪽 쉬프렌 대로, 영국 제과관과 향수 부속관 사이의 부지가 주어졌다.

1900년 파리 만국박람회
대한제국 전시관 포스터

대한제국 전시관은 어려운 여건에도 불구하고 기대했던 것보다 높은 평가를 받았다. 당시 '라 퐁데리 티포그라피', '르 프티 주르날' 같은 파리의 신문 잡지의 기사들은 악기, 자개 공예품, 그림, 장롱, 도자기, 자수, 의복 등 전시된 귀중한 소장품과 토속품들이 한국이란 나라의 자원과 산업에 대한 전반적인 이해에 큰 도움이 되었다고 기록했다.

많은 기자들이 한국의 전통 인쇄술로 만든 책들에 대해 특별한 관심을 보였다. 1900년 11월 12일 박람회는 폐막했다. 56개 초청국 중 40개 국이 참가했으며 총 방문객 수는 5,086만 800명에 이르렀다. 대한제국은 농산물 가공식품으로 대상을 받은 것을 비롯하여 2개의 금메달(야생작물과 의류), 10개의 은메달(가구, 도자기, 자수, 의복, 종이 등), 5개의 동메달, 3개의 장려상을 받았다.

대한제국 그 후

1900년 파리 만국박람회는 대한제국에게는 나라의 정체성을 알리고 세계와 교류하고 아름다운 미래를 같이 만들어 나갈 것 같은 새로운 기대를 불어넣어 주었다. 하지만 대한제국의 장밋빛 미래는 파리 만국박람회가 처음이자 마지막이었다. 20세기 들어 일본의 조선 병탄 전략은 본격화 되고, 1905년 을사조약으로 대한제국의 외교권이 박탈되었으며, 1907년 네덜란드 헤이그에서 열린 세계평화회의에는 대표단을 파견했으나 외교권이 없다는 이유로 회의에도 참석하지 못하는 수모를 당하기도 했다. 그리고 1910년 8월 29일, 일본은 형체만 남은 대한제국을 병탄하기에 이른다. 이로써 대한제국, 아니 1392년부터 이어져 온 조선의 역사는 역사책 속의 이야기로 사라지고 만다. 그리고 일본의 36년 식민통치가 시작되었다. 한반도의 백성들은 '황국신민(皇國臣民)'으로서의 삶을 살아야 했으며, 많은 백성들이 일

2007년 헤이그특사 100주년 기념우표 특사단 사진위에 새겨진 고종황제의 친서가 인상적이다.

제의 수탈을 이기지 못하고 본토를 떠나 만주로, 소련 연해주로, 미주 대륙으로 이주했다. 현재 전 세계 곳곳에 살고 있는 700만 코리안 디아스포라의 역사는 바로 일본의 한반도 침략으로부터 시작되었다.

 1945년 일본이 패망하고 한국은 해방되었다. 하지만 우리의 힘에 의한 해방이기보다는 강대국의 군사력에 의한 해방이었기에 한반도에서 우리 스스로 '새로운 나라'에 대한 고민을 할 수 있는 공간도, 시간도 부족했다. 38선을 기준으로 분단된 남한은 '민주주의와 자본주의', 북한은 '사회주의와 공산주의' 정치와 경제 시스템을 받아들이며 각각 다른 길로 가야만 했다. 그리고 그 분단의 구조는 세계질서가 바뀐 지금도 계속되고 있다.

 이 책을 통해 지난 100여 년의 역사를 되돌아보고, 앞으로 우리가 가야할 길을 어떻게 준비해야 하는지에 대한 생각들을 나누고자 한다. 또한 우월의식이나 상처만을 드러내는 것이 아니라, 아픈 과거를 치유하고 진정한 화해의 길을 모색하여 상생과 공영의 미래를 준비하고자 하는 마음으로 글을 전개하고자 한다. 정치·경제·사회·문화 모든 분야에서 좋은 시대를 여는 한반도와 동아시아의 벨 에포크(La belle epoque)를 꿈꾸며 말이다.

붉은 깃발, 세계를 흔들다

이념의 갈등을 이야기하기 전에

 1910년 한국이 일본에게 강제로 병탄된 이후 공식적인 국가로서의 한국은 국제무대에서 사라져 버렸다. 단지 한국인들만 남아 있을 뿐이었다. 한국이 일본의 테두리 속에 갇혀 있는 동안 세계사의 흐름도 변하기 시작했다. 유럽에서도 '평화'는 더 이상 지속되지 않았다. 겉으로는 평화로웠지만 정치-경제적으로 얽혀 곪아 있던 관계는 폭발하였고 결국 영국·프랑스·러시아 등의 협상국(연합국)과 독일·오스트리아의 동맹국 사이에 전쟁이 일어난다. 세계대전(1914-1918)이다. 세계평화는 깨지고 사람들은 전쟁터로 나갔다. 기관총, 탱크 같은 첨단 무기들이 이 전쟁부터 사용되어 대량 살상이 벌어지기도 했다. 이 전쟁에 연합국의 일원으로 참전한 러시아는 전쟁 도중 혁명이 발생하면서 전쟁에서 이탈하고 만다.

 흔히 '붉은혁명'으로 불리는 러시아 혁명은 세상을 이념의 갈등으로 뒤흔들어 놓았다. 그렇다면 자본주의와 사회주의 사이의 이념 갈등은 어떻게 시작되었을까? 자본주의가 태어가기 이전에 사람들은 상당히 단조로운 삶을 살았다. 대부분 농사를 지었으며, 조상에게서 전수된 기술은 다시 아들과 그 후손에게 그대로 이어졌다. 사회는 전통과 관습의 지배를 받았으며, 변화를 일으킬만한 동인은 아주 미약했다. 대부분의 사람들은 자급자족의 생활을 했고, 물건의 교환도 거의 이루어지지 않았다. 15세기 말 자연적·사회적 제약들이 타파되기 시작했고, 관습과 제도에 얽매여 있던 사람들이 속박에서 해방되기 시작하면서 사람들의 삶의 방식에도 변화가 오기 시작했다. 상업이 발달하고 '이익'을 최우선 순위로 하는 자본가들이 등장했다. 그리고 이전 역사에서 경험하지 못한 새로운 세상을 여는 발전의 동력이 조금씩 쌓이기 시작했다.

사람의 삶을 바꾼 산업혁명

1585년 세계 최강의 스페인 무적함대를 물리치며 바다를 점령한 영국은 아프리카와 아시아 각국에 식민지를 건설해 나갔다. 1700년대 이후 영국은 유럽의 최강자였지만, 중국으로부터 정치제도, 경제제도, 농업기술, 제철기술, 사상, 예술 등에서 많은 차용과 모방을 해왔다. 아프리카와 아시아의 식민지에서 수많은 원재료와 금·은 등을 약탈해 왔지만 중국의 경제와 문화를 넘어서지 못했다. 영국이 중국을 넘어선 가장 결정적인 계기는 18세기 중반부터 일어난 산업

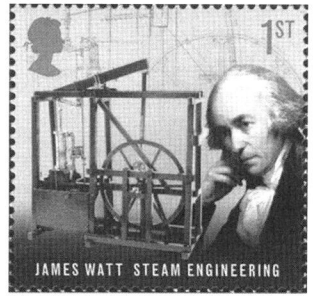

증기기관을 발명한 제임스 와트 기념우표
2009년 영국에서 발행

혁명이었다.

산업혁명은 증기기관의 발명과 함께 왔다. 증기기관차가 발명된 이후로 산업혁명의 근간인 석탄과 철강, 면화산업이 방사상으로 뻗어나갔다. 최초의 증기기관은 광산 배수를 목적으로 발명됐고, 광산에서 나온 석탄이 다시 증기기관의 연료가 됐다. 증기선으로 영국에 실려 온 면화는 증기방직기를 이용해 천으로 바뀌었고, 증기기관차에 실려 시장으로 나갔다. 또한 이 증기기관이 발명되기까지 수천 가지의 발명을 필요로 했고, 증기기관이 등장한 이후로 더 혁신적인 발명품들이 계속해서 쏟아져 나왔다. 증기기관은 다른 발명품과는 달랐다. 생산기술 혁신이 경제발전으로 이어지는 과정에 핵심적인 역할을 했다.

생산 방식에도 큰 변화가 일어났다. 기존의 수공업의 생산방식에서 공장제 기계공업이 시작되었고 자본가적 제조업자, 상인, 임금 노동자와 같은 오늘날의 산업 계층 구조가 만들어졌다. 새로운 시장이 형성되고, 오로지 이윤을 위해 생산하는 공급자(기업)가 존재하고 그 기업에서 일하면서 오로지 임금에 의해 생존하며, 그 임금으로 기업의 생산물 시장에서 물건을 구입해야 하는 노동자들이 양산되었다. 이렇게 생산자와 수요자가 명확히 구분되면서 근대 자본주의 시장이 만들어졌다.

산업혁명을 거치며 자본주의는 눈부신 생산력의 증대를 가져왔다. 특히 면공업은 19세기 전반에 매년 5% 이상 성장하면서 산업혁명의 동력이 되었다. 그리고 산업화로 인해 철의 수요가 증가하고 철강업이 발전하기 시작하면서 농업사회에서 공업사회로 변모하기 시작했다. 또한 산업혁명으로 인해 오늘날 인류가 안고 있는 근본적인 문제인 환경, 자원, 에너지, 인구, 경제 불균형 등의 사회문제가 자라나기 시작했다.

새로운 소외 계층의 출현

산업혁명은 오늘날의 자본주의가 꽃을 피우기 위한 씨앗과 같았다. 산업이 발달하면서 사람들에게는 많은 혜택이 주어졌고, 사람들에 따라 그 혜택에 대한 반응 정도는 달랐다. 더욱 더 많은 경제적 부를 누리게 된 유럽의 중·상류층 사람들은 경제 발전이 유익하고 영원히 지속될 것이라는 믿음을 가졌다. 생산기술의 발달과 높아진 경제수준으로 새로운 제품들을 구매할 수 있게 되고 교통수단이 발달하면서 여행하기도 편리해졌다. 산업의 발달과 함께 중·상류층 사람들의 새로운 문명에 대한 기대감은 더욱 커졌다.

하지만 다른 한편에서는 숙련된 장인들이 월급을 받는 노동자로 전락하고, 도시는 매연으로 가득한 장소로 변해버렸다. 산업화의 진행으로 사회 전체의 부는 향상되었지만 노동자들의 삶은 더 힘들어졌다. 하루에 12시간 일하는 것은 다반사였고 심할 때는 15시간 이상씩 일해야 했다. 받은 임금으로는 최저 생계를 유지하기도 어려웠다. 소수의 부유한 자본가와 대다수의 가난한 노동자들은 대립하기 시작했고 노동자들은 노동운동을 시작했다.

초창기 자본가와 노동운동가들은 한 치의 양보도 없었다. 영국 정부는 자본가들의 의견을 받아들여 〈단결금지법〉을 만들어 노동자들의 단결을 저지했고 노동자들은 러다이트운동(Luddite Movement)이라 불리는 기계파괴운동을 하며 맞섰다. 노동자들은 새롭게 발명된 기계를 자신들의 일자리를 잃게 만드는 공공의 적(?)으로 간주했다. 영국 정부는 기계파괴운동을 하는 노동자를 사형에 처하게 하는 법까지 만들었다. 산업혁명이라는 인류가 경험하지 못했던 경제발전의 이면에는 이렇게 새로 생겨난 계층간의 대립과 갈등, 반목이 있었다.

'로버트 오웬'과 '칼 마르크스'

시간이 흘러 열악한 노동자들의 처우 개선을 위한 목소리가 높아졌고, 나아가 노동자들의 이런 상태를 근본적으로 바꿔야 한다는 생각을 하는 사람들이 늘어났다. 그 중에서도 '노동자들의 열악한 생활환경은 결국 공장이나 그 설비 등과 같은 생산 수단을 개인이 소유하기 때문'이라며 사유재산제도를 폐지하여야 한다는 사상이 나타났다. 사람들은 이를 '사회주의'라고 불렀다. 초기 사회주의자들은 소규모 집단거주지에서 생산 수단을 공유하며 평화롭게 살 수 있다고 생각하였는데, 이를 실제적으로 실천한 인물 중 한 사람이 로버트 오웬(Robert Owen 1771-1858)이다.

오웬은 16살 때부터 공장일을 시작해 19세 때에는 독립해서 공장 경영주가 됐으며, 20세 때에는 직원 500명을 거느린 대공장의 지배인이 된다. 또한 29살 때인 1800년에는 뉴라나크로 진출해 대공장의 경영을 맡게 된다. 오웬은 이 공장에서 이윤의 추구보다는 노무관리나 후생설비에 전념하면서 생산율과 수익을 증대시켜 나갔다. 특히 그는 아픈 노동자들을 위한 기금 마련 등 노동자의 인권과 복리후생에 많은 신경을 썼다. 오웬은 6세에서 7세 정도였던 아동의 노동연령을 10세 이상으로 제한했고, 10세 미만인 아동들을 위해 세계 최초의 유치원을 설립하여 교육을 받을 수 있도록 배려했다.

산업혁명이 가져다 준 병폐를 몸소 체험한 오웬은 이러한 문제점을 정리해 〈사회에 대한 새로운 견해, A New View of Society〉라는 제목으로 책을 출판하게 된다. 또한 오웬은 아동노동의 문제점을 개선하기 위해 공장법 제정운동을 추진해, 결국 1819년에 이를 이루게 된다. 아동권익이 보장받을 수 있는 길을 열어 준 것이다. 이후 공동육아 공동체인 '어쏘시에이션(association)'을 만들었고, 미국으로 건너가 '뉴하모니타운'이라는 공동체 실험을 하기도 한다. 그리고 노동조합, 협동조합운동 같은 사회개혁운동을 전개한다.

1967년 칼 마르크의 〈자본론〉 출간 100주년을 기념하여 소련에서 발행한 우표

칼 마르크스(Karl Marx 1818-1883)는 오웬의 이러한 시도를 공상적이라고 비판하며 이후 새로운 사회주의(공산주의) 흐름을 이론적으로 이끌어 낸다. 그는 그의 사상을 '과학적 공산주의'라고 하면서 단순히 사유재산 제도의 폐지만을 주장한 것이 아니라, 사유재산 제도의 폐지에 뒤이은 공산주의 도래가 역사적으로 반드시 일어날 수밖에 없는 과학적 법칙이라고 주장했다. 마르크

스는 소수의 자본가가 대부분의 부를 소유하는 구조를 극복하고 더 높은 사회로 가기 위해서는 자본가 계급을 타파하여 사유재산을 폐지하고 계급제도를 없애는 공산혁명을 통해 공산사회를 이루어야 한다고 말했다. 마르크스는 이러한 생각을 모아 1848년 영국 런던에서 세계사에 한 획을 그은 사건을 만들어 낸다. 바로 자본주의 모순에 대항하여 "전 세계 프롤레타리아들이여 단결하라!"를 외친 공산당 선언이다. 공산당 선언은 절망의 늪에 빠져 있던 많은 노동자들을 선전·선동하기에 충분했다.

1917년 러시아의 '붉은 혁명'

1848년 영국에서 공산당 선언이 이루어진 후 공산주의 사상은 유럽 전역을 강타했다. 각 나라에서는 이를 지지하는 세력이 형성되었으며, 산업화의 어두운 이면을 경험한 노동자, 농민들과 진보적인 지식인들은 공산당을 하나의 대안세력으로 생각하고 있었다. 하지만 공산주의가 사회의 중심이 되어 국가 권력을 장악한 첫 나라는 산업화된 영국이나 프랑스가 아닌 농업국가 러시아였다. 1917년 3월(러시아력으로는 2월) 제정 러시아의 수도 페트로그라드에서 식량부족을 견디다 못해 시민봉기가 일어나 왕정을 붕괴시켰다. 황제인 니콜라이 2세는 3월 퇴위를 선언하고, 니콜라이의 동생인 미하일 대공이 제위승계를 거절함으로써 300년 이상 지속되어 온 러시아 로마노프 왕조는 막을 내리게 된다.

2월 혁명으로 절대 권력인 짜르(러시아군주)체제를 무너뜨리고 들어선 임시정부는 1차 대전에 계속 참전하는 정책을 취하였다. 따라서 평화와 생활의 안정을 구하는 대중의 불만이 높아졌다. 또한 임시정부는 왕정을 복고하려는 지주들과 자신들의 권리를 지키기 위한 부르주아 계급(자본가), 그리고 평화적인 민주정부를 목표로 하는 멘셰비키 세력 사이에 노선 갈등이 일기 시작한다. 국민의 절대 다수를 차지하고 있는 가난한 농민들을 위한 토지 재분배 정책은 말만 있을 뿐 실행될 여지가 보이지 않았다. 혁명과 개혁은 진행되는 듯 했지만 노동자, 농민들의 삶은 여전히 힘들었다. 이때 레닌을 중심으로 하는 강경 볼셰비키 세력은 노동자와 군 일부로 세력을 확장했고, 결국 철도 노동자와 농민연합 조직이 힘을 합쳐 레닌을 중심으로 또 다른 혁명을 진행한다. 이른바 11월 볼셰비키 혁명이다. 혁명 이후 볼셰비키 세력은 독일과의 휴전, 제1차 세계대전의 종전을 거쳐 반혁명 세력을 물리치고 결국 1922년 '소비에트 사회주의 공화국 연방(소련)'을 수립한다.

하지만 러시아의 붉은 혁명은 성공한 순간부터 모순을 드러내고 만다. 혁명의 중심인 레닌과 트로츠키는 그들이 그렇게 비판하던 멘셰비키 세력처럼 짜르시대의 군대지휘관 세력을 자신들의 군대 지휘관에 영입했고 노동자, 농민, 사병 계급의 비판적 목소리는 폭력을 사용하여 강제 진압한다. 또한 그들이 그렇게 비판하던 자본주의를 잉여농산물 자유판매, 소규모 영리활동을 허용하는 신경제(NEP)라는 시스템으로 일부 도입하기도 한다. 혁명을 이야기하고 혁명에 성공했지만 성공과 함께 그들이 비판하고 타파하고자 했던 시스템과 그 시스템에 속했던 사람들을 활용해야 했다.

러시아의 붉은 혁명은 세계 각지에서 혁명을 꿈꾸는 이들의 '로망'

이 되었다. 1929년 미국 발 세계 경제대공황이 일어나자 약속한 듯이 세계 곳곳에서 '사회주의 혁명'을 꿈꾸는 세력들이 일어났다. 일명 '아나키즘'이라 불리는 무정부주의도 스페인에서 일어나 전 세계 혁명가들을 이베리아 반도로 끌어들였다. 하지만 러시아 혁명 이후 1945년 미국과 소련간의 냉전체제가 만들어지기 전까지 아프리카, 아시아, 남아메리카 지역에 사회주의국가 건설의 꿈은 이루어지지 못했다. 아프리카의 경우 대부분 식민지 상태였고 남아메리카 지역은 막 식민지 상태에서 벗어나긴 했으나 자유주의 국가인 미국의 힘이 크게 작용하고 있었다. 한반도가 속해 있는 동아시아는 일본이 패권을 잡기 위해 급부상하면서 '사회주의 국가'가 만들어질 여지가 없었다.

일본의 식민지 조선에서는 1920년대부터 일부 지식인들을 중심으로 사회주의에 대한 관심이 일어나기도 했다. 이들은 사회주의를 식민지의 암울한 현실을 이끌어 줄 구원자로 여겼다. 1926년 '빼앗긴 들에도 봄은 오는가'를 발표하며 '저항'과 '조국에 대한 사랑'을 노래했던 시인 이상화도 한때 사회주의 성향의 예술가 모임인 '조선프롤레타리아예술가동맹'(KAPF)에 참여했다.

사회주의는 1945년 불가리아, 체코-슬로바키아, 폴란드, 유고-슬라비아 같은 동유럽 국가들을 중심으로 뻗어나가기 시작한다. 아시아에서는 2차 세계대전이 끝난 이후 소련에 의해 한반도 북쪽과 중국, 몽골, 베트남에 공산주의 정권이 수립된다. 하지만 아리스토텔레스가 2,500년 전 그의 저서인 '정치학'에서 공산주의 사상의 철학적 근원이라고 평가되는 그의 스승 플라톤의 '사유재산 폐지' 및 '전체주의' 사상을 비판하면서 '사유재산의 폐지가 결코 문제의 근본적 해결은 아니며, 그러한 전체주의는 국가적 파탄을 가져올 것'이라고 주장한 것처럼 공산주의는 시작과 함께 예견된 몰락의 길로 가고 있었다.

| 시대를 담은 영화

〈레즈, The Reds, 1981〉

급진 성향의 미국 저널리스트 존 리드(John Reed, 1887-1920)는 제1차 세계대전(1914~1918)을 취재하기 위해 유럽으로 간다. 그곳에서 그는 러시아 혁명의 현장을 몸으로 체험하게 되고, 1919년 그 경험담을 적은 르포르타주 문학인 〈세계를 뒤흔든 10일간〉을 출간한다.

배우이자 영화감독인 워렌 비티는 1981년 이 책을 바탕으로 존 리드의 격정적인 생애를 담은 영화 〈레즈, The Reds〉를 만들었다. 영화 속 존 리드(워렌 비티)는 하버드대학 출신의 유명 언론인이며 1914년 〈메트로폴리탄〉에 멕시코 혁명을 보도하여 명성을 얻기도 했다. 그리고 격정적인 인생의 한복판에는 그는 급진적 페미니스트였던 루이스 브라이언트(다이앤 키튼)와의 애틋한 사랑에 빠지고 만다. 하지만 열혈 공산주의자와 급진적 페미니스트의 사랑이 순탄할리 없다. 혁명만을 꿈꾸는 존은 루이스에게 다소 부담스러운 상대다. 그럼에도 이들은 진심어린 사랑을 했다. 그것도 러시아 혁명 기간 중에 말이다. 혁명의 기운이 최고조에 달했을 때 이들의 사랑 역시 활활 타오르고 있었다.

존 리드가 바라본 러시아 혁명은 변혁 그 자체였다. 존 리드는 혁명 이후의 이야기를 쓰려고 했지만 1920년 33살의 나이로 세상을 떠난다. 존 리드가 그토록 우러러 보았던 레닌은 1924년 뇌동맥 경화증으로 죽고, 트로츠키는 권력 다툼에서 패한 뒤 터키, 프랑스, 노르웨이, 멕시코에서 망명 생활을 하다 1940년 스탈린의 사주를 받은 이에게 암살당한다. 스탈린이 전면에 나선 소련은 제대로 말 한마디 할 수 없는 지옥이 되어 버렸다. 사람들이 그토록 만들고 싶어 했던 노동자, 농민이 주인되는 프롤레타리아 세상은 그냥 구호에 불과했다. 볼셰비키의 리더인 레닌과 급진 저널리스트 존 리드는 이 장면까지는 보지 못하고 세상을 떠났으니 그들에게 러시아 혁명은 죽는 그날까지 환희를 주는 '승리의 함성'이었을지 모른다.

영화 〈레즈〉에는 혁명을 상징하는 노래 한 곡이 등장한다. 이 노래의 제목은 'The Internationale'이다. 우리말로는 '인터내셔널가', 혹은 '국제가'로 불린다. 1871년 프랑스 파리시민과 노동자들의 봉기에 의해서 수립된 혁명 지지 정부인 파리코민(Commune de Paris)에서 탄생하고 러시아 혁명의 현장에서 울려 퍼진 '인터내셔널가'는 자연스럽게 전 세계의 사회주의자들의 공식 혁명가로 자리매김한다. 인터내셔널가는 140여 년의 긴 세월 동안 전 세계 곳곳에서 혁명가(주로 공산주의자, 사회주의자, 무정부주의자, 노동운동가 등)들의 입가에 오르내렸다.

인터내셔널가는 혁명가들에게 남다른 의미가 있다. 마치 크리스천들이 자주 부르는 '어메이징 그레이스(Amazing Grace)'와 같은 역할을 한다. 노래의 가사나 불렸던 사람들이 어떤 사상을 갖고 있는가도 중요하지만 그 노래가 어떻게 세상에 태어났고, 그 노래가 불리어졌던 시대적 배경이 무엇이었는지를 파악하는 것도 중요하다. 크리스천에게 '어메이징 그레이스'가 좀 더 친숙하고, '인터내셔널가'는 이질적이고 부정적인 느낌으로 다가온다고 해서 노래에 담겨져 있는 시대적 배경과 의미를 외면하면 안 된다. 자본주의의 모순이 계속되는 한 사회적 소외를 받는 이들은 어떤 형태로든 계속 나올 것이고 그들에 의해서 '인터내셔널가'는 계속 불려질 것이기 때문이다.

'대량생산' 그리고 '인간소외'

'우미관'과 '찰리 채플린'

일제 강점기에 경성(서울)의 문화는 일본인의 남촌(명동, 충무로)문화와 조선인의 북촌(종로)문화로 거의 완벽하게 분리되어 있었다. 당시 남촌의 거리는 식민지 수도 경성의 정치와 상업의 중심지로, 관공서와 은행, 상가, 포장도로, 신호등, 가로등, 네온 광고판 등 근대도시의 겉모습을 갖추고 있었지만, 북촌의 거리는 그렇지 못하였다.

북촌상가는 일제의 억압과 통제 그리고 낙후된 환경 속에서 남촌상가와 치열한 경쟁을 벌이면서 민족계 상업자본을 형성했다. 당시 김두한과 같은 협객들의 세계를 다룬 이야기들이 북촌(조선상권)을 배경으로 남촌(일본상권)에 대항하는 모습으로 그려지는 것도 다 이러한 배경을 근거로 갖고 있기 때문이다.

당시 북촌인 종로에는 우리나라 최초의 영화관인 '우미관'이 있었다. '우미관 구경 안하고 경성 다녀왔다는 말을 하면 거짓말'이라는 우스갯소리가 있을 정도로 우미관은 경성의 명소였다. 무성영화가 주류를 이루던 당시 최고의 인기배우는 '찰리 채플린(Charles Chaplin 1899-1977)'이었다. 그의 영화 중 〈황금광 시대, The Gold Rush, 1925〉는 장안의 화제가 될 정도로 인기가 높았고, 매회 1천명을 수용할 수 있는 우미관 극장을 가득 메울 정도였다. 찰리 채플린의 연기에 식

1989년 찰리 채플린 탄생 100주년을 기념하여 이탈리아에서 발행한 우표

민지 조선 사람들은 웃고 울었다. 아마도 채플린 영화에 자주 등장하는 힘없고 가난한 노동자들의 모습 혹은 독재자 밑에서 비참한 삶을 살고 있는 대중들의 모습이 남의 일 같지 않았을 듯 싶다. 이것은 비단 조선 사람뿐 아니라 영화가 상영되는 전 세계 관객의 마음이었다.

대량생산시대의 개막

채플린의 영화에는 유독 공장과 관련된 장면이 많이 나온다. 공장은 곧 산업화 시대의 상징이다. 공장에서 생산되는 상품들은 소비의 세계로 사람들을 유혹했고 세상의 변화를 주도해 나갔다. 한 때 생산 현장의 전문가들은 20세기가 자전거에다 전동모터를 단 '오토바이의 시대'일 것이라고 예견했다. 그 당시 산업 수준과 사람들의 인식에서 '오토바이'가 앞으로의 대세라는데 큰 이견이 없었다. 하지만 사람들의 삶의 방식과 공장의 생산방식을 바꾼 것은 '오토바이'가 아닌 '자동차'였다. 당시에도 자동차가 있긴 했으나 제조 공정도 복잡하고 가격이 비싸 대중교통과는 거리가 멀었다. '말 없는 마차'라 불렸던 자

동차는 부자들의 사치품 그 이상도 그 이하도 아니었다.

　부자들의 장난감이었던 자동차는 한 미국 기업가에 의해서 대중화의 길을 걷게 되는데, 이 기업가가 바로 헨리 포드(Henry Ford 1863-1947)다. 헨리 포드는 자동차 대량생산 시스템을 구축하고 새로운 시장을 개척하려는 꿈을 가졌다. 구매자가 만족할 만한 싼 자동차 '모델T'를 생산하기 위해 포드는 자동차 조립 방법을 혁신적으로 바꿨다. 이 과정에서 노동자의 작업 시간을 측정하고 목표량을 설정하는 과업 관리를 통해 작업의 효율을 극대화한 '과학적 관리법'을 만든 프레드릭 테일러(Frederick Taylor 1856-1915)의 영향을 받았다.

　포드는 먼저 노동자들의 작업 방식을 개선했다. 컨베이어 벨트 위를 흘러가는 물건에 단순한 조작만 가하면 되도록 작업대를 설치해 일명 '포드시스템'이라 부르는 '일괄생산시스템'을 구축했다. 정확한 지점에 부품을 나르는 컨베이어 벨트를 통해 효율적인 관리가 이루어졌으며, 자연스럽게 생산 비용 절감과 생산량 증가가 이루어졌다.

자동차 생산 방법에 혁신이 일어나자 포드는 판매가격을 낮췄다. 최초의 '모델T' 자동차를 생산하기 시작하던 1908년 당시 다른 자동차 회사들의 자동차 값은 평균 2천 달러 정도였다. 그러나 포드는 이때 '모델T'를 825달러에 팔았다. 그 후 가격은 더욱 떨어져 300달러 미만의 가격으

자동차왕 헨리 포드와 그의 걸작품 '모델T'
1965년 미국에서 발행

로 판매되기도 했다.

포드는 높아진 생산성과 수익만큼 노동자들에게 높은 임금을 지급했다. 포드자동차의 하루 임금은 5달러였고 동종 업계 평균은 2.34달러였다. 1914년에는 노동시간을 하루 9시간에서 8시간으로 줄였다. 이른바 '포드맨'이 되기 위해 우수한 인력들이 몰려들었다. 또한 포드의 노동자들은 경쟁업체들보다 두 배의 소득을 올리는 만큼 구매력이 커졌고, 결국 자신들이 생산한 차를 구매하게 되었다. 포드는 기술 혁신을 통해 높은 임금을 주고 낮은 가격에 자동차를 팔아서 자동차 산업의 수요와 공급을 함께 성장시켰다. 포드의 생산 혁신은 현대 자본주의 핵심인 '대량생산'과 '대량소비'의 시대를 열었다.

포드 이후 많은 기업들이 포드의 생산시스템을 받아들였고 대량생산의 대열에 들어섰다. 1920년대, 대량생산을 통해 미국의 보통 사람들은 다양한 종류의 새로운 상품을 쉽게 살 수 있는 소비사회에 살게 되었다. 대량생산은 대량소비를 낳았고, 이는 더 많은 대량생산을 불러왔다. 1920년대 말, 미국에는 이미 2,900만 대의 자동차가 보급되었다. 자동차는 사람들의 일, 쇼핑, 여가 등 라이프스타일을 바꾸어 놓았다. 미국 기업들에 자극받은 유럽 자동차 기업들도 포드의 생산 시스템을 받아 들였다. 자동차 기업들뿐 아니라 건전지, 진공청소기, 제과 등의 산업에도 포드식 생산 방식이 도입되었다. 생산방식뿐 아니라 미국에서 시작된 소비사회 추세도 대서양을 건너 유럽에 이르렀다.

대량생산은 시대의 흐름

대량생산이 긍정적인 측면만 있었던 것은 아니다. 대량생산을 위한 작업 환경의 표준화와 획일화는 사람을 기계 부속품으로 전락시킨다는 비판도 있었다. 사회주의 및 진보정치 세력은 이를 '자본주의의 모순'으로 공격하기 시작했다. 1932년에 출간된 알도우스 헉슬리(Aldous Huxley)의 〈용감한 신세계 Brave New Worlds〉는 대량생산이 지배하는 잔혹하고 표준화된 인정없는 사회를 강하게 비판하였고, 노동자들 역시 분노의 목소리를 높였다. 쉴 새 없이 돌아가는 기계 속에서 노동자들은 하나의 부품처럼 인식되었고, 좌절감은 더욱 깊어져 갔다. 미국, 영국과 프랑스의 자동차 공장들에서는 노동조합에 의해 합리적인 임금과 휴가, 근무시간 등을 요구하는 시위가 벌어지기도 했다. 하지만 독일과 이탈리아는 그렇지 못했다. 당시 그들의 최고 지도자는 전체주의의 대명사인 아돌프 히틀러와 베니토 무솔리니였다. 이들에게는 노동자들의 그 어떤 도전도 용납되지 않았다.

그렇다면 1917년 붉은혁명 이후 사회주의 국가로 변모했던 소련은 어떠했을까? 당시 소련은 농업국가에서 탈피하기 위해 급격한 산업화를 시도하고 있었다. 지도자 이시오프 스탈린은 업적 달성을 위해 무리한 생산 계획을 수시로 하달했다. 자원 배분과 생산능력을 제대로 고려하지 않은 채 '전년 대비 100% 생산량 증가', '당해 연도 목표 초과 달성'과 같은 구호가 난무했다. 소련은 목표 달성을 위해 그들이 교활한 자본가의 착취수단으로 폄하했던 '포드시스템'을 연구하기 시작했고, 결국 공장에 포드식 생산시스템을 도입했다. 자본주의를 비판한 소련이었지만 미국식 대량생산방식 만큼은 어떻게든 받아들여야 했다. 이들에게 당장 급한 것은 '인민들에게 보다 많이 분배하기 위해 많은 물건을 만드는 일'이었다.

노동자와 농민이 주인이 되는 세상을 꿈꾸며 세워진 '소비에트 사회주의공화국연방(소련)'이었지만, 이들 역시 기계의 부속품으로 전락한 노동자들의 근본적인 삶에는 관심을 기울이지 않았다. 겉으로는 노동자와 농민을 이야기했지만 이들은 그저 사회주의 체제의 부속품에 불과했다. 노동자들이 이룩한 모든 생산의 성과는 중앙으로 집중되었으며, 중앙에 의해 노동자들의 숫자만큼 1/n이 되어 노동자 몫으로 돌아왔다. 열심히 일한 노동자가 성과를 냈을 때 따라오는 것은 경제적인 인센티브가 아닌 '영웅' 칭호와 '우레와 같은 박수'가 전부였다. 노동자를 위한다는 공산주의 체제의 허상은 1980년대 동구권 공산국가의 붕괴의 선봉에 섰던 폴란드 노동자들의 '자유노조 운동'을 통해 적나라하게 드러나게 된다.

무기여 안녕! Good Morning to Arms!

1929년 대문호 헤밍웨이는 1차 세계대전 중 부상병과 간호사의 가슴 아픈 사랑의 이야기를 담은 소설〈무기여 잘있거라! Farewell to Arms!〉를 발표한다. 이 작품은 전쟁을 비극적이고 참혹하게 묘사하고 있지만 소설 속에 나타난 전쟁에 대한 혐오감만으로는 다음에 닥칠 전쟁을 막을 수 없었다. 많은 유럽인들이 1차 대전 이후 전쟁을 막기 위해 '평화'를 외쳤지만 오히려 히틀러가 나타나 전운을 고조시켰다. 무기에 작별(Farewell)하는 것이 아닌 무기를 환영(Welcome)

하면서 말이다. 유럽에 다시 전쟁의 공포가 엄습하게 되면서 역설적으로 포드식 대량생산시스템이 큰 힘을 발휘하게 된다. 유럽 전역에 전운이 감돌기 시작하면서 각 나라들은 역사상 전례가 없는 대규모 군비 확장 프로그램을 만들게 된다. 전쟁과 연관된 모든 나라들이 '포드식 생산시스템'을 통해 살상 무기를 대량으로 생산했다. 포드식 생산시스템의 원조인 미국은 말한 것도 없고, 2차 대전의 전범국가인 독일, 이탈리아, 일본도 대량생산 체제를 도입했다. 2차 세계대전을 배경으로 한 영화 〈라이언 일병 구하기〉, 〈진주만〉에 나오는 전투 장면의 실제 현장은 다 이런 대량생산 시스템으로 만들어진 비행기, 탱크, 기관총과 같은 무기의 각축장이었다.

그리고 일본의 식민지였던 조선은 일본이 아시아의 여러 나라를 침략하게 내세운 슬로건인 '대동아 공영(大東亞共榮)'을 위한 병참기지이며 군수품 공장과 인력의 공급처 역할을 했다. 당시 조선의 어느 군수품 공장의 컨베이어 벨트에서는 '일본 천황 폐하의 은혜를 입은 황군(皇軍)(?)'들이 사용할 총과 대포가 만들어지고 있었다.

결국 생산 공정의 '편리'를 위해 만들어진 대량생산 시스템이 사람의 목숨을 앗아가는 데에도 편리함을 주고 말았다. 대량생산시스템의 구축에 기여한 헨리 포드는 대량생산시스템을 통해 살상 무기가 대량으로 만들어지는 것을 보고 어떻게 생각했을까? 알프레드 노벨(Alfres Nobel 1833-1896)이 자신이 발명한 다이너마이트가 살상 무기로 사용된 것을 보고 후회한 것처럼 혹시 그런 마음을 가지지 않았을까?

| 시대를 담은 영화

〈모던 타임즈, Modern Times, 1936〉

찰리 채플린은 20세기를 풍미한 위대한 배우 중 한 사람이다. 채플린은 사회 약자를 위해 자신의 모습을 희화화하는 것을 주저하지 않았다. 채플린은 진보적이며 사회 고발성이 짙은 작품들에 출연하였기에 1950년대에는 공산주의자로 몰려 미국에서 추방되기도 했다. 당시 미국에는 필요 이상의 경색된 반공노선인 매카시즘(Macarthysim) 광풍이 몰아치고 있었다. 엄밀히 말하자면 채플린은 공산주의자가 아니다. 사람을 존중하고 배려하며 웃음을 주고자 했던 진보적인 휴머니스트일 뿐이다. 채플린은 희극 속에서 비극을 이야기했고, 현실의 모순들을 스크린 속에 적나라하게 담았다.

채플린이 주연한 영화 〈모던 타임스〉는 산업화가 가져온 인간소외의 문제를 통렬하게 풍자한 일종의 '블랙 코미디'이다. 영화 속에서 찰리는 컨베이어 벨트 공장에서 일한다. 그의 하루 일과는 나사못 조이는 일이다. 컨베이어 벨트 속도에 맞춰 일하느라 겨드랑이를 긁을 시간도 없고, 자신을 공격하는 벌을 쫓을 시간도 없다. 다른 행동이나 생각을 할 틈도 없이 오로지 나사만을 조여야 한다. 찰리는 단순 작업에 지쳐 눈에 보이는 모든 것을 조여 버리는 강박

관념에 빠지게 된다. 결국 찰리는 정신병원까지 가게 된다.

　병원에서 퇴원한 찰리는 일자리가 없어 거리를 방황하다가 시위 군중에 휩싸여 감옥에 끌려가게 된다. 몇 년의 감옥살이 끝에 풀려난 찰리는 빵을 훔친 예쁜 소녀를 도와준다. 그리고 이후 찰리의 모든 행동은 소녀에게 초점을 맞추게 된다. 근사한 집을 사기 위해 백화점 경비원으로 취직하기도 하고, 철공소 일도 하게 되지만 번번이 문제가 발생하며 일을 접어야만 했다. 소녀의 도움으로 카페에서 일하게 된 찰리는 자신을 추적하는 사람들에게 발각되어 다시 떠돌이 신세가 된다. 거리에 나선 찰리와 소녀는 희망을 버리지 않고 새로운 길을 가게 된다.

　채플린은 〈모던 타임스〉에서 당시 미국의 자화상을 풍자적으로 그려냈다. 특히 자동화 기계 속에 말살되어 가는 인간성과 산업사회가 가져다준 필연적인 인간소외의 문제를 빠른 템포의 팬터마임(pantomime)과 생생한 블랙 코미디로 그려냈다. 찰리가 기계 속으로 빨려 들어가는 장면은 인간이 산업사회를 떠받치는 한낱 기계 부품이라는 것을 단적으로 표현해 준다. 다른 시각으로 보면 톱니바퀴 사이에 끼어 있는 채플린이 대량생산을 방해하는 이물질로 비춰질지도 모른다.

　오늘날 사람들은 점점 더 발전된 기계, 실용적인 물건만을 추구한다. 마치 영화 속에서 자동 급식기를 발명하여 즐거운 식사 시간마저 기계화하려고 했던 것처럼 말이다. 어떤 면에서는 편리함이라는 이익을 얻고 있는 것이 분명하지만 다른 한편으로는 삶에서 중요한 무언가를 잃어가고 있는 것 같다. 디지털에 밀린 아날로그적 생활은 이제 추억의 일부가 되어 버렸다. 21세기 감성의 시대, 분단을 넘어 통일을 준비하는 이 시점에 영화 〈모던 타임스〉는 문명의 편리함 속에서 사람에 대한 존중을 잃지 말아야 할 것을 이야기한다. 통일의 과정 역시 마찬가지다. 이념, 물질, 명분보다는 그곳에 살고 있는 사람을 먼저 생각해야 한다.

혼돈의 세계

'The Great War'를 아십니까?

제1차 세계대전의 영어 표현은 'The 1st World War'다. 그리고 제2차 세계대전은 'The 2nd World War'다. 지금이야 세계대전이 1, 2차로 구분이 되지만 2차 대전이 일어나기 전까지 사람들은 1차 대전을 'The Great War(대전쟁)'라 불렀다. 1차 대전은 규모나 사용된 무기 면에서 이전과는 비교할 수 없을 정도로 큰 전쟁이었다. 현대전에서 흔히 볼 수 있는 탱크와 기관총, 참호전이 이때부터 등장했고 대량 살상무기는 군인과 민간인의 희생을 더욱 크게 만들었다. 그리고 1차 세계대전 중인 1914년 12월 크리스마스에는 영국군-독일군 사이에 세계 전쟁사에서 유래가 없었던 '크리스마스 휴전'이 이루어지기도 했다.

1차 세계대전은 1914년부터 1918년까지 4년 동안 영국-프랑스-러시아의 연합국과 오스트리아-헝가리-독일-터키의 동맹국사이의 전쟁이다. 1차 대전의 원인으로 지목되는 것은 군국주의(Militarism),

동맹관계(Alliances), 제국주의(Imperialism), 민족주의(Nationalism)이다. 이러한 원인들의 앞 글자를 따서 메인(MAIN)이라 부르기도 한다. 민족주의는 반봉건적인 정치이론이지만, 민족국가의 이익을 위해 다른 약소국가를 지배해야 한다는 논리로 변질되었다. 특히 유럽의 남동부 발칸반도는 슬라브족, 게르만족, 투르크족 등 다양한 민족주의의 각축장이기도 했다. 유럽의 주요 국가들은 서로 많은 식민지를 얻기 위해 다투었고, 자국의 식민지를 다른 열강에게 빼앗기지 않기 위해 군사력을 강화하였다. 독일의 경우 식민지 확장을 위해 해군력을 강화하였고, 당시 최고의 해군력과 식민지를 자랑하는 영국은 이에 위기감을 느끼며 독일에 지지 않기 위해 군비를 더 늘려야 했다. 또한 당시 유럽 국가들 간에는 서로 간의 안보를 지켜주는 동맹관계가 형성되어 있었는데 이 동맹관계는 결국 1차 세계대전의 도화선이 되고 만다.

1914년 6월 28일에 오스트리아-헝가리 제국에 속한 보스니아 수도 사라예보에서 오스트리아-헝가리 제국의 프란츠 페르디난트 대공 암살 사건이 일어났다. 암살자 프린치프는 슬라브족 계열인 세르비아의 테러 조직에 연계되어 있었다. 오스트리아-헝가리 제국은 세르비아 정부가 암살의 배후라고 믿고 세르비아에 선전포고했다. 이렇게 해서 1차 세계대전이 시작되었다. 1차 대전으로 군인 3,000만 명이 죽거나 부상당했다. 재산 피해가 가장 컸던 곳은 프랑스와 벨기에였다. 그리고 전쟁 이후 세계의 정치, 경제, 사회의 환경은 급속도로 변했다. 영국과 프랑스를 중심으로 아프리카와 중동의 식민지들이 재편되었으며 유럽의 각국 정부는 경제재건과 국민생활 안정을 위해 화폐를 많이 발행하는 바람에 극심한 인플레이션에 시달려야 했다. 특히 패전국인 독일의 경우 전쟁 배상금 문제와 상상을 초월한 인플레이션으로 경제가 더욱 악화되었고 실업자가 600만 명이 넘는 등 국민들은 심각한 생활고에 시달려야 했다. 빵 한 조각을 사기 위해 수레에 돈을 한가득 싣고 가야할 정도였다. 독일 경제의 혼란은 훗날 히틀러의 나찌가 등장하게 되는 주요 원인이 되었다.

'대동아(大東亞)'의 병참기지, 조선

1차 세계대전 이후 서서히 안정을 찾아가며 도약을 모색하던 1929년에 미국발 세계경제대공황이 닥치면서 세계는 새로운 도전에 직면하게 된다. 국가권력이 국민생활을 간섭하고 통제하는 '전체주의(Totalitarianism)'가 등장하게 되고 후발 자본주의 국가인 독일, 이탈리아, 일본은 대외 침략으로 새로운 활로를 찾게 된다. 일본의 식민지 국가였던 조선은 그 전진기지 역할을 했다. 1910년 조선을 강제로 병탄한 일본은 조선의 정치, 경제, 교육, 문화 등 사회 전 분야를 일본 방식으로 운영했다. 조선인들은 일본인이 제대로 조선을 경영할 수 있도록 돕는 역할 정도밖에 할 수 없었다. 조선인은 생각하면 안 되었고, 세상 돌아가는 이치에 대해서는 알아서도 안 되었다. 1924년에 설립된 조선 유일의 4년제 관립 대학이었던 '경성제국대학'에 정치학과를 개설했다가 곧 취소해 버린 것이 그 대표적인 사례.

일본에게 조선은 자원 수탈의 대상이며, 자국의 생산품 소비시장이었다. 그리고 열등감이 가득한 충성스런 식민지 백성들이 있는 곳이었다. 1940년대에 들어서자 일본은 아시아의 여러 나라를 침략한 '태평양전쟁'을 일으키며 '대동아공영권'이란 슬로건을 내세운다.

동아시아와 동남아시아를 일본이 차지하겠다는 야욕을 보인 것이다. 이때 일본은 일본과 조선은 한 몸이라는 '내선일체'를 내세우며 조선 사람들에게 일본 천황의 백성인 '황국신민'이 될 것을 종용하고,

태평양전쟁 당시 일제의 강압에 의해 조선이 헌납한 '애국 조선 10호' 비행기를 기념하는 엽서

젊은이들을 전쟁터로 내몰았다. 그리고 조선을 대규모 군수품 생산 기지로 전락시켰다.

태평양전쟁 그리고 만주

'태평양전쟁'은 2차 세계대전 중 일본이 미국, 영국, 기타 국가로 구성된 연합국과 벌인 전쟁이다. 당시 일본은 '태평양전쟁'을 '대동아전쟁'이라 불렀다. 이 전쟁의 시작은 만주사변, 중일전쟁의 전개와 관련하고 있으므로 넓은 의미로 태평양전쟁에 이 전쟁들도 포함이 된다. 만주사변은 1931년 9월 일본군이 중국 둥베이(東北) 지방을 침략한 전쟁이다. 이 전쟁에서 승리한 일본은 1932년 일본의 지배를 받는 무늬만 국가인 만주국을 건국하고 중국 청나라의 마지막 황제인 푸이(溥儀)를 국가원수로 삼는다. 일본이 푸이를 국가원수로 세운 이유는 간단하다. 만주지역이 바로 청나라 왕조를 세운 여진족이 활동하던 곳이기 때문이다. 지금 이 지역은 랴오닝(遼寧)·지린(吉林)·헤이룽장(黑龍江)에 해당되며 흔히 동북3성이라 부른다.

만주는 한때 동양의 서부로 불렸다. 중화학·군수공업단지 건설에 힘입어 1931년 2억 엔 수준이던 공산품 생산액이 1943년에는 40억 엔 수준으로 뛰었다. 일본이 1930년대 세계를 휩쓴 대공황을 가장 빨리 벗어난 것도 일종의 만주 특수 덕분이다. 만주국의 국기(國旗)는 노랑, 빨강, 파랑, 하양, 검정색이 혼용된 깃발을 하였는데 노랑은 만주족과 통일, 빨강은 일본 민족과 용기, 파랑은 한족과 정의, 하양은 몽골족과 순수, 검정은 조선족과 결의를 상징하였다. 우리민족도 만주국의 주요 구성원 중 하나였다. 1940년대 만주 인구 중 조선인은 210만 명 정도였다.

만주는 우리에게 가슴어린 '기억의 공간'이기도 하다. 한때 고조선·고구려·발해에 이르는 선조의 터전이었고 근대 이후 그곳은 말을 타고 달리며 선구자들이 활동하던 전설적인 '항일투쟁의 성지'로 여겨져 왔다. 하지만 만주는 비단 우리민족의 이야기만 있는 곳은 아니다. 19세기 만주에는 한족·만주족·러시아·조선인·일본인·몽고인들 외에도 프랑스·독일·폴란드·우크라이나·타타르 등 50개가 넘는 민족, 45개 언어가 혼재했다. 만주는 다양한 민족을 빨아들인 블랙홀이자 욕망의 공간이었다. 그리고 조선인에게 만주는 국외 무장 항일투쟁의 중심이었을 뿐만 아니라, 중국인에게 역시 반제국주의 투쟁의 중심 장소였다. 그러면서도 일본의 대동아 정책의 최전선이자, 소련의 남하를 막는 전초기지였고, 태평양전쟁 이후로는 일본의 대동아 공영을 위한 발판이었다.

만주행 엑소더스

달 실은 마차다 해 실은 마차다
청 대콩 벌판 위를 휘파람 불며 가자
저 언덕을 넘어서면 새 세상의 문이 있다
황색 기층 대륙 길을 어서 가자 방울소리 울리며

영화 〈복지만리〉 주제가

    1932년 만주국이 건국되자 일본은 조선인들을 만주로 이주시키는 정책을 폈다. 일종의 만주행 엑소더스가 조선 사회의 새로운 유행으로 자리잡았다. 일확천금과 출세의 꿈을 안고 만주를 찾는 이가 늘었다. 만주국에 거주하던 조선인 200만 명 중에는 농사꾼, 벌목공, 장사꾼, 아편장수, 독립운동가, 친일 만주국 경찰관 등이 섞여 있었다. 1941년 개봉된 영화 〈복지만리〉는 만주에서 이민 생활을 하는 조선인의 삶을 그린 영화로 만주 현지에서 촬영되었다. 겉으로 드러나는 주제는 만주 이민을 미화하고 장려하는 내용이었다.

    또한 지식·예술인들에게도 만주행은 유행이었다. 자국 활동에 한계를 느낀 동아시아 문인들은 한데 모여 '만주문학'이란 독창적 장르를 낳기도 했다. 한국 영화의 선구자인 나운규·윤봉춘도 만주에서 자랐고, 유치환·이태준·한설야 등이 기행문을 남겼다. 이러한 만주 열풍은 한국 영화에 일제강점기 만주를 배경으로 펼쳐지는 일명 '만주 웨스턴'이라는 독특한 장르를 형성하기도 한다.

일제에 의해 만들어진 만주국 홍보 포스터.
'현실의 낙원'이란 표현이 눈길을 끈다.

'만주국'은 1945년 일본의 패망과 함께 막을 내린다. 하지만 만주의 영향력은 여기서 끝나지 않았다. '만주산업개발 5개년 계획'으로 대표되는 '관료가 통제하는 경제'는 일본으로 이식돼 관주도형 경제로 굳어졌다. 2차 대전 이후 일본의 성장을 이끈 관료와 정치인의 상당수가 만주국 관리나 만주지역에 주둔하던 일본 관동군 출신이다. 한국 역시 만주국에서 많은 영향을 받았다. 만주 군관학교 출신인 박정희는 훗날 한국의 대통령이 되었으며, 함께 만주군에 근무했던 선후배 동료들은 군과 정계의 요직을 차지했다. 한국과 일본 모두 전후 국가 재건 과정에서 '만주국 경험자'들이 제법 큰 영향을 끼친 셈이다. 그럼 북한은 어떨까? 북한 역시 만주와 밀접한 관련이 있다. 김일성과 그 주변 인물들은 대부분 빨치산 출신들인데 이들은 젊은날 만주를 기반으로 항일무장 활동을 했다.

혼돈의 세계가 낳은 코리안 디아스포라

영국왕립지리학회 회원이며 세계적 여행가였던 이사벨라 비숍(Isabella Bishop 1831-1904) 여사는 19세기 후반에 조선을 방문하고 기행문 〈조선과 그 이웃 나라들 Korea and Her Neighors〉을 저술했다. 이 책에서 조선에 대한 그녀의 첫 인상은 절망적이었다.

"이렇게 더럽고 게으르며 부패한 사회는 처음 본다."는 것이 조선에 대한 그녀의 총체적인 감상평이었다. 그런데 만주와 시베리아를 여행하며 비숍 여사는 고개를 갸우뚱한다. 그 곳에서 그녀는 한반도에서 본 조선인과는 전혀 다른 조선인의 모습을 봤다. 하바로프스크의 조선인은 채소 공급을 거의 독점하고, 만주에선 중국인보다 훨씬 더 잘 살고 있었다. 고향을 떠난 조선인들은 타국의 이방 사회에서 열심히 노력하며 밝게 살고 있었다.

비숍 여사가 본 만주를 비롯한 이방 땅의 조선인은 1870년대 시작된 '디아스포라'의 전형을 보여준다. 디아스포라(Diaspora)는 이산(離散)을 뜻하는 그리스어로 원래 유태인의 민족적 이산 상황을 뜻하는 용어였지만, 현대에서는 고국을 떠난 난민이나 이민 그리고 그 후손들을 총칭하는 단어로 쓰고 있다. 식민지 치하에서 만주로 이주의 길을 떠난 조선인들은 한일병탄 이래 일본 신민이라는 법적 지위를 지닌 채 일본 영사관의 관할 아래 있다가 만주국이 수립된 뒤로는 본인들의 뜻과는 상관없이 만주국 국민의 일원이 되었다. 만주국 국민과 일본 식민지 백성의 틈에서 정체성의 혼란을 겪던 이들은 1945년 광복 이후에 또 다시 사분오열되었다. 만주 정착자들은 중화인민공화국의 조선족이라는 지위를 얻게 되고, 남한 귀환자는 대한민국 국민, 북한 귀환자는 조선민주주의인민공화국 인민이 되었다. 그리고 이들 중 일부는 1950년 발발한 한국전쟁에서 남북으로 갈라져 서로 총부리를 겨눈채 적으로 다시 만나야 했다. 과연 이들에게 한민족과 한국인이란 의미는 무엇일까?

이와 같은 코리안 디아스포라의 역사는 20세기 초 일제 침략기에 접어들면서 본격화됐다. 우리 동포는 일제의 수탈과 강제 징용을 피해 만주나 연해주로 이주했으며 더러는 태평양을 건너 이역만리 타국인 하와이나 멕시코, 브라질 등의 농장 노동자로 팔려가기도 했다. 중국의 '조선족', 러시아의 '카레이스키', 멕시코의 '애니깽' 등으로 불린 이주 한인들은 갖은 역경과 핍박을 겪어야 했다. 하지만 그런 와중에도 코리안 디아스포라를 형성, 민족의 고유한 정신과 문화를 유지해 왔다. 혼돈의 세계 속에서도 나름의 정체성을 유지해 왔던 것이다.

| 시대를 담은 영화

〈마이웨이, My Way, 2011〉

강제규 감독의 영화 〈마이웨이〉는 20세기 역사의 소용돌이 속에서 전혀 생각지도, 의도하지도 않은 길을 가야 했던 두 청년의 이야기를 담고 있다. 조선과 일본의 두 청년은 2차 세계대전의 거대한 소용돌이 속에서 일본군과 소련군, 독일군을 거쳐 프랑스 노르망디 해변에 이르게 된다. 한반도와 시베리아를 거쳐 프랑스 노르망디까지의 12,000km의 끝나지 않는 전쟁을 겪으며 서로에 대한 분노와 불신이 결국에는 동료애와 희망으로 변한다.

1938년 조선의 경성에는 달리기를 잘하는 두 소년 김준식(장동건)과 하세가와 타츠오(오다기리 조)가 있었다. 이들은 서로 달리기 하나는 자기가 최고라는 자부심으로 살아간다. 올림픽 출전권이 달린 마라톤 대회에서 조선인 '김준식'은 일본 최고의 선수 '하세가와 타츠오'를 제치고 우승하지만 예기치 못한 사건으로 친구들과 함께 일본군에 강제 징집된다. 그리고 1년 후 일본군 대위가 된 타츠오는 준식 일행이 있는 몽골과 만주국 접경의 부대로 부임한다.

두 사람이 소속된 일본부대는 소련군의 급습으로 패전하여 전부 포로가 된다. 준식과 타츠오는 포로수용소에서 또 한 번 죽음에 직면한다. 여러 번 죽을 고비를 맞는 타츠오를 준식이 구해주며 둘 사이에는 운명적 동지의식이 싹트게 되고, 이후 소련군 신분으로 독·소전이 한창인 '제도프스크 전투'에 참가해 또 한 번 지옥을 함께 경험한다. 생명을 다투는 극한의 상황에서 타츠오와 준식은 서로를 의지하며 버티지만 독일군에 징집돼 프랑스 노르망디에 배치된다.

얼핏 보면 완벽한 허구 같은 이 이야기는 실화를 바탕으로 했다. 이 영화의 모티브는 연합군이 잡은 포로 사진 한 장에서 시작된다. 그 사진 속에는 독일 군복을 입은 동양인의 모습이 담겨 있었다. 일본군에 징집돼 소련군으로 끌려 갔다가, 다시 독일군 군복을 입고 2차 세계대전의 격전장 노르망디 전투에 투입돼 잡힌 조선인이었다. 사진에 얽힌 이야기는 2005년 12월 SBS를 통해 '노르망디의 코리안'이라는 2부작 다큐멘터리로 조명됐다. 여기서 영감을 얻은 강제규 감독이 영화화에 나섰다.

이렇게 해서 만들어진 영화 〈마이웨이〉는 우리에게 새로운 시각으로 다가왔다. 영화는 할리우드 전쟁영화에 익숙해진 관객들을 '노르망디의 동양인'이라는 신선하고 새로운 스토리로 이끈다. 자신의 의지와 상관없이 유럽의 전장 한복판에 있어야만 했던 조선인의 이야기로 말이다. 그리고 같은 시대를 배경으로 한 영화 〈라이언 일병구하기〉에서처럼 우리 편(미군)과 나쁜 놈(독일군)이란 고정관념을 과감히 깨고 적군인 독일 군복을 입을 수밖에 없었던 현실의 문제를 적나라하게 노출한다. 우리가 받아 왔던 교육, 우리가 가지고 있는 상식에서 조선인과 독일군복은 어울리지 않는 조합이다. 그리고 한국 감독이 역사적 사실을 바탕으로 한반도에서 영화의 스토리를 시작해서 프랑스의 노르망디에서 끝을 맺었다는 것도 놀라운 일이다.

어쩌면 〈마이웨이〉는 한국말을 쓰며 일본군-소련군-독일군의 군복을 바꿔 입어야 했던 한 조선인을 통해 혼돈의 역사 속에서 힘든 시간을 감내해야만 했던 한민족 전체의 아픔을 이야기하고 싶었던 것일지도 모른다.

'냉전'과 '열전'

1950년 6월 바로 그 시간

전 세계적으로 가장 많은 사람이 즐기는 스포츠 종목은 단연 축구다. 규칙이 단순해 누구나 쉽게 할 수 있고, 키가 큰 사람이나 작은 사람이나 공평하게 경쟁할 수 있다. 그래서 축구는 나라, 민족, 이념, 종교를 뛰어 넘는 스포츠로 각광받고 있다. 1930년부터 4년에 한 번 열리는 FIFA 월드컵은 지구촌 최대의 축구 축제이다. 그런데 2차 세계대전의 여파로 인해 1942년과 1946년에는 아쉽게도 월드컵이 개최되지 못했다.

1950년 6월 24일 오후 3시, 지구촌 남반부 브라질에서는 1938년 프랑스 대회 이후 12년 만에 FIFA 월드컵 축구대회의 개막식이 열렸다. 개막 첫 경기 상대는 브라질과 멕시코였다. 전 세계의 축구 팬들이 눈과 귀가 월드컵이 열리는 브라질을 향해 있었던 바로 그 시각, 지구 정반대에 위치한 한반도에서는 전쟁의 기운이 감돌기 시작했다. 브라질의 6월 24일 오후 3시는 한반도의 6월 25일 새벽 3시에 해당된다.

브라질 월드컵 개막전이 한창 진행되고 있던 1950년 6월 25일 새벽 4시, 남북이 대치한 한반도의 위도 38도선 전역에서 소련의 지원으로 중무장한 북한군 20만 명이 경계선을 뚫고 남침하기 시작했다. 한반도를 피로 물들인 3년 1개월 동안의 전쟁이 시작되었고, 이 전쟁으로 수많은 사람들이 죽거나 다치고, 대부분의 산업 시설들이 파괴되는 등 남북한 모두가 큰 피해를 입었다. 이로 인해 1945년 영토 분단, 1948년 정치 분단에 이어 마음의 분단, 사람의 분단이 더욱 고착화 되었다. 한쪽에서는 지구촌 화합의 축제가 열리고 있었지만, 반대편의 다른 한쪽에서는 갈등, 분열, 대결, 고통, 희생, 상처, 아픔의 역사가 가열되고 있었다.

1950년 브라질월드컵 포스터. 월드컵 개막 경기가 열리는 바로 그 시간 한반도는 전쟁의 소용돌이 속에 휘말리게 된다.

'냉전'과 '열전' 사이

한국전쟁이 발발하기 5년 전인 1945년, 2차 세계대전이 연합국의 승리로 끝을 맺음과 동시에 연합국의 일원인 미국과 소련 사이의 동지적 관계도 막을 내렸다. 전쟁 중에는 독일-일본-이탈리아 동맹이라는 공동의 적을 갖고 있었지만, 전쟁이 끝난 후 이들에게는 더 이상 같은 목표가 없었다. 그리고 이들이 각각 추구하는 민주주의와 시장경제, 사회주의와 계획경제 사이에는 대립각만 있을 뿐 협력하기에는 넘어야 할 산들이 너무 많았다.

전쟁 이후, 세계 질서의 재편 과정에서 미국을 중심으로 한 자유진영과 소련을 위시한 공산진영은 곳곳에서 파열음을 내기 시작했다. 1946년 영국 수상 처칠은 유명한 연설 '철의 장막(Iron curtain)'으로 두 진영의 불협화음을 공개적으로 드러내었다. 시간이 흐를수록 불신의 벽은 높아만 갔고 원자폭탄 개발, 독일 점령 문제로 갈등의 골은 더욱 깊어만 갔다. 이때 등장한 단어가 바로 차가운 전쟁 곧 '냉전(The Cold War)'이다. 지금까지 애용되는 '냉전'이란 의미는 미국과 소련이 주축이 되어 두 진영으로 분열된 '힘의 양극화', '군사 블록화'를 뜻한다.

유럽에서 벌어진 냉전 상황은 직접적인 무력충돌을 의미하는 '열전(The hot war)'의 단계까지 가지는 않았다. 하지만 극동 아시아에 위치한 한반도는 달랐다. 한반도는 2차 대전 종전과 함께 아무도 예측하지 못했던 새로운 '열전'을 향해 나아가고 있었다. 정작 한반도에 있는 사람들은 잘 알지도 바라지도 않았던 전쟁을 향해 말이다.

2차 세계대전의 전범국가이자 패전국가인 독일이 '냉전의 중심'이었다면 일제 식민지에서 갓 해방된 한반도는 '냉전의 교차점'이자 '열전의 발화점'이었다. 1945년 8월 15일, 한반도는 해방과 함께 위도 38선을 기준으로 미국과 소련에 분할 점령된다. 1945년 8월 12일, 스탈린이 일본에 대해 선전포고를 하고 미군보다 먼저 한반도에 들어간다. 미국은 1945년 초부터 소련에게 일본을 공격해 달라고 부탁을 하였다. 그러나 소련은 내부 사정으로 즉각적인 공격을 미루다가 1945년 8월 6일 히로시마에 원폭이 투여되고 3일 후인 8월 9일

나가사끼에 또 다른 원폭이 투여되자 당일 자정을 기해 만주의 일본군을 공격하기 시작했다. 당초 미국은 일본의 패망에 수개월의 시간이 더 걸릴 것으로 예상했다. 하지만 소련이 파죽지세로 만주군을 격파, 한반도로 남하하고, 자신들은 9월은 되어야 한반도에 들어올 수 있는 상황에 처하자 위도 38도선을 중심으로 군사적 분할 점령을 제안했던 것이다.

소련이 분할 점령을 수락함으로써 남북 분단은 시작되었다. 만일 이러한 분할 점령 제안이 없었다면 한반도는 동유럽 국가처럼 소련의 위성국가가 되었을지도 모른다. 실제로 소련군의 일부는 미국과 약속한 38선의 이남인 춘천까지 내려와 무력시위를 하며 행정권 이양을 요구하기도 했다. 이렇게 시작된 우리민족의 분단은 지금까지도 영향을 미치고 있는 역사적 구조이자 산물이 되어 버렸다.

바라던 '해방'이 되었지만

일제식민치하에서 갓 해방된 우리는 '분단'에 대한 아무런 소식도 듣지 못했고, 준비는 더더욱 하지 못했다. 단지 일본이 패망하고 독립된 새로운 나라가 세워진다는 기대감에 부풀어 있었다. 좌익과 우익으로 나뉘는 것이 큰 문제가 되는 줄 몰랐고, 미국과 소련의 존재는 한민족이 주체가 된 새로운 정부가 수립되기 전 잠시 이 땅에 주둔하며 일본의 잔재를 청산해 주는 고마운 사람들 정도로만 생각했다.
하지만 미국과 소련의 이해관계가 틀렸고 좌익과 우익, 친일파와 독립 운동가들의 생각이 달랐다. 순진한 백성들은 좌익이냐 우익이

1948년 4월 19일. 평양에서 열린 남북지도자회의에 참석하기 위해 38선을 넘는 김구 선생 일행.

냐 노선을 확실히 할 것을 요구받았으며, 이전에는 듣지도 보지도 못한 선동적인 정치문구를 접하기 시작했다. 말로만 듣던 중국 상해 임시정부 요인들이 귀국하였지만 그건 어디까지나 임시정부의 귀국이 아닌 개인자격의 귀국이었다. 강대국들이 한반도를 신탁통치 하겠다는 소식이 전해지자 나라 안이 신탁통치를 반대하는 데모의 분위기로 휩싸였다. 좌우익의 대립이 극해지자 곳곳에서 테러와 파업, 동맹휴업, 군인들의 반란이 일어났으며 송진우, 백관수, 여운형, 김구와 같은 지도자들이 암살되었다.

북한에서는 인민이 주인이 되는 '인민공화국'을 세운다는 목적으로 지주들의 땅과 재산이 몰수되었으며 신앙의 자유를 탄압하자 많은 기독교인들이 남쪽으로 내려왔다. 그 와중에 미국과 소련은 미소공동위원회를 통하여 분단이 아닌 단독정부 수립을 위해 노력하였으나 실패하였다. 그들에게는 남북 분단의 현상 유지에 대한 의지만 있었을 뿐 우리 민족이 그렇게 바라던 단독정부 수립을 통한 통일에 대한 의지는 없어 보였다.

결국 남과 북은 단독 정부를 수립하는 절차에 들어간다. 1945년 10월, 북한에서는 '조선공산당 북조선분국'이 만들어지며 김일성이 책임비서가 되어 소련 군정에 참여하게 된다. 나중에 이 조직을 바탕으로 북한 정부(1948. 9. 9)가 만들어진다. 남한은 좌우익의 첨예한 대립 속에 결국 1948년 5월 10일 제헌국회의원 선거를 통해 민의를 수렴한 '대한민국 헌법'이 만들어지고 민주정부가 수립된다.

제헌국회의원 선거를 한 직후인 1948년 5월 14일, 북한은 남한과 협의 없이 일방적으로 남쪽으로의 전기 공급을 중단시켜 버렸다. 일제시대 당시 대단위 공업지대가 함경도 지역 등에 조성되면서 공업단지에 공급될 전기 에너지 생산 시설도 원활한 수급을 위해 북한 지역에 집중적으로 건설되었다. 해방 이후 국토는 분단되었지만 남한이 북한에 필요한 각종 물자를 공급해 주고, 북한은 남한에 전기에너지를 공급하는 물물교환의 형식으로 '산업의 동맥'인 전기에너지를 공유했었다. 하지만 북한의 일방적인 단전 조치 이후, 전체 전기에너지 수요의 70% 가량을 북에 의지하고 있던 남한은 전기 부족으로 큰 혼란을 겪었으며 남북은 경제공동체의 마지막 끈인 전기에너지 공유마저 사라지게 되어 '국토 분단'과 '사상 분단' 이후, '경제 분단'의 과정에까지 이르게 되었다.

전쟁의 아픔

1948년 남과 북에 각각 독자적인 정부가 수립된 이후 양측의 갈등의 골은 더욱 깊어만 갔다. 이때 북한의 김일성은 남침 전쟁을 계획하고 소련과 중국에 군사적 도움을 요청했다. 김일성은 전쟁을 수행할

'인민군'을 창설하고 탱크와 같은 무기를 소련으로부터 지원 받아 군사력을 강화시켰다. 특히 중국으로부터는 중국 국공내전에 참전했던 전투 경험이 많은 팔로군 출신 '조선족 병사'들을 지원 받기도 했다.

1950년은 북한 입장에서 보면 남침 전쟁을 일으키기에 유리한 환경이었다. 조만식과 같은 영향력이 있는 민족주의자와 기독교세력을 정치에서 배제시키며 공산주의 정권을 세운 북한에게 그 다음 과제는 자연히 한반도 전역의 공산화였다. 남한에서는 단독 정부가 세워지기는 했으나 아직 나라의 기틀이 제대로 잡히지 않은 상태였고, 남한 곳곳에는 공산주의에 동조하는 좌익 인사들이 비밀리에 사회 각 조직에 심겨져 있었다. 그리고 경상도와 전라도 지역의 지리산 등으로 숨어들어간 이현상을 중심으로 하는 좌익 빨치산 세력들도 건재해 있었다. 당시 남한의 정치인들과 군 관계자들은 전쟁 가능성을 낮게 평가하는 미국발 보고서 등에 의존하며 북한의 남침에 대해 그리 심각하게 생각하지 않았다.

한국전쟁이 발발했을 때도 종종 벌어졌던 38선 부근에서의 교전쯤으로 생각했고 아침에 전쟁이 나면 점심은 '평양 대동강'에서, 저녁은 '신의주 압록강'에서 먹을 수 있다는 희망적 사고가 너무 강했다. 그리고 무엇보다 북한에 유리한 대외환경이 남침의 결정적 계기를 제공해 주었다. 1949년 중국이 공산화되면서 북한의 의지는 더욱 확고해졌고 미국은 한반도 보다는 일본의 안보에 치중하는 것 같은 태도를 보였다. 1950년 1월 미국 국무장관 애치슨이 기자회견 도중 제시한, 대만과 한국이 제외된 미국의 태평양지역 방위선은 북한으로 하여금 미소를 짓게 만들었다.

전쟁 초반 절대적인 열세에 놓였던 남한은 고전을 면치 못하고 후퇴에 후퇴를 거듭했다. 북한군은 3일 만에 서울을 함락시키고 3개월 만에 경상도 일부를 제외한 전 국토를 점령하였다. 이런 상황에서 미국을 비롯한 국제사회의 군사적 지원은 전세를 역전시킬 수 있었던 커다란 원동력이 되었다. 미국은 즉시 유엔 안전보장이사회를 소집하여 북한의 남침을 침략행위로 규정하고 이를 규탄하는 한편 유엔군의 파병을 결정하였다. 국제연합(UN) 안전보장이사회의 결의는 한국전쟁 발발 직후 풍전등화(風前燈火)에 처해 있던 남한에게 오랜 가뭄 끝에 단비와도 같았다. 한국전쟁은 전쟁 방지와 평화유지를 위해 설립된 국제연합(UN)에 있어 첫 시험무대였던 셈이다.

1950년 11월 발행된 '국토통일기념우표'. 중공군이 전쟁에 개입하기 직전에 기획된 우표로 당시 한국은 압록강까지 올라간 국군과 유엔군이 한반도 전역을 수복할 것이란 희망으로 가득차 있었다. 하지만 우표 발행 40여일 후 수도 서울은 다시 공산주의자들의 손에 들어가게 된다.

1950년 9월 한국군이 합동으로 실시한 인천상륙작전을 계기로 전세가 역전되었다. 이 때 국군과 유엔군은 서울을 탈환하고 북진을 계속하여 압록강까지 도달함으로써 민족의 숙원인 통일이 곧 달성될 것처럼 보였다. 그러나 10월 하순경부터 뜻하지 않은 중공군의 개입으로 전선은 다시 38선 부근으로 내려와 교착상태에 빠지게 되었다. 이와 같이 소련이나 북한의 예상과는 달리 전쟁이 장기전의 양상을 띠자 소련은 유엔을 통하여 휴전을 제의하기에 이르렀다. 이에 따라 1951년 7월에 개성에서 처음으로 휴전회담이 개최되었고, 2년이 지난 1953년 7월 27일 당시의 전선을 휴전선으로 하는 휴전이 성립되었다.

한국전쟁에 대한 시각

1950년~1953년까지 벌어졌던 전쟁은 이해 관계자에 따라 그 호칭이 달라진다. 아마도 전쟁에 대한 의미가 각기 다르기 때문에 그럴 것이다. 남한에서는 동족상잔의 비극이란 대전제 아래 '6·25동란', '6·25사변' 등으로 주로 부르고, 북한에서는 미국에 대항해 싸운 '조국해방전쟁'으로, 일본은 '조선전쟁', 중국은 미국에 대항하며 조선을 도왔다는 '항미원조전쟁', 그리고 미국은 '한국전쟁(The Korean War)'이라 부른다. 미국 워싱턴 D.C National Park에 위치한 한국전 참전기념비에 가면 다음과 같은 문구가 있다.

"Our nation honors Her sons and daughters who answered the call to defend a country they never knew, and A people they never met."

"그들이 알지도 못했던 나라, 만나보지도 못했던 국민들을 지켜주기 위해 나라의 부름을 받고 응답한 우리의 아들들과 딸들을 존경하며 영예롭게 여긴다."

한국전쟁에 대한 미국과 미국사람들의 생각을 잘 반영한 문구 중 하나다. 또한 한국전쟁은 2차 세계대전과 베트남전쟁 사이에 끼어서 잊혀졌다하여 '잊혀진 전쟁(The Unknown War)'으로 불리기도 한다. 2차 대전이 종전된지 5년 만에 벌어진 전쟁이라 주변 강대국들 모두 확전이 되면 3차 세계대전으로 갈 수도 있다는 적지 않은 부담감이 있었다. 따라서 휴전이란 미봉책으로 상황을 빨리 덮으려 했고, '베트남전쟁'처럼 명분도 약하고 치욕적인 패배를 준 전쟁도 아니기에 한국전쟁은 사람들의 기억 속에서 잊혀졌다. 그리고 미국 워싱턴 D.C 내 '한국전 참전 기념공원'(1995년 건립)도 '베트남전 참전 기념공원'(1982년 건립)보다 더 늦게 생겼다.

전쟁이 남긴 상처

한국전쟁이 발발한지 60여 년이 지났지만 아직도 전쟁의 아픔은 곳곳에 남아있다. 남북으로 갈라진 국토, 만나고 싶어도 만날 수 없는 이산가족들, 세계 최대의 화력과 병력이 밀집되어 있는 휴전선 155마일, 그리고 한반도를 둘러싸고 여전히 미묘한 갈등이 상존하는 국제질서, 3면이 바다에다 북쪽은 휴전선으로 가로 막혀 섬 아닌 섬이 되어 공간과 생각이 제약받는 곳, 종북과 반공, 친미와 반미 등의 편 가르기가 수시로 벌어지고 있고 남한 내에서의 이념 논쟁까지, 이 모든 것이 한국전쟁의 결과물들이다.

한국전쟁으로 한반도 전 지역에서 학교, 교회, 사찰, 병원 및 민가를 비롯해 공장, 도로, 교량 등이 크게 파괴되었다. 남북한 모두 사회경제적 기반 시설을 상실했다. 한국정부의 발표에 따르면 남북 양측 군인의 사망·부상·행방불명 피해자는 121만 5천명, UN군 피해자는 15만 1,500명이었다. 휴전 직후 집을 잃고 길거리에서 방황하는 전쟁 피해자의 수가 2백만 명에 이르렀고 굶주림을 겪는 인구가 전체 인구의 20~25%나 됐다. 1949년 한해의 국민 총생산에 맞먹는 재산상의 피해가 발생했고, 농업 생산은 27%나 감소했다. 약 900개의 공장이 파괴됐고, 제재소, 제지공장 등 소규모의 생산시설들이 거의 파괴됐다. 특히 교통 관련 시설들이 막대한 피해를 보았다.

북한의 피해도 남한 못지 않았다. 북한의 발표에 따르면 인민군 사망·부상·행방불명 61만 명, 민간인 사망·부상·행방불명 피해자는 268만 명에 달했다. 핵심 산업인 광업·공업·농업의 생산력이 60~80%가 감소했다. 60만의 민가와 5천 개의 학교가 파괴되었다.

이와 같은 한국전쟁의 피해는 전후 상당기간 동안 남북한의 경제의 정상적인 발전을 저해하는 요인이 되었다. 한국전쟁은 우리에게 직접적인 인적·물적 피해도 주었지만, 정신적으로 상대에 대한 깊은 불신과 적대감을 가지게 만들었다. 이러한 심리적 변화는 분단을 고착화시켰고 오늘날까지 이어져 오고 있다. 보이는 한국전쟁은 멈추었지만, 보이지 않는 한국전쟁은 아직도 현재 진행형이다.

| 시대를 담은 영화

〈태극기 휘날리며, 2003〉

강제규 감독은 2001년 한국전쟁 전사자 유해발굴에 관한 KBS 다큐멘터리를 시청하게 된다. 다큐속에서 50년 만에 찾은 남편의 유해 앞에서 흐느끼던 백발 할머니의 모습이 잊혀지지 않았다. 강제규 감독은 이 장면을 모티브로 한국전쟁을 다룬 영화 제작을 결심하게 된다. 이렇게 해서 만들어진 작품이 바로 한국영화 1천만 관객 신화를 만든 〈태극기 휘날리며〉다. 기존의 한국전쟁을 다룬 영화들이 주로 누가 먼저 총을 쐈느냐에 초점이 맞춰져 있었다면, 〈태극기 휘날리며〉는 서로 총구를 겨누는 형제의 비극을 통해 전쟁 중에 어떤 일이 일어났는지에 집중한다.

영화 〈태극기 휘날리며〉는 우애가 좋았던 두 형제가 전쟁의 소용돌이 속에서 아파하고 갈등하고 화해하는 이야기를 담고 있다. 서울 종로에서 가족의 생계를 위해 구두닦이를 하는 이진태(장동건)와 그가 아끼는 동생 이진석(원빈), 진태의 약혼녀 김영신(이은주)과 가족들은 어려운 가운데서도 밝고 활기찬 생활을 해나간다. 어느 날 한국전쟁이 일어나고, 진태와 영신의 가족들은 피난 행렬을 따라 대구까지 내려간다. 그러나 대구역사에서 만 18세의 진석이 강제로 징집되어 군용열차에 오르자, 진태는 동생을 구하기 위해 군용열차에 따라 오르게 되면서 진태 역시 징집되고 만다. 두 형제는 징집과 동시에 낙동강 방어선 전투에 투입되는데, 진태는 태극무공훈장을 받으면 동생을 제대시킬 수 있다는 대대장의 말을 듣고 오로지 동생을 위해 전쟁영웅의 길로 들어선다. 그러나 갈수록 전쟁의 광기에 휘말리는 진태와 그런 형의 모습을 바라보는 진석 사이에 갈등과 증오가 싹트기 시작한다.

이후 진태의 약혼녀 영신이 인민군에게 협조했다는 오해를 받아 국군에게 죽음을 당하고, 진석 역시 국군에게 죽임을 당한 것으로 오해한 진태는 인민군 부대장이 되어 국군의 적이 된다. 뒤에 자신과 가족들을 위해 형이 인민군이 되었다는 사실을 안 진석은 형을 구하기 위해 강원도 두밀령 전선으로 나가 우여곡절 끝에 형을 만나지만, 진태는 끝내 죽음을 맞고 50여 년이 지난 뒤에야 유골로 돌아온다.

〈태극기 휘날리며〉는 이처럼 전쟁이란 극한 상황을 통해 '형제애', 나아가 '가족에 대한 의미'를 강조하고 있는 영화다. 영화 속 모든 인물들은 '가족'이란 목적의식을 갖고 있다. 전쟁이 일어나기 전, 진태는 진석을 위해 뒷바라지를 하고, 사랑하는 '영신'과 그녀의 동생들을 포함한 모두의 가장으로 화목한 대가족을 꿈꾸고 있었다. 한국전쟁 발발 하루 전날 밤 가족 모두 냇가에서 물장난을 치며 가족의 정을 나눈다. 그리고 영신은 그 자리에서 이런 말을 한다.
"더도 말고 덜도 말고 꼭 오늘만 같았음 좋겠어요."

이 말은 어두운 복선을 의미했다. 그로부터 몇 시간 후 전쟁이 일어난다. 가족들이 품고 있었던 소박한 작은 행복은 가혹한 냉전과 분단의 현실 앞에 무너져 내렸다.

'천리마'와 '대약진'

다니엘 고든의 카메라

영국 출신의 다큐멘터리 감독 다니엘 고든(Daniel Gordon)의 작품들은 북한 사회를 세세한 면까지 잘 표현했다는 평가를 받고 있다. 고든은 지금까지 세 편의 북한 관련 다큐멘터리를 제작했다.

집단체조(매스게임)에 참여하는 두 소녀의 이야기를 다룬 〈어떤 나라〉, 월북한 한 주한미군의 평양에서의 삶을 다룬 〈푸른 눈의 평양시민〉, 그리고 1966년 런던 월드컵에서 북한이 세계적 축구 강호 이탈리아를 1:0으로 꺾고 8강 진출을 이뤄낸 당시 북한 축구단의 후일담을 담은 다큐멘터리 〈천리마 축구단〉이다.

북한에서 발행한 1966년 잉글랜드 월드컵 축구대회 기념우표

〈천리마 축구단〉은 월드컵 축구 역사상 손꼽히는 장면에 드는 1966년의 북한 축구팀의 어제와 오늘을 비교적 객관적인 시선으로 바라봤다는 평을 듣고 있다. 그의 카메라에 비친 당시 북한팀의 모습은 체구는 작았지만 수준 높은 실력, 자신감, 팀워크를 가졌던 팀이라고 묘사되었다. 각 작품에서 고든 감독은 북한 사회에서 의미 있는 사건들과 사람들을 통해 그 사회를 있는 그대로 표현하기 위해 노력했다. 그가 이 작품을 만드는 과정에서 북한 정부는 최대한의 배려(장소, 인터뷰)를 통해 촬영에 협조했다. 분명 북한에게 좋고 유리한 것만 보여주었다는 비판을 받기에 충분한 점도 있었다.

기적이라 소개된 '천리마 경제'

북한이 런던 월드컵에서 돌풍을 일으키기 2년 전인 1964년, 영국 케임브리지대학 교수 조안 로빈슨은 북한을 방문하고 나서 〈먼슬리 리뷰 Monthly Review〉(1965. 2)에 '1964년의 코리아: 경제의 기적 Korea, 1964: Economic Miracle'이라는 글을 발표한다. 이 글은 1960년대 조안 로빈슨의 눈으로 본 북한이 고스란히 담겨져 있다. 로빈슨이 방문했던 1964년은 전쟁의 상처를 이겨내고 나름의 사회주의 공업화가 꽃피는 시기였다. 북한의 통계를 전적으로 신뢰하기 어렵지만, 공식적인 자료상으로는 두 자릿수의 경제성장을 기록하고 있었고, 1인당 국민소득도 체제 경쟁 대상인 남한에 비해 4배나 높았다. 케인즈 학파의 일원이며 경제학계에서 나름의 영향력을 갖고 있던 로빈슨의 글을 읽은 국내외의 사회과학자들은 적지 않은 충격을 받았다.

북한은 빠른 전후복구, 김일성 권력체제의 강화, 높은 경제성장, 완전고용, 기본적인 복지 혜택, 경쟁 상대인 남한에 대한 비교우위 등 체제에 대한 자신감에 차 있었다. 북한의 이러한 발전상은 해외에 있던 남한 사람들의 호기심을 자극했고, 서독의 한국 유학생이나 유럽에서 활동 중인 윤이상, 이응로 같은 한국 국적의 예술인들이 북한과 접촉하는 일까지 벌어지게 된다. 세상을 떠들썩하게 한 동베를린 간첩단사건인 '동백림사건'도 이즈음의 일이다.

1960년대 북한은 동남아시아, 아프리카, 라틴아메리카 등지로 농업기술자, 군인, 의료진 등을 파견하며 활발하게 제3세계 외교를 펼쳤다. 우리가 잘 알고 있는 1966년 영국 월드컵 축구 8강 진출도 이 무렵의 일이다. 1960년대는 북한 체제에 있어 최고의 전성기였던 셈이다. 경제상황, 남북대결 등에서 북한은 이보다 더 좋은 적이 없었다.

1966년 월드컵 축구 8강에 진출한 북한의 축구팀은 일명 '천리마축구단'으로 이름을 알렸다. 여기서 '천리마'란 당시의 북한 사회상을 가장 상징적으로 표현하는 단어다. 천리마는 고대 중국 전설에 나오는 하루에 천리를 간다는 말이다. 북한은 하루에 천리를 달리는 천리마와 같은 속도로 사회주의 경제를 건설하자는 천리마운동을 전개한다. 1958년부터 시작된 이 운동은 천리마속도, 천리마직장, 천리마기수, 이중천리마작업반 등의 용어를 사용하며 국가 부흥의 꿈을 담은 대대적인 캠페인으로 자리를 잡았다. 1972년 채택된 북한 사회주의 헌법에서는 '천리마운동은 사회주의 건설의 총노선이다(제13조)'라고 규정했을 정도이다.

실패한 '천리마운동'

1960년대를 빛낸 북한의 천리마 경제는 대외적으로는 정치적 동지 관계인 소련 및 사회주의 국가로부터의 원조 및 저렴하게 물자를 구매하는, 일명 '사회주의 우호가격'의 덕을 본 것이다. '사회주의 우호가격'은 자본주의 국가들 간의 시장거래에 대항하여 사회주의 국가들이 그들만의 자체 시장을 형성하며 각종 필요한 원자재와 물품 등을 거래했던 것을 말한다. 북한은 이를 통해 국제시세보다 저렴한 가격에 석유와 각종 원자재를 얻을 수 있었다. 천리마 경제는 대내적으로 정치적 안정과 강력한 중앙 집중 계획경제에 힘입어 휴전 이후 폐허가 된 북한에 생기를 불어 넣을 수 있었다. 잘 사는 수준은 아니지만 적어도 기본적인 의식주는 해결할 수 있었다.

1962년 김일성 주석이 이야기한 '이밥에 고깃국'을 먹는 보통 인민의 삶이 곧 실현될 수 있을 듯했다. 하지만 천리마의 약진은 여기까지였다. 초과달성을 당연시하는 분위기 속에서 각종 경제계획 지표가 왜곡되기 시작했다. 지표왜곡은 생산-유통-소비 과정의 경제 제반 행위에 대한 정보의 왜곡으로 이어지며 국가 경제 전체의 흐름이 걷잡을 수 없이 왜곡되어 버렸다. 또한 폐쇄된 계획 경제하에서 기술개발에 대한 투자 부족과 조악한 제품의 품질은 경제의 질적 성장을 저해시켰다.

중국의 '대약진운동'과 '문화대혁명'

천리마와 같이 발전을 거듭할 줄 알았던 경제의 성과부진은 북한만이 아닌 사회주의 국가 전체의 문제였다. 특히 1959년 중국의 마오쩌뚱(毛澤東)이 주도한 '대약진운동'은 경제 지표의 왜곡이 나라를 파탄으로 몰고 간 대표적인 예다. 중국의 공식 발표에 의하면, 제2차 5개년 계획의 첫해인 1958년의 농공업생산 총액은 전년대비 48%의 증가를 보였고, 그 후 계속 비약적인 신장을 이루었다고 한다. 그러나 이런 성장지수는 과장된 보고에 의한 것이었다.

1959년부터 연속 3년 간 자연재해가 있었고, 옛 소련이 1960년 이래로 경제 원조를 전면적으로 중단한 데다, 중·소관계가 악화된 점 등의 원인으로 대약진정책은 중도에 좌절하고 만다. 실제적인 농업 생산량은 대략 1958년 2억 2,500만 톤에서 1960년 1억 8,000만 톤으로 떨어졌지만 통계상으로는 매년 목표 생산량을 초과한 것으로 나타났다. 중국 정부는 왜곡된 통계수치를 바탕으로 어느 정도 식량 문제가 해결된 것으로 판단하여 농민들을 대단위 토목사업이나 제철사업에 동원했고 결국 몇 년 지나지 않아 기아에 허덕이는 주민들이 늘어만 갔고 수백만 이상이 굶어 죽게 된다.

중국정부는 결국 '대약진운동'의 실패를 인정하게 되고 이를 총지휘했던 마오쩌둥은 권좌에서 물러나게 된다. 1959년 마오에 이어 국가주석에 오른 류사오치(劉少奇)는 대약진 운동으로 야기된 농촌경제의 침체를 극복하기 위해 '조정정책'을 시행했다. '조정정책'은 농민의 개인 보유 땅을 인정하고, 농촌 자유시장의 부활과 그 확대를 통해 농민의 물질적인 이익을 자극하여 농업생산을 회복하려는 정책이었다. 일정 부분 개인의 이익과 시장의 존재를 인정하는 정책 추진에 사회주의 중국의 정신적 지도자인 마오쩌둥은 강력히 반대했다. 1966년부터 마오는 류사오치의 개혁정책에 위기를 느끼며 부르주아 세력의 타파와 자본주의 타도에 대한 외침을 본격화한다. 마오는 기성세대보다는 순수한 젊은 세대에게 메시지를 전달했다. 마오는 청소년들을 향해 1871년 프랑스 파리 시민과 노동자들의 봉기에 의해서 수립된 혁명적 자치정부 '파리코뮌'의 이념을 실현하기 위해 나설 것을 역설했다.

마오의 뜻을 받들기 위해 전국 각지마다 청소년으로 구성된 선전·선동 그룹인 '홍위병(紅衛兵)'이 조직되었다. 홍위병은 마오쩌둥의 지시에 따라 활동하며 중국 전체를 경직된 광기의 사회로 몰아넣었다. 마오는 홍위병으로 하여금 교사, 작가, 모든 예술 분야 종사자, 그리고 부르주아 이념을 지닌 당 간부들을 비판하도록 부추겼다. 비판은 곧 굴욕 행위와 투옥, 고문, 살인으로 이어졌다. 중국은 빠른 속도로 대 혼란에 빠졌고 국가주석 류사오치를 비롯한 마오쩌둥에 반대되는 세력은 모두 실각되거나 숙청되었다. 법과 이성은 마비되고 오로지 전지전능한(?) '마오의 말씀'과 그에 대한 주관적 해석만 존재했다.

1968년 중국에서 발행된 문화대혁명 기념우표.
'전국의 모든 산과 강이 붉은색'이라는 표현이 인상적이다

홍위병들은 공산혁명의 주체였던 중국 공산당의 주요 인사들마저 반동분자로 몰아세웠다. 그 누구도 홍위병의 권위에 도전할 수 없었다. 한마디로 홍위병은 무소불위 그 자체였다. 결국 중국 공산당은 자체적으로 홍위병을 조직하여 자신을 방어해 나갔다. 하나의 권력이 되어버린 홍위병 안에서도 분파가 생겨났다. 각 분파의 이익을 위해 홍위병간의 싸움이 벌어졌고 중국 사회는 통제할 수 없을 정도로 혼란해져 붕괴 일보 직전까지 갔다. 이 혼돈의 중국을 바로 잡을 수 있는 힘을 가진 곳은 군대인 '인민해방군' 밖에 없었다. 1967년 이후 군은 사회 질서를 확립하는데 참여하기 시작했다. 군이 개입한 이후에도 간헐적인 갈등은 계속되었으며 1976년 마오가 사망한 뒤에야 '문화대혁명'은 비로소 막을 내릴 수 있었다.

중국공산당은 문화대혁명에 대해 '극좌적 오류'였다는 공식적 평가를 내렸고 문화대혁명의 광기는 급속히 소멸되었다. 역설적으로 문화대혁명의 광풍이 사라진 후 그나마 남아 있던 혁명의 불씨마저 사그라들고 말았다. 그리고 덩샤오핑(鄧小平)이 주도하는 새로운 국가 개혁정책이 실현되었다. 그것이 오늘날 미국과 함께 G2라 불리는 중국을 만들었다.

만약에…

'대약진운동'과 '문화대혁명'이 일어났던 1959년~1976년은 참 묘한 시점이다. 우리나라와도 직접적인 연관이 있다. 이 당시 중국의 초점은 대외 보다는 대내였다. 10억 인구를 바탕으로 생산성을 높이고 사회주의 이상 국가를 건설하며 선진국을 따라 잡으려고 했다. 대외무역이나 외국 자본 및 선진 기술 도입을 통한 산업화 같은 것에는 큰 관심을 두지 않았다. 반면에 한국은 수출주도형 경제개발 전략을 통해 단순 임가공부터 시작해 경공업, 중화학 공업, 전자산업 등을 추진해 산업화의 길에 들어선다. 저렴한 임금의 우수한 노동력, 외자 도입, 정부의 강력한 수출 진흥책 등이 한국 경제를 키운 요인들이다. 이때 아시아에서 한국의 경쟁자는 대만, 홍콩, 싱가폴 같은 한국보다 체구가 작은 곳들이었다. 한국은 이들과 비교해서 나름 비교 우위를 누리며 빠른 성장을 누릴 수 있었다.

역사에는 가정법이 존재하지 않지만 한번 생각을 해보자. 만약, 중국에 문화혁명이 일어나지 않고 류사오치가 자본주의 시스템을 빨리 받아들여 1960년대 초부터 덩샤오핑이 추진했던 개혁개방 정책을 10여년 앞당겨 실시했다면 어떻게 되었을까? 아마도 한국은 더 힘겹게 경쟁을 해야 했을 것이다. 그렇게 되었다면 중국을 방문한 첫 미국 대통령은 1972년의 닉슨이 아니라 1960년대의 케네디나 린드 존슨이 되었을 것이고 미국과 서방세계는 중국에 신경 쓰느라 한국에겐 신경을 덜 썼을지도 모른다. 그렇게 되면 자연히 한국 경제는 중국의 성장과 서방의 무관심에 위축 되었을지도 모른다.

하지만 꼭 비관적으로만 볼 일은 아니다. 중국의 침체가 한국에겐 호기이고, 중국의 성장이 한국에겐 위기라는 공식이 반드시 성립되는 것은 아니다. 중국이 일찍 개혁·개방정책을 추진 했다면 한국은 좀 더 일찍 중국 시장을 활용했을 것이고, 동북아 역학 관계가 바뀌면서 남북 관계도 새롭게 조정되었을 가능성도 있다. 이건 어디까지나 가정이다. 중요한 것은 중국의 대약진운동과 문화대혁명 기간 동안 한국은 놀랄만한 경제성장을 이루었다는 것이다.

| 시대를 담은 영화

〈인생, 人生, 1995〉

영화 〈인생〉은 중국이 자랑하는 감독 장예모이가 제작하고, 배우 공리가 출연한 시대를 담은 걸작이다. 이 영화는 굴곡진 중국 현대사를 한 가족의 시각으로 잘 표현하고 있다. 영화의 주된 시대적 배경은 대약진운동과 문화대혁명이다. 영화는 격동의 시대를 살아가는 평범한 부부를 배경으로 이야기가 펼쳐진다.

지아젠(공리)의 남편 후우쿠이(갈우)는 지주의 아들로 태어나 노름에 빠져 있는 한량이다. 후우쿠이는 결국 노름으로 재산을 날리고 파산하고 만다. 파산의 충격으로 후우쿠이의 아버지는 세상을 떠나고, 어머니는 화병으로 자리에 눕게 된다. 이에 후우쿠이는 과거를 뉘우치고 성실한 노동자의 삶을 살게 된다. 어찌 보면 다소 꼬인 인생일 수도 있으나, 후우쿠이는 노름으로 재산을 탕진한 덕분에 공산혁명 이후 무산계급의 일원으로 살아남게 된다.

1949년 공산혁명 이후에도 세상은 조용할 날이 없다. 그 여파는 후우쿠이와 지아젠이 사는 시골에 까지 미쳤다. 후우쿠이 아들은 당의 방침에 따라 철 생산 작업을 하다가 당 지역위원장의 차에 치여 죽게 된다. 10여 년 뒤 문화혁명 때는 해산하던 딸이 치료를 제대로 받지 못하고 죽고 만다. 당시 병원의 의사들은 인민의 적으로 몰려 홍위병들의 강압에 의해 환자 진료를 하지 못하는 경우가 많았다.

후우쿠이와 지아젠 부부가 살았던 그 시간은 중국 역사에 있어 가장 격동적인 순간들이었다. 국민당과 공산당 사이의 내전-공산혁명-대약진운동-문화대혁명으로 이어지는 과정 속에서 그들은 참 모질은 삶을 살았다. 도박 덕분에 혼란의 와중에서 살아남는 행운을 얻었지만 아들과 딸을 혼란의 틈 속에 잃은 아픔도 겪었다. 이런 혼란기 속에서 이들 가족은 행복해 하기도 했고, 슬퍼하기도 했다. 특히, 딸을 잃고 살아남은 손자와 밥을 먹고 있는 노부부의 모습은 인생의 의미를 다시금 생각하게 한다.

영화 〈인생〉의 마지막 부분은 관객들에게 '인생은 허무함 그 자체인가'라는 질문을 던진다. 그리고 '1940~1960년대 격동기의 중국에 당신이 있었다면 이런 광기어린 현상들을 어떻게 받아들이고, 어떤 선택을 하겠는가'라고 질문을 던지는 것 같다. 영화 〈인생〉은 거대한 역사 앞에 거부할 수 없는 개인의 운명을 다루었다. 그리고 잘못된 길을 선택하고 국민을 사지로 내몰게 한 국가권력에 대한 비판을 내포하고 있다. 영화에서는 '허무'를 이야기하지만 '허무'는 결코 영화의 끝이 아니다. 영화의 끝은 다시는 그런 허무함을 갖는 사람들이 없었으면 하는 작은 바램이다.

번영의 시대

'원조(援助)'로 허기를 달래다

　설탕은 사람이 본능적으로 가장 선호하는 단맛을 내는 식품이다. 십자군 운동(11세기말-13세기말)을 통해 사탕수수의 재배와 제당기술이 유럽에 전해진 이후 설탕은 상류층만이 즐길 수 있는 귀한 기호식품이었다. 콜럼버스가 서반구를 향해 떠났던 두 번째 항해에서 사탕수수를 가져갔던 것 역시 상품의 지배를 위한 전략이었다. 우리나라에 설탕이 처음 들어온 것은 12세기 고려 명종 임금 때다. 가격이 비싸고 수입량이 한정되어 있어서 보통 사람들이 설탕을 접하기란 쉬운 일이 아니었으며 설탕은 최고의 고급 선물 가운데 하나였다.

　우리 국민들이 비교적 저렴하게 설탕을 먹기 시작한 것은 한국전쟁이 끝난 직후부터다. 삼성그룹의 창업주인 이병철 회장이 일선에서 직접 '제당기술' 개발에 참여했다. 설탕의 원료가 되는 원당은 미국의 원조에 의해 비교적 쉽게 구할 수 있었다. 전쟁 이후 미국이 한국에 제공한 원조 물품은 전쟁 피해 복구와 생산시설 회복에 필요한 물품과 함께 생활필수품과 밀, 원면, 원당 등 소비재 산업의 원료가 주를 이루었다. 미국에서 온 원조 물품들 중 상당수는 교회와 기독교 계통의 사회단체들을 통해 국민들에게 배급되기도 했다. 이 같은 미국의 원조는 전후 복구 사업에 필요한 돈을 마련하는 일과 식량 부족을 해결하는 데 많은 도움을 주었다.

미국의 원조 물자가 들어오던 1950년대 국내 산업 가운데 가장 비약적으로 성장한 산업은 다름 아닌 원조 물자를 가공하는 산업이었다. 밀가루, 원면, 설탕 등 원조를 통해 수입한 물품을 가공하여 얻어지는 제품이 모두 흰색이라 이를 가공하는 제분, 면방직, 제당 공업을 삼백(三白)산업이라 불렀다. 삼백산업은 원료의 90% 이상을 원조 물품이나 수입품에 의존한다는 문제점이 있었으나 전후 경제를 복구하는데 나름대로의 큰 역할을 했다. 하지만 이런 산업 구조는 실질적으로 국가 경제 발전을 이끌어 낼 수 없었다. 즉, 외자에 의한 미국의 경제 원조 프로그램 속에서 높은 대미 경제 의존도를 보이고 있었다.

경제기적의 신호탄

원조에 의존하던 한국 경제가 체질 개선을 시작한 것은 1960년대에 들어서면서 부터이다. 1960년 4·19 혁명 이후에 들어선 제2공화국 정부는 장면 총리를 중심으로 과감한 개혁정책을 추진하고자 했다. 하지만 리더십의 부족으로 사회의 혼란을 수습하지 못했고 다양한 의견들을 조율하지 못했다. 결국 군인들이 일어났다. 1961년 5월 16일, 박정희 장군을 중심으로 무장한 군인들이 한강 다리를 넘어 서

1962년 발행된 5.16 쿠데타 1주년 기념우표. 한강 다리를 넘는 군인들을 이미지화했다.

울에 진입했다. 다음날 새벽 라디오를 통해 군사 쿠데타의 성공을 알리는 메시지가 세상에 울려 퍼졌다. 그리고 군사혁명위원회는 5·16 군사쿠데타의 이념과 성격을 밝힌 6개 항의 성명을 발표한다. 6개의 항목 중 '절망과 기아선상에서 허덕이는 민생고를 시급히 해결하고 국가 자주경제 재건에 총력을 경주한다.'는 제4항에는 국가 경제발전에 대한 비전이 제시되어 있었다.

경제 개발을 위해서는 먼저 돈이 필요했다. 하지만 당시 나라의 곳간은 텅 비어 있었다. 해외에서 돈을 빌려와야 했지만 당시 1인당 국민소득이 100불도 안되는 한국에는 신용도, 담보도 없었다. 결국 정부는 국민 정서를 뛰어 넘는 과감한 돌파 전략을 취한다. 일본과 수교를 하면서 일종의 식민지 배상금인 '대일 청구권 자금'을 얻었다. 서독에 광부와 간호사를 파견하고 이들의 급여를 담보로 차관을 들여오기도 했다. 베트남 전쟁에 참전하여 달러를 벌어 들였고 석유파동을 역이용하여 건설기업과 노동자들이 열사의 땅 중동으로 나갔다.

정부의 수출주도 전략과 한국인 특유의 근성으로 경제개발 전략은 큰 성공을 거두게 되고, 점차 자본의 여력이 생기게 되면서 경공업을 넘어 중화학 공업을 육성하게 된다. 울산석유화학공단, 포항제철 등이 다 이때 만들어졌다. 또한 경부고속도로와 같은 사회간접자본을 확충하며 국가산업의 동맥을 구축했다. 특히 경부고속도로 건설 사업은 정치적인 반대가 심했다. 야당 뿐 아니라 여당인 공화당에서도 반대하는 이들이 있었다. 비용과 시기, 기술상으로 아직 우리나라에는 고속도로를 만들 수 없는 상황이라는 것이 주된 이유였다. 심지어 국제금융기관인 IBRD(지금의 World Bank)마저도 서울-부산의 남북 축 대신 낙후된 서울-강릉 동서축 도로를 먼저 개선하라고 권고할 정도였다. 반대론자들은 나름 합리적인 이유를 들었지만 지금 한국경제를 논할 때 경부고속도로 건설과 같은 대승적인 결단이 없었다면 경제 발전은 더욱 더디게 진행되었을 것이다.

2001년 새천년을 맞아 기획된 20세기 한국의 주요 이슈를 다룬 우표 시리즈 중 경부고속도로편.

성장에 성장을 거듭하며

한국의 빠른 경제 성장은 1970년대를 거쳐 1980년대까지 계속 이어진다. 그 사이 경제개발을 시작한 박정희 대통령이 측근에게 암살당하고 신군부가 쿠데타로 정권을 잡아 군사정권이 연장되었지만 경제 개발의 고삐는 놓지 않았다. 1970년대 후반 3차 석유파동으로 세계 경제가 어려워져 마이너스 경제성장을 한 적도 있으나 위기를 잘 극복해 나갔다. 1980년 정당하지 못한 방법으로 권력을 얻은 전두환 정권은 정치를 규제하는 대신 사회적 제약들을 풀고 새로운 문화 상품을 만들었다. 시대의 요구에 맞춰 컬러TV 방송이 시작되고, 교복 자율화와 야간통행금지 해제, 대학 입학정원 확대 등이 이루어졌다. 철저히 통제되던 외국산 물품 수입이 자유화되었고 국민들의 해외여행도 부분적으로나마 자유화되었다. 아울러 프로야구, 프로축구가 만들어졌고 일명 '애마부인'으로 대표되는 성인영화 붐도 일어난다. 1980년대 초 한국은 흑백에서 컬러로 가는 변혁의 시대였다. 단 정치만 빼고 말이다.

1980년대 중반 한국 경제는 최고의 호황기를 맞는다. 일명 저유가, 저금리, 저원자재의 3저 호황이다. 에너지와 각종 원자재를 싼 가격에 사 올 수 있었고, 금리가 낮아 쉽게 자금을 융통할 수 있었다. 달러 약세와 일본 엔화의 강세로 그 어느 때보다 높은 수출 경쟁력을 가질 수 있었다. 지금도 사람들에게 회자되는 "전두환 때는 물가만큼은 확실히 안정되어 있었다."라는 말의 배경에는 이 3저 호황이 있었다.

1986년 ~1988년 한국 경제는 연 12%의 경제성장(지금은 연 3% 수준)을 기록했고, 건국 이래 최초로 무역 흑자를 기록하기도 했다. 또한 세계 경제사에서 쉽게 찾아보기 힘든 연평균 수출신장률 40%, 그리고 연평균 경제성장률 9%를 이루어 냈다. 한국경제는 1960년대에 시작된 경제개발계획과 1970년대 육성된 중화학 공업을 통해 안정적인 성장을 할 수 있었으며 해외 수출을 다변화하고 반도체 산업을 새로 육성하는 등 변화를 도모했다. 특히 삼성전자의 반도체와 현대자동차는 한국 경제를 한 단계 업그레이드 시키는 혜안이 있는 선택이었다. 사람들은 이러한 놀라운 발전상을 '한강의 기적'이라 불렀다.

세계 속으로

'분단'과 '성장'의 틀 속에 있던 한국은 국제 사회의 주요 구성원으로서 외부와 소통하게 되는 결정적 계기를 맞이한다. 그것은 바로 1988년에 서울에서 열린 제24회 하계 올림픽이다.

손에 손잡고 벽을 넘어서
우리 사는 세상 더욱 살기 좋도록
손에 손잡고 벽을 넘어서
서로 서로 사랑하는 한마음 되자
손잡고

Hand in hand we stand all across the land
We can make this world a better place in which to live
Hand in hand we can start to understand
Breaking down the walls that come between us for all time
Arirang

서울 올림픽이 열렸던 1988년의 세계는 냉전의 끝 무렵이었다. 서울 잠실 주경기장에서 시작된 올림픽은 한국계 그룹 코리아나와 관객들이 다함께 '손에 손잡고'를 부르며 그 서막을 열었다. 그리고 정확히 1년 뒤 이 노래의 영문 가사인 'Breaking down the walls that come between us for all time'처럼 동서 냉전의 상징인 독일 베를린 장벽이 무너지고, 연이어 동유럽 공산권 국가들이 도미노처럼 무너져 내렸다. 공교롭게도 이 올림픽은 당시 세계 스포츠 최강국이었던 소련이 소련이란 이름으로 참가하는 마지막 올림픽이 되고 말았다. 큰 틀에서 세계를 양분하던 사회주의가 무너지자, 세계는 하나의 큰 마을이요 큰 시장인 지구촌 시대로 접어들었다.

〈뉴욕타임스〉의 칼럼니스트인 토마스 프리드먼은 저서 〈렉서스와 올리브 나무〉를 통해 오늘날의 시대를 규정짓는 거대담론으로 세계화를 지목하고, 그에 관한 포괄적이면서도 독창적인 시각을 잘 드러냈다. 세계화는 결코 일시적인 현상이나 그저 흘러가고 말 유행이 아니었다. 세계화는 냉전체제를 대치하는 새로운 국제 시스템으로서 매우 융통성 있으면서도 상호 연결된 체제로, 국경을 초월하여 이루어지는 자본, 기술, 정보의 통합을 말한다. 세계화에 의해 지구는 단일의 글로벌 시장으로 바뀌고, 지구 전체가 하나의 마을처럼 변해 가고 있다. 따라서 세계화 체제에 대해 이해하지 못하면 아침에 듣는 뉴스도 제대로 알아듣지 못하고, 자신의 투자가 제대로 된 것인지조차 판단하기 힘든 시대가 되었다.

세계화는 한국에게도 피할 수 없는 운명이었다. 1993년 군사정권이 막을 내리고 32년 만에 군 출신이 아닌 민간인으로 집권한 김영삼 대통령은 정권 초기 금융실명제 등의 개혁정책을 실시하며 국민적 호응을 얻었다. 그리고 '세계화'를 국정의 기치로 내세우며 각종 규제와 개혁·개방을 추구하였고, 경제협력 개발기구 OECD에 가입하는 등 당시 한국의 경제체제에 맞지 않는 여러 가지 무리수를 두었다. 즉, 국내 기업이 외풍에 대하여 대항할 체력을 갖추지 못한 상황에서 방문을 열어제낀 것과 같았다. 결국 한국 경제는 1997년 말 IMF 외환위기라는 큰 경제적 태풍을 맞게 된다. 한보철강의 부도로 촉발된 기업의 연쇄부도와 동남아에서 시작된 IMF 외환위기는 한국에게 고통과 시련의 시기였다.

　IMF 외환위기 당시 은행들은 자신의 부도를 막기 위해 기업 대출을 하지 않게 되고, 기업의 돈줄이 막히면서 흑자 기업이 도산하는 일도 나타났다. 기업은 언제 닥칠지 모르는 위기에 대비하기 위하여 신규 사업을 추진하지 않았고, 정리해고를 통해 비용을 절감해 나갔다. 또한 설비 시설을 확충하지 않고 기존 자원을 최대한 활용하며 생존을 위한 몸부림을 쳤다. 또한 정리해고와 함께 비정규직 노동자가 양산되고, 전반적인 경기 침체로 자영업자들의 연쇄 도산이 이어졌다. 세계화는 새로운 시장을 개척하고 외국의 것들을 받아들이는 달콤함도 있었지만, 오직 효율성을 추구하는 신자유주의 세계 질서는 한국 경제를 순식간에 삼켰고 우리국민들은 허리띠를 더욱 졸라매야 했다.

　하지만 한국 경제는 여기서 주저앉지 않았다. 높아진 환율로 기업의 제품 경쟁력이 살아났고, 국민들의 애국심에 호소한 금모으기운동을 통해 장롱 속에 묻혀 있었던 패물들이 밖으로 나왔다. 정부도 공적자금을 투입하여 무너진 국가 경제를 다시 살리고자 노력했다. 뼈를 깎는 고통 속에 한국 경제는 다시금 일어나기 시작했다. 그리고 IT 붐을 타고 한국 경제는 새롭게 부활했고 한국의 잠재력이 '지식경제'의 파도를 타며 세계 곳곳에서 발휘되기 시작했다.

2006년 발행된 한국의 8대 주력 수출상품 우표시리즈중 전자편

한국은 2012년 인구 5,000만 명을 넘어서며 세계에서 7번째로 '20-50클럽(1인당 국민소득 2만 달러·인구 5000만명)'에 가입했다. 지구상에 20-50클럽은 우리 이외에 일본, 미국, 프랑스, 이탈리아, 독일, 영국뿐이다. 국제사회에서 1인당 소득 2만달러는 선진국으로 들어가는 소득 수준이며 인구 5,000만명은 인구 강국의 기준이 된다. 1996년 영국이 진입한 이후 16년 만에 한국이 세계에서 7번째로 진입했다. 한국은 이제 세계 경제의 마이너리그에서 메이저리그로 편입되었다.

통일시대를 대비한 삶의 질

한국의 빠른 경제 성장 뒷면에는 어두운 그늘도 있었다. 성장에 치우쳐 노동자들의 복지는 한참 밀려나 있었다. 노동자의 인권은 보장받지 못했고, 일한만큼의 정당한 대가를 받지도 못했다. 1970년 청년 노동자 전태일의 분신과 1987~1988년 노동자 임금 투쟁은 노동자들의 의식을 깨우며 사회에 큰 충격을 주었다. 개발 시대의 한국경제는 선택과 집중의 논리가 적용되면서 지역 간의 성장 불균형을 가져왔다. 개발 과정에서 시작된 영호남의 지역감정의 앙금은 오늘날까지 계속 이어지고 있다. 또한 산업화가 진전되고 생산인력의 수요가 많아지면서 농촌의 젊은이들이 고향을 떠나 도시로 몰려들고 도시와 농촌의 불균형, 수도권과 비수도권의 불균형 문제가 발생했다.

이제 인구 5천만명, 국민소득 2만달러를 넘어선 한국은 통일 시대를 대비하여 공동체와 개개인의 '삶의 질'을 높이는 데 초점을 둔 국가 장기 비전을 내놓아야 한다. 아울러 미래성장 동력을 꾸준히 발굴하여 지속 가능한 성장도 게을리하지 말아야 한다.

만약 남북한이 통일된다면 인구가 7,200만 명에 이르며 경제 규모도 커져서 내수 중심의 안정된 성장이 어느 정도 가능해진다. 일본이나 미국은 전체 경제에서 내수가 차지하는 비중이 70~80%가 넘는다. 즉, 통일 후 통일 후유증을 지혜롭게 극복하고 지속적으로 성장해 국민소득이 높아지면 한국 경제는 세계적인 슈퍼파워로 불릴 일명 '40-80클럽'에까지 진입할 가능성도 있다. 현재 1인당 국민소득 4만 달러, 인구 8,000만 명 클럽에 진입한 나라는 미국, 일본, 독일 세 나라밖에 없다. 이는 우리가 꿈꾸는 통일 한국의 새로운 목표 중에 하나다. 탄탄한 경제력을 바탕으로 통일시대 삶의 질을 대비해야 한다.

| 시대를 담은 소설

〈한강〉

　1990년대 중반 한국 사회가 빠른 속도로 발전하는 것을 보며 소설가 조정래는 문득 이러한 생각을 하게 된다. '우리의 GDP가 1만 달러가 되었고, 경제협력 개발기구 OECD에 가입해야 된다고 분주해 하고 있는데 이게 무슨 일이야?' 당시 앞만 보고 달려온 한국 사회가 국민소득 1만 달러에 이르자 많은 국민들이 어리둥절해 했다. 꿈처럼 여겨왔던 1만 달러의 달성이 놀랍기도 했고 그 다음이 무엇인지에 대해서는 명확한 답변 없이 통계 수치상의 선진국 진입을 이야기했다.

　이 무렵 조정래 작가는 불후의 명저인 〈태백산맥〉과 〈아리랑〉을 거쳐 해방 이후를 다룬 새로운 대하소설 〈한강〉을 쓰려고 준비하고 있었다. 조정래 작가가 〈한강〉을 집필하려고 했던 의도는 비교적 간단했다. 시위 때문에 나라 망한다고 시끄러운데 나라는 망하지 않고 오히려 국민소득이 1만 달러가 되었다는 것에 놀라 그 저력을 한번 파헤쳐 보고 싶다는 데서 동기를 찾았다.

조정래는 소설 〈한강〉에서 6·25 이후 남북한 정권이 민족 분단을 어떻게 획책·강화시켜왔는가 하는 점과 함께, 우리의 경제발전은 어떤 경로를 거쳤고 참 주인공들은 누구인가를 밝혀내는 두 가지 주제를 다루고자 했다. 그동안 〈태백산맥〉과 〈아리랑〉에서 보여 주었던 작품 세계와는 사뭇 다른 이야기들을 전개해야 했다. 조정래는 작품을 구상하고 전문가들을 만나 자문을 구하는 과정에서 포스코의 철강 생산과 중동 여러 나라에서 벌어들인 오일달러 두 가지가 국민소득 1만 달러 시대를 이룩해 낸 주역이라는 사실을 인지했다. 그리고 산업화 시대를 대표하는 보수의 원조, 철강왕 박태준을 비롯한 다양한 분야의 인사들을 만나 살아 있는 경험담을 듣고 소설 〈한강〉을 써 나간다.

〈한강〉은 1950년대 말부터 1980년대 초까지 민족분단과 경제성장에 가려진 한국인의 진정한 초상을 유일민과 일표 형제, 일민의 선배 이규백과 김선오의 시각을 중심으로 그린다. 이들은 현실 앞에 좌절하기도 하고 성공을 위해 청춘을 불사르기도 한다. 급속한 경제성장 이면의 그늘 아래 수많은 군상들의 눈물과 웃음, 배반과 음모가 인간과 사회의 거대한 대서사시 〈한강〉 속에서 유유히 펼쳐진다.

〈한강〉에 등장하는 인물들은 모두 우리 이웃들의 자화상이며, 이 인물들이 겪게 되는 현실은 바로 지난날 우리들이 걸어온 길이다. 그리고 대하소설로서 일관된 긴장감을 유지시키는 현실의 갈등들은 역사적 진실로서만이 아니라, 바로 지금 한반도의 현실로까지 이어져 진정 이 시대를 주인으로 살고자 하는 사람들에게 감동을 준다.

타는 목마름으로

전설의 프로야구팀 '해태 타이거즈'와 '호남'

해태 타이거즈(현재 기아 타이거즈)는 한국 프로야구 역사의 사라지지 않는 전설이다. 1982년 한국 프로야구 출범과 함께 광주와 전라남북도를 연고지로 창단된 해태는 19년 동안 무려 9차례나 우승을 차지했다. 이는 미국의 뉴욕 양키스(약 26%)와 일본의 요미우리 자이언츠(약 30%)에 비해 높은 우승 비율이다. 해태는 9차례 한국 시리즈에 진출해서 9번 모두 패권을 거머쥐었다. 한국 시리즈 진출만 놓고 보면 승률이 100%다. 더욱이 1986년부터 1989년 시즌까지 한국 시리즈 4연패를 달성했다. 한국 프로야구에서 해태의 기록은 좀처럼 깨지기 힘들 것으로 보인다.

해태 타이거즈의 전성기였던 1980년대 광주일고, 광주상고, 군산상고 등 호남권 학교에서는 매년마다 우수한 선수가 쏟아져 나왔다. 해태는 별다른 노력 없이도 1차 지명을 통해 즉시 차세대 유망주들을 꾸준히 손에 넣을 수 있었다. 그리고 호남 특유의 공동체 문화는 팀웍을 강화했다. 해태 타이거즈는 호남 팬들에게는 단순한 야구 이상의 의미를 지녔다. 차별과 억압에 울던 호남인들에게 해태의 야구는 일종의 정치·사회적인 대리전이었고, 권력에 대한 통쾌한 복수와도 같았다. 어떤 이유에서 인지는 모르겠으나 프로야구 출범 직후부터 1990년대 후반까지 광주 민주화운동 기념일인 5월 18일에는 해태 타이거즈의 광주 홈경기가 열리지 않았다.

1980년 5월 광주

호남인들은 1980년 5월 전라남도 광주의 아픔을 간직하고 있다. 광주의 아픔은 민주화에 대한 열망이었고, 개발 시대 소외되었던 호남 지역의 울분이기도 했다. 또한 시민을 지키고 보호해야 할 군대가 오히려 시민을 죽음으로 몰아넣은 것에 대한 항거이기도 했다. 1979년 10월 박정희 유신 정권의 몰락으로 민주화에 대한 국민의 염원은 실현되는 듯 보였다. 답답했던 유신의 두꺼운 옷을 벗고 민주화의 새 시대에 어울리는 따사로운 봄볕이 곧 오는 듯 했다. 사람들은 이 짧은 해빙의 순간을 '서울의 봄'이라 불렀다.

하지만 육군 보안사령관 전두환 장군을 중심으로 한 신군부 세력의 반란으로 '서울의 봄'은 꽃망울도 제대로 피워 보지 못하고 이내 시들어 버렸다. 1980년 5월 17일 전국에 비상계엄령이 선포되고 김대중, 김영삼 같은 정치인들과 주요 사회 인사들이 체포되거나 가택연금을 당했다. 민주화 운동의 싹을 자르기 위해 전국 주요 대학의 학생운동 리더 그룹과 교수들, 재야인사들에게도 동일한 탄압이 가해졌다. 공포와 두려움이 한국 사회에 엄습했다. 하고 싶은 말은 많았지만 할 수가 없었다. 말을 하기도 전에 먼저 '공권력'이 말하고자 하는 사람을 찾아 격리하고 야만적인 폭력을 가했다. 전국 대부분의 지역이 그렇게 속수무책으로 신군부에 의해 무너져 내려갔다. 단, 전라남도 광주를 제외하고 말이다.

1980년 광주민주화운동 기념우표. 우표는 광주민주화운동 희생자들이 묻힌 5.18 묘지를 배경으로 한다.

1980년 봄, 전라남도 광주에서도 다른 지역들과 마찬가지로 대학생을 중심으로 전남도청 앞 광장에서 비상계엄 해제, 노동3권 보장, 정치일정 단축을 요구하는 시위가 일어났다. 1980년 5월 17일 밤 1천여 명의 공수부대원들이 전남대와 조선대를 점거한 이후부터 상황은 급박해지기 시작한다. 계엄군의 일방적인 무력진압으로 유혈사태가 발생되고 이를 계기로 시민들의 분노가 끓어오르기 시작했다. 공수부대원들의 무차별 만행에 시민들은 자신들을 방어하기 위하여 적극적인 방법들을 찾기 시작했고 이에 시민들이 스스로 개인과 지역 공동체를 지키기 위해 인근 경찰서에 들어가 무기를 탈취해 자체 무장을 하기도 했다. 시민들이 무기를 들고 일어서자 광주시내는 거의 전쟁상태로 돌변했다. 단순한 군대의 진압으로 끝날 줄 알았던 광주의 시위는 소수의 학생 시위대와 군대의 구도가 아닌 광주시민 전체와 진압군의 대결 형태로 바뀌며 거대한 시민 저항운동으로 번지게 된다. 이러한 광주시민의 항쟁은 10일간 계속되었고 1980년 5월 27일 계엄군에 의해 무력 진압되며 끝을 맺는 듯 보였다.

하지만 광주민주화운동은 그것이 끝이 아니라 시작이었다. 광주에서의 항쟁은 시대와 지역을 너머 사람들의 가슴속에 전해지며 한국 민주화 운동을 이끄는 정신적 가치가 되었고, 이후 민주화를 가능케 하는 원동력이 되었다. 광주민주화운동 당시 광주의 실제 소식이 밖으로 제대로 전해지지 못했다. 대부분의 신문과 방송들은 광주에서 일어나고 있는 일에 침묵하거나 폭도들이 일으킨 폭동으로 왜곡 보도를 했다. 이때 기독교방송(CBS) 만큼은 광주의 소식을 비교적 소상하게 보도하려고 노력했다. 그해 겨울, 기독교방송(CBS)은 뉴스 보도기능을 박탈당하고 만다. 박정희 정권 시절부터 입바른 소리만 골라하던 기독교방송(CBS) 뉴스는 권력자들에겐 눈엣가시와도 같은 존재였다.

타는 목마름으로

타는 목마름으로

김지하

신 새벽 뒷골목에
네 이름을 쓴다 민주주의여
내 머리는 너를 잊은 지 오래
내 발길은 너를 잊은 지 너무도 너무도 오래
오직 한 가닥 있어

타는 가슴 속 목마름의 기억이
네 이름을 남 몰래 쓴다 민주주의여

한국은 식민지배와 전쟁, 가난의 역경을 딛고 눈부신 경제 발전과 사회 성장을 이룩한 지구상 유일한 나라다. 대한민국 정부수립 60여 년의 역사는 한마디로 '기적'의 역사다. 만약, 우리가 경제 발전만을 이야기하면 한국은 그렇고 그런 졸부(猝富)의 나라에 불과할 것이다. 한국이 경제 발전과 함께 내세울 수 있는 것은 민주주의의 발전과 시민의식의 성장이다. 경제적 자유와 공정한 경쟁을 요하는 시장경제는 민주주의와 더불어 성장·발전한다. 여기서 민주주의는 모든 억압, 착취, 차별과 배제에 반대하는 사회상태를 말하며 개인의 자유를 중시하는 정치형태를 말한다. 세계의 많은 국가들이 민주주의를 말하지만 '개인의 자유'를 기본으로 하지 않는 나라도 많다. 대표적으로 '조선민주주의인민공화국'이 그렇다.

한국의 민주화운동은 '한국의 민주주의를 세우고 확대하기 위한 운동'이다. 민주화를 향한 우리 국민의 열망은 1960년 4·19 혁명으로부터 시작되었다.

"잘 돼 갑니다"

1967년 가을, 이승만 정권 말기의 3·15 부정선거, 이 대통령의 하야와 망명, 이기붕 일가의 집단자살 등 4·19 혁명을 다룬 정치성이 짙은 영화 〈잘 돼 갑니다〉가 촬영 전부터 화제를 모았다. 김지미(박마리아), 장민호(이기붕), 박노식(조병옥), 허장강(최인기 내무장관), 김희갑(이발사) 등 당대 일류배우들이 주연을 맡았다. 이화장(이승만 생가)과 조병옥 생가 등 역사의 현장에서 촬영이 이루어졌으며, 이승만 대통령과 닮은 배우를 찾기 위한 공개 오디션을 하는 등 최고의 배우들과 정부 당국의 적극적인 촬영 협조로 영화는 흥행 성공이 예고되며 주목을 받았다. 그러나 1968년 1월 30일 촬영이 끝난 후, 이 영화는 정치 세태를 풍자했다고 해서 오랫동안 상영이 보류됐고 20년 후인 1988년에 와서야 상영금지가 풀렸다. 영화 속 대통령 전용 이발사는 어수선한 시국에서 대통령에게 "잘 돼 갑니다."와 "모릅니다."라는 두 마디 밖에 할 수 없었다. 또한 대통령을 둘러싼 '인(人)의 장막'에 대한 묘사는 권력 집단의 행태를 적나라하게 보여준다.

　　실제로 이승만 대통령은 민심을 읽지 못하고 있었다. 국민들의 삶이 어떠한지, 그리고 그들의 필요를 어떻게 채워주어야 하는지 알지 못했다. 참모들이 올리는 보고서의 내용은 영화의 제목처럼 '잘 돼 갑니다'였다. 한국전쟁 이후 복구는 계속되고 있었고 국민들은 굶주려 있었다. 청년들은 일자리가 없었고 거리에는 전쟁고아와 부랑인들로 넘쳐났다. 이미 '독립운동가', '국부'로서의 이승만은 먼 옛날의 추억일 뿐이었다. 국민들에게 가장 시급한 것은 나와 내 가족의 배고픔을 달래는 길이었다.

　　땅에 떨어진 민심을 회복하고 이승만 정권에 대한 지지를 획득하기 위해 권력층이 사용한 방법은 여러 문제를 일으켜 대중시위를 이용하여 여론을 선동하는 것이었다. 이러한 시위는 어느 정도까지는 이승만의 인기를 회복시키고 유지시켜줄 수가 있었다. 그러나 1950

년대 후반에 접어들어 국민들 사이에 이승만의 개인적 인기는 사라졌고, 그의 권력은 오로지 경찰의 강제력에 의하여 유지되었다. 결국 1960년 대통령 부정선거에 항의하기 위해 학생과 시민들이 일어났다. 그것이 바로 4·19혁명이다.

4·19 혁명은 시민들이 일어나 부패한 권력을 무너뜨리고 민주정부를 새롭게 세운 의로운 항쟁이었다. 하지만 4·19 혁명은 미완의 혁명이었다. 이승만 정부 이후에 들어선 장면 정부는 정국을 제대로 수습하지 못했고 경제문제에 대해서도 특단의 대책을 못했다. 민주정부의 틀은 갖추었지만 그것을 제대로 운용할 수 없었다. 1961년 혼란이 가중된 상황에서 육군 소장 박정희를 비롯한 군이 쿠데타를 일으켰고 한국에는 군사정부가 들어서게 된다.

'긴급조치'는 왜 그리도 많이 필요했을까?

1960년대 민주화운동은 쿠데타로 집권한 국가권력에 대한 비판이 가장 커다란 이슈였다. 군사정권이 집권하고 있던 특수 상황으로 인해 이 흐름은 1987년 6월 민주항쟁까지 이어진다. 1970년 11월 평화시장 노동자 전태일이 분신하는 사건이 일어났다. 성장이 모든 것을 앞서는 시대, '시키는 대로 일하고 주는 대로 받는' 것이 당시 노동자들의 삶이었다. 민주화운동은 사람을 사람답게 살게 하고 더 나아가 정치적 민주주의를 회복하고자 하는 열망이기도 했다.

1972년 10월, 박정희 정권은 철권통치를 강화하는 유신체제(제4

공화국)를 선포하고 강력한 통치를 기반으로 국정을 운영해 나갔다. 당시 민주화운동의 중심세력은 재야세력과 학생운동그룹이 그 주를 이루었다. 훗날 역사는 이들을 '긴급조치 세대'라 불렀다. '긴급조치'는 제4공화국 헌법(유신헌법)에 규정되어 있던, 헌법적 효력을 가진 특별조치로 대통령이 국정 전반에 걸쳐 필요하다고 생각할 때 조치를 취할 수 있었다. 이 긴급조치는 9차례에 걸쳐 발동되어 민주화운동을 탄압하는데 적극 활용이 되었다. 이러한 초법적인 권력이 통치를 했지만 민주화의 열망을 꺾지는 못했다. 권력 앞에 무기력한 야당 대신 새로운 운동 세력인 '재야 민주화운동 세력'이 탄생하게 된다. 이러한 재야 민주운동에는 사회 참여에 적극적인 기독교인들이 많이 참여했다. 가톨릭과 개신교 교회의 기도회, 언론인들의 자유언론수호투쟁, 문학인들의 선언, 구속자가족협의회의 결성 등 재야 민주화 세력은 그 활동 영역을 넓히며 민주화운동을 실천에 옮겼다.

유신체제의 권력이 대통령 한 사람에게 집중되다 보니 권력 내부 안에서도 권력의 마음을 얻고자 하는 반목과 치열한 신경전이 전개되었다. 그리고 권부의 밖에서는 민주화에 대한 요구가 점점 거세게 일어났다. 1979년 5월 야당인 신민당 전당대회에서 김영삼은 유신체제와 싸우는 '선명 야당'을 기치로 조직적인 방해와 탄압을 이겨내고 야당 총재에 다시 당선된다. 유신 체제를 반대하는 김영삼의 야당 총재 당선은 반정부 투쟁과 적극적인 민주화운동을 의미했으며, 정치권은 이내 긴장 관계에 빠지고 만다.

1979년 8월에는 신민당사에서 농성중인 여성 노동자들을 강제로 해산하는 YH무역 사건이 발생하고, 10월에는 '뉴욕타임즈'와의 인터뷰에서 박정희 정권을 비판했다는 이유로 김영삼 총재의 의원직을 국회에서 제명하는 사건까지 발생한다. 이러한 권력의 극단적인 태도는 완전히 민심을 돌아서게 만들었고 민주진영의 투쟁의지를 더욱 굳건하게 만들었다. 1979년 10월, 김영삼의 정치적 지지 기반 지역인 부산과 마산에서 강력한 시민저항이 일어났다. 부마항쟁으로 불리는 이 운동은 박정희 유신 정권의 수명이 다했음을 알리는 신호탄이었고, 결국 1979년 10월 26일 박정희 대통령은 측근의 총에 의해 최후를 맞이하게 된다. 이로써 1961년부터 18년 동안 집권을 해 온 박정희 정권은 막을 내렸다.

1987년 6월의 함성

박정희 대통령 시해 후 불었던 민주화의 바람 '서울의 봄'은 1980년 5월 광주 민주화운동으로 그 막을 내렸다. 그 후 얼마간 민주화에 대한 이야기는 지하로 숨어들어야 했다. 주요 야당 정치인들은 정치활동이 규제되었고 대학가에는 경찰이 상주해 학생들의 동태를 살폈다. 군사독재에 저항해 정치적 민주주의를 이루려는 기존의 정치적 민주화운동이 민주화운동의 중심축을 이루었으나 다른 한편에서는 80년 5월 광주의 아픔을 보며 자유주의적 틀을 넘어서 보다 근본적인 변혁을 추구하려는 급진적 민주화운동이 일어났다. 그 결과 미국에 반대하는 반미운동이 대학가를 중심으로 일어나기 시작했고 사회 경제적 민주주의, 생산자 민주주의를 추구하는 진보적 민주화운동, 좌파 민주화운동이 본격화되었다. 소위 '주사파'라 불리는 '민족해방계열' 역시 이때 등장한다. 이들은 북한의 김일성 독재를 추종하며 비타협적인 반독재 투쟁을 주도한 급진적 운동 세력이었다.

한국현대사의 한 획을 그었던 1987년 6월 민주항쟁은 고문에 의해 한 대학생이 희생당하면서 시작되었다. 1987년 1월 14일 치안본부 대공분실에서 조사를 받다 21살의 서울대 학생 박종철 군이 숨지는 사건이 발생한다. 조사결과 고문치사로 진상이 밝혀지자 1월 29일 함석헌, 김영삼, 김대중 같은 민주 인사들이 중심이 되어 '박종철 군 국민추도회 준비위원회'가 발족되었다. 이후 많은 시민들이 박종철 군 추모행사에 자발적으로 동참했다. 6월 민주항쟁의 분위기는 이렇게 달구어지기 시작했다.

1987년 6월의 어느 날 부산 도심의 민주화 시위대.
시민들은 거리에서 타는 목마름으로 민주주의를 외쳤다.

시민들은 전두환 독재정권에 분노했고 들끓기 시작한 여론은 잠잠해질 기미가 보이지 않았다. 5월 27일 야당인 통일민주당을 비롯한 민주화를 염원하는 광범위한 민주세력이 결집된 '민주헌법쟁취 국민운동본부'가 탄생했다. 이들은 6월 10일 여당인 민정당의 대통령후보선출 전당대회에 맞추어 '박종철 군 고문살인조작 범국민규탄대회'를 개최하기로 결정했다. 이 와중에 연세대 학생 이한열 군이 6월 9일 시위도중 경찰이 쏜 최루탄에 맞아 의식불명이 되는 사건이 발생했고 시민들은 다시 분노하며 거리로 나왔다. 6월 10일 여당인 민정당의 노태우 대표가 대통령 후보로 선출되었다. 같은 시간에 서울을 비롯한 전국의 22개 도시에서는 24만 명의 시민들이 박종철 학생을 죽음에 이르게 한 정권을 규탄하고 '대통령 직선제 개헌'과 '독재 타도'를 외쳤다. 이후 민주화를 갈망하는 시위는 6월 28일까지 전국 30여 개의 도시에서 지속적으로 벌어졌다. 결국 6월 29일 민정당의 노태우 대표는 대통령 직선제 수용, 김대중 사면복권, 시국사범 석방 등 국민들의 요청을 받아들이게 된다. 일명 6·29 선언이다.

'아침이슬'을 다시 부르게 되다

1987년 6월 민주항쟁은 한국 사회에 많은 변화를 가져다주었다. 다양한 이야기와 논의를 할 수 있는 합법적 공간이 넓어지면서 그동안 억눌려 왔던 다양한 에너지들이 분출되었다. 가장 눈에 띄는 것은 시민운동 세력의 등장이다. 1970년대와 1980년대 각종 시국사건을 맡아 변론을 통해 민주화운동을 해 온 인권변호사들이 1988년 '민주사회를 위한 변호사 모임(민변)'을 발족시켰으며, 1989년에는 서경석 목사를 중심으로 '경제정의실천 시민연합(경실련)'이 세상에 태어났다. 이후 다양한 시민사회단체들이 만들어졌고 한국은 아시아에서 시민운동이 가장 역동적으로 이루어지는 나라가 되었다.

그리고 6월 민주항쟁은 우리에게 한층 진일보된 표현의 자유를 가져다주었다. 그 대표적인 것이 금지된 노래의 해금(解禁)이다. 양희은이 부른 '아침이슬'은 1987년 6월 민주항쟁 이전까지만 해도 공식적인 자리에서는 부를 수 없는 금지곡이었다. 특별히 금지가 될 사유가 없었지만 단지 가사 중 '태양'이란 표현에서 북한이 연상(?)되고, 대학생들이 시위 중 애창한다고 해서 금지시켜 버렸다. 아침이슬과 같이 군사정권에 의해 불온, 혹은 저속한 노래로 분류된 노래들이 1987년 6월을 기점으로 다시 우리 곁으로 왔다. 6월 민주항쟁은 새로운 것을 쟁취한 것이 아니라 우리가 당연히 누려야 할 권리를 회복하기 위한 외침이었다. 무엇보다 우리 손으로 대통령을 직접 뽑는 '대통령 직선제'가 그렇다.

| 시대를 담은 영화

〈화려한 휴가, 2007〉

　　　　　　　　　　김지훈 감독의 영화 〈화려한 휴가〉는 광주민주화운동의 복합적인 원인을 들추어내기 보다는 자연스럽게 우리의 이웃들이 살고 있었던 광주를 설명한다. 1980년 5월, 광주에 사는 택시기사 민우(김상경)는 동생 진우(이준기)와 단둘이 산다. 민우는 오직 착하고 똑똑한 고등학생 진우만을 바라보며 성실하게 살아간다. 또한 민우는 진우와 같은 성당에 다니는 간호사 신애(이요원)를 맘에 두고 사춘기 소년 같은 구애를 펼치는 순수함도 갖고 있다. 소박한 삶을 살고 있는 이들에게 어느 날 갑자기, 생각지도 못한 무시무시한 일이 벌어진다.

　　나라를 지키고 시민들을 보호해야 할 군인들이 총, 칼로 무장한 채 도심 한복판에서 무고한 시민들을 폭행하고 심지어 죽이는 것을 눈으로 보게 된다. 억울하게 친구, 애인, 가족을 잃은 민우를 비롯한 광주 시민들은 퇴역 장교 출신 흥수(안성기)를 중심으로 시민군을 결성해 결말을 알 수 없는 사투를 벌이기 시작한다. 그리고 계엄군에 의해 민우와 시민들이 그토록 지키고 싶어 했던 광주는 처절하게 짓밟힌다.

영화 〈화려한 휴가〉는 영화를 만들기 전부터 서론-본론-결론이 이미 정해져 있었다. 한국 현대사를 배웠다면 결말이 어떻게 될지 다 아는 이야기다. 그리고 혹시나 하고 기대했던 반전도 없다. 이 영화는 이유 없이 폭도로 몰려 친구와 형제를 잃은 사람들이 총을 잡은 시민군이 되기까지의 과정을 그린다. 그리고 그 과정에서 만들어지는 시민 저항의식, 형제애, 핍박받는 공동체에 대한 사랑 등이 다루어진다. 이 영화가 던져 주는 메시지는 어렵지 않다. '이들과 당신은 그리 다를 바 없는 보통 시민일 뿐이다.' 영화 속에는 가해자-피해자, 죽은 자-살아남은 자의 관계가 얽히며 소소한 일상 속에 살아가는 사람들의 눈으로 시대의 자화상을 이야기한다. 그리고 그 속에는 일상 속 민주주의에 대한 목마름이 담겨 있다.

이 영화에서 가장 인상적인 부분은 마지막이다. 이 장면은 국가 폭력이 일어나지 않았더라면 너무도 자연스럽게 맞이하게 되었을 우리의 일상이기도 하다. 이 장면에서는 진우도 민우도 박흥수도 그리고 인봉(박철민)도 모두 즐겁다. 바로 민우와 신애의 결혼기념 사진을 찍는 상상속의 장면이다. 사람들은 모두 행복에 가득 차 있다. 하지만 신애는 왠지 모를 불안함에 가득 차 있다. 영화 속에서 신애 혼자 살아남았기 때문이다. 이는 곧 살아남은 자의 미안함이다.

굿모닝 '자본주의'

'베를린 장벽의 붕괴'

　1989년 5월, 동독 라이프치히 니콜라이 교회에서 평화 기도회를 마친 수십 명의 시민들은 근처의 아우구스투스 광장으로 향했다. 이들은 공산주의 체제에 항의하고 민주화를 요구하는 평화 시위를 벌였다. 경찰은 교회를 봉쇄하고 시민들을 잡아들였지만 매주 월요일 열리는 평화 시위에 참가하는 시민의 숫자는 점점 늘어만 갔다. 자칫 유혈 사태로 번질 수 있었던 시위는 평화롭게 진행되었다. 니콜라이 교회는 이미 1980년대 초부터 인권과 평화를 위한 기도회를 개최하고 있었다.

　동독에 변화의 조짐이 보이기 시작한 것은 1989년 5월 7일 지방선거였다. 보통 사회주의 국가의 선거가 그렇듯 동독 공산당도 자신들이 지정한 후보에 대한 찬반 의사만을 묻고 99% 가까이가 찬성하는 결과를 발표했다. 부정선거에 항의하며 라이프치히에서 시작된 집회는 동독 전역으로 확대되었고, 100여 차례의 크고 작은 시위들이 일어났다. 시위에서 다루는 이슈도 점점 커갔다. '부정선거'에 대한 항의로 시작된 시위는 '여행의 자유, 신앙·언론의 자유'로 확대되었다. 급기야 11월 6일에 가서는 '자유선거'와 '베를린 장벽 철거' 주장까지 들고나왔다. 베를린 장벽이 무너지기 불과 3일전의 일이었다. 민심은 걷잡을 수 없이 요동쳤다. 그리고 성경 속의 여리고 성벽이 무너지듯 베를린 장벽은 그 수명을 다하고 있었다.

베를린 장벽의 붕괴는 전혀 예상치 못하게 다가왔다. 1989년 11월 9일 동독의 정치국원 샤보우스키는 국내외 기자들에게 뉴스 브리핑을 했다. 당시 크렌츠 동독 공산당 서기장은 동독 시민들의 민주화 열기를 식히기 위해 여행자유화법안을 만들었다. 그런데 이 법안을 즉각적 여행 자유화 혹은 베를린 장벽 해체를 의미하는 것은 아니었다. 단지 앞

2000년대를 맞이하여 20세기를 대표하는 이슈인 독일 베를린 장벽의 붕괴를 주제로한 미국의 우표. 우표 속의 배경은 1989년 당시의 실제 모습이다.

으로 여행을 보다 자유롭게 허가하겠다는 것이었다. 그런데 휴가를 다녀오는 바람에 전후 맥락을 이해하지 못한 샤보우스키가 역사의 흐름에 물꼬를 튼 의도하지 않은 발표를 하게 된다. 기자회견에서 샤보우스티와 이탈리아 외신 기자는 이런 질문과 답변을 주고받는다.

이탈리아 기자: "언제부터 여행이 자유화되죠?"
샤보우스키: (당황하며…) "즉시(?)."

이 오보에 동베를린 시민들은 환호하며 즉각 베를린 장벽으로 몰려갔고, 서독으로의 통로를 개방할 것을 요구했다. 지침을 받지 못한 동독의 경비병들은 상부와 연락을 시도해 보았으나, 적절한 대답을 얻지 못하고 결국 경비 초소 지휘관이 문을 열고 말았다. 그리고 독일 분단의 상징이었던 베를린 장벽은 그날로 역사적인 종언을 고하고 만다.

우연에 담긴 필연

이에 앞서 1989년 여름, 헝가리로 휴가 나온 많은 동독인들이 헝가리-오스트리아 국경을 넘어 서독으로 넘어갔다. 훗날 밝혀졌지만 동독인들의 '대탈출'은 서독과 헝가리 당국자들과의 비밀 합의가 있었기에 가능했다. 서독으로 가는 길이 열렸을 때 동독인들은 처음에는 의아해했다. 서독과 비밀 합의를 한 헝가리는 오스트리아와의 국경에서 동독인들을 대거 초청한 페스티발을 개최한 뒤 오스트리아 국경을 넘는 방법이 표시된 지도까지 배포하면서 탈주를 알선하기도 했다.

이 모든 것이 우연인 것 같지만 1989년 동유럽 사회주의권의 변화는 시대의 흐름이 낳은 필연이었다. 문제는 변화의 방향과 속도 그리고 주체였다. 만약 동독의 위정자들이 이러한 변화의 흐름을 읽고 적절히 조절해 나갔다면 동독 체제는 그렇게 빨리 무너지지 않았을 지도 모른다. 1989년 6월 천안문 사태를 무력 진압하며 변화의 흐름을 조절한 중국 공산당처럼 말이다. 하지만 동독, 폴란드, 헝가리 등 동유럽은 그리하지 못했다. 1989년 봄만 하더라도 '베를린 장벽'이 무너지리라고 예상한 사람은 거의 없었다. 미테랑 프랑스 대통령은 "내 생애에서 베를린 장벽이 무너지는 그런 일은 안 일어날 것"이라고 단언하기도 했다. 통일의 당사자인 독일인들마저도 마음으로는 바라고 있었지만 현실의 가능성에는 큰 확신이 없었다. 그럼에도 불구하고 베를린 장벽은 1989년 11월에 무너졌고 독일은 1990년 10월 3일, 45년 만에 분단을 극복하고 통일을 이루었다.

독일 통일이 되기까지

로마의 역사가 하루아침에 이루어지지 않았듯이 독일의 통일도 하루아침에 이뤄지지 않았다. 2차 세계대전 이후부터 1960년대 말까지 미·소 양국은 서유럽과 동유럽에서 자신의 영향력을 확대하기 위해 막대한 군비경쟁을 벌였다. 군사적인 충돌은 없었지만 주변국 간의 대리전쟁을 통해 영토와 영향력을 확대하고자 노력했다. 이런 틈바구니 속에 2차 세계대전 패전국인 서독과 동독은 통일에 대해 이야기할 수 있는 여유가 없었다. 피폐해진 경제를 다시 일으켜 세워야 했을 뿐 아니라 대량학살 '홀로코스트'로 대변되는 '나치 독일'의 망령 때문에 통일 독일을 이야기한다는 것 자체가 주변 국가에게 커다란 부담이기도 했다. 이런 환경 가운데 독일은 과거를 참회하며 동서독 통일을 가능하게 할 수 있는 환경 조성을 위해 조용히 노력했다.

서독은 동서독을 둘러싼 주변국뿐 아니라 미국, 소련 등이 모두 연관된 국제문제의 성격을 갖고 있는 독일통일 문제를 다루기 위해 다양한 접근을 시도했다. 2차 대전 이후 미국과 영국·프랑스 등 서유럽에 대한 친서방정책을 통해 전범국으로서 잃어버린 신뢰를 회복하고자 노력하였다. 냉전기를 지나 화해 분위기에 들어서자 동구권의 국가들과도 우호 관계를 맺었고, 어느 한쪽에 치우치는 것이 아닌 서방과 동구권 모두와 우호적인 관계를 유지하기 위해 노력했다. 이러한 틀 속에서 서독은 동독과의 관계 개선을 위해 지속적으로 노력하였다. 특히 1960년대 말, 언젠가는 이루어질 그날을 꿈꾸며 서서히 통일작업에 들어갔다.

폴란드를 방문하여 2차 세계대전 희생자 추모비 앞에서 무릎을 꿇은 빌리 브란트 서독 수상

1969년 총리로 취임한 사민당의 빌리 브란트는 이러한 정책기조에 입각하여 동서간 긴장완화를 위해 적극적인 외교를 펼쳤다. 1970년 브란트 총리는 한때 자신들의 지도자 히틀러가 주도한 나치즘의 피해 당사자인 이웃 폴란드를 방문해 무명용사비 앞에서 무릎을 꿇었다. 브란트의 충격적인 사죄에 폴란드 국민들과 세계는 독일의 진정성을 느꼈다. 독일의 참회는 말로만 그친 것이 아니라 행동으로도 나타났다. 폴란드와 독일 간에 갈등요소로 존재해 왔던 국경선 문제에서 이전에는 독일 영토였던 포메라니아, 실레시아, 동프로이센 등에 대한 영유권 주장을 포기했다.

이 땅들은 1945년 독일과의 전쟁에서 승리한 연합국이 소련이 차

지한 폴란드 영토를 보상하기 위해서 폴란드에 합병시킨 땅이다. 이로 인해 이 땅에 거주하던 약 600만 명의 독일인들이 이주해야 했다. 그런데 독일은 아무 조건없이 그 땅을 순순히 폴란드 영토로 인정했다.

브란트 총리는 동독에 대해서는 '접근을 통한 변화(Wandel durch Annaehrung)' 정책을 펼쳤다. 그래서 1973년 동서독 유엔 동시가입, 양독 관계 개선, 민족의 동질성 유지를 위한 기초를 마련하였다. 또한 서독은 국제법적으로 동독을 인정하지는 않았지만 사실상의 국가로 인정하였다. 브란트는 동서독이 하나의 민족이지만 가까운 장래에 통일을 달성하기 어렵다는 것을 인정하고, 정치적인 이익을 위해 불필요한 희생을 해서는 안 된다는 생각을 갖고 있었다. 그는 동서독간의 화해를 추진하였을 뿐만 아니라 동독의 인권문제에 대해서도 가장 먼저 문제를 제기하기도 했다. 동서독 양측은 적대적 감정을 유발하는 이데올로기 대립을 최대한 자제하고자 했고 하나의 독일민족이라는 기치 아래 두 개의 독일이 공존하는 것을 받아들였다. 그리고 동서독의 관계는 외국간의 관계가 아닌 '민족적인 특수 관계'임을 강조했다.

서독은 2차 세계대전 이후 놀라운 경제발전을 이룬 일명 '라인강의 기적'을 만들었다. 서독의 탄탄한 경제력은 소련 및 동유럽과 우호적인 관계를 유지하는 하는데 중요한 역할을 했다. 소련 역시 사회주의 종주국이긴 했으나 경제적으로 넉넉한 편이 아니었기에 서독의 경제지원을 받아들였다. 서독과 소련은 경제지원과 군축을 맞교환하며 독일 통일의 분위기를 조성해 나갔다. 이러한 결과, 1988년과 1989년,

서독 수상 콜과 소련의 고르바초프가 각각 모스크바와 서독의 수도 본을 방문하였다. 이처럼 서방뿐 아니라 동방과의 균형적 관계를 통해 동독과의 관계를 일정하게 유지하려고 했던 서독의 노력은 결실을 맺어, 동독 수상 호네커도 서독을 방문했다. 서독은 먼저 친서방정책을 통해 서방의 신뢰를 얻은 후 점차적인 동방정책을 취하며 동서방 사이에서 균형을 잡고자 애썼고 양측을 연결하는 중재자 역할을 수행하며 자신의 입지와 통일 환경을 구축했다.

독일통일, 준비는 했으나…

"다시 통일을 맞이한다면 모든 것을 더 잘 할 수 있을 것이다."

독일 통일 직후 작센 주지사를 지낸 쿠르트 비덴코프는 통일에 대한 비판의 목소리가 높아지자 이렇게 말을 했다. 갑자기 이루어진 통일의 수면 아래에는 분단 이후 오랜 기간에 걸친 서독의 노력이 있었다. 그럼에도 불구하고 예상하지 못했던 베를린 장벽 붕괴와 그 이후 통일과정이 급박하게 진행되는 가운데 상황을 최선의 길로 유도하는 데 참고할 수 있는 선례가 전혀 없었다. 언제 다시 통일의 기회가 주어질지 모르는 상황에서 독일 통일은 동독이 서독에 편입되는 흡수통합 방식으로 신속하게 진행되었다. 이러한 흡수통합 방식을 통해 독일은 1990년대 중반 제도적 통합을 성공적으로 완료하였다.

하지만 급속한 통합과정에서 발생한 부작용은 독일 사회가 짊어져야 할 짐이 되었다. 통일비용 부담으로 성장률이 후퇴하고 재정적자가 늘어났고, 통일비용의 절반 이상이 소비성 항목으로 지출되었다. 통일 다음해인 1991년부터 2005년까지 15년 간 총 1조 4,000억 유로(약 2조 7,000억 마르크, 1,750조 원)의 통일비용을 지출했다. 매년 연방예산의 25~30%, 국내총생산(GDP)의 4~5%를 통일비용으로 지출한 것이다. 통일비용 가운데 실업급여 등 소비성 지출이 60%에 달한 것은 통일 독일의 경제를 어렵게 하는 요인이 되었다.

통일 전 서독은 유럽국가 중 가장 건전한 재정 상태를 유지해왔으나 통일 후 재정적자가 대폭 확대되어 1990년부터 2007년간 연평균 464억 유로의 재정적자를 기록했고, GDP 대비 재정적자 비율이 유럽연합이 규정한 상한선(GDP의 3%)보다 높은 경우가 많아 '유럽의 문제아' 또는 '유럽의 병자'라는 별명을 얻기도 했다. 경제적 부담은 각종 보험료의 인상, 보험 및 감세 혜택의 축소 등이 이어져 가정 경제를 압박하고 정부와 기업의 투자부진으로 이어지는 요인이 되었다.

동서독 국민들은 모두 사회적, 심리적 후유증을 겪었다. 동독 주민들은 지난 45년간의 세월을 백지로 돌리고 시장 보기에서부터 직업 선택에 이르기까지 새로운 체제에 적응하는데 큰 어려움을 겪었다. 또 동독 시절에는 공산권 가운데 가장 근면한 국민이라는 평가를 받았고 세계 10위의 공업국가라는 자부심을 가졌으나, 통일 후 2등 국민의식과 실업의 공포에 시달려야 했다. 서독 주민들도 불만이 있기는 마찬가지였다. 통일비용 조달을 위해 각종 세금이 인상된 데다 통일 이후 경제, 복지 및 치안 문제 등에서 안정기반이 흔들리게 되자 미래를 불안하게 생각하기 시작했다. 통일초기에는 통일에 따른 조세부담이 크지 않았으나 시간이 갈수록 여러 가지 명목으로 세금이 인상되었다.

이러한 사회 경제적 부담과 따로 살았던 과거에 대한 향수가 가중되면서 '밑 빠진 독에 물 붓기'라는 인식이 높아지고, 동서독인들이 서로 상대를 비하하는 '게으른 오씨'(Ossi), '돈만 밝히는 베씨(Wessi)'라는 용어도 생겨나고 동서독 주민 간의 갈등도 깊어지게 되었다.

독일의 부활 그리고 한국

독일의 한 정치학 교수는 동서독 통일을 '서로 다른 부모 밑에서 자란 쌍둥이의 재회'라고 표현했다. 40년 동안 각기 다른 환경 속에서 자란 쌍둥이가 만나 어느 날 갑자기 하나의 가족임을 선언하고 한 집에서 살아가는 과정에서 갈등이 없다면 그것이 오히려 이상한 일이다. 그동안 독일 통일에 대한 부정적인 관점에서의 접근이 많았다. 통일 비용에 따른 경제적 문제와 정치적 통합은 이루어졌으나 화학적 융합을 이루지 못한 동서독 지역의 사회문화적 갈등에 대한 보도가 잇따랐다. 통일의 과정과 통일 이후 많은 문제점들이 있었다.

하지만 지금의 독일은 그동안의 부담을 딛고 새롭게 도약하고 있다. 독일은 2003년 이후 슈뢰더 정부의 사회적 시장경제 체제로의 개혁으로 경제가 호전되고 있으며, 동서독 지역 간의 생산력 격차도 다소 완만하기는 하나 계속 좁혀지고 있다. 아직도 동서독 지역 간의 격차 해소에는 좀 더 시간이 필요하겠지만 독일 경제는 통일후유증에서 거의 벗어나 과거 서독 수준의 활력을 되찾아가고 있다. 유럽에서는 경제 위기가 닥칠 때 마다 독일의 대응이 어떤가가 최고의 관심사가 될 정도로 독일은 과거 서독이 누렸던 영화를 회복하고 있다.

독일 통일의 경험은 남북통일을 준비해야 하는 우리에게 타산지석의 교훈이며 아울러 하나님이 주신 귀한 선물이기도 하다. 우리가 처해있는 환경과 독일의 그것은 상당히 다르다. 하지만 어떠한 방식으로 두 체제의 통합 과정이 진행되었고 이것이 어떠한 결과를 가져왔는가에 대한 깊이 있는 검토가 필요하다. 이를 통해 앞으로 우리의 환경과 조건에서 어떠한 방식의 통합을 추구해야 하는가에 대한 시사점을 얻을 수 있다.

그동안 우리 사회에서 독일통일 사례는 통일의 성과, 발달상황 등 긍정적 측면보다 통일의 경제적 후유증, 동서독 주민의 내적 갈등 등 주로 부정적 측면을 중심으로 다뤄졌다. 이렇다 보니 "경제대국 독일도 통일 후유증으로 몸살을 앓고 있는데 남북이 통일되고 나면 우리의 상황은 어떨까."라는 우려의 소리를 자아내면서 독일 사례가 통일에 대한 부정적 인식을 유발하는 요소로 작용하기도 하였다. 여러 가지 통일 후유증도 있지만, 통일 후 독일이 누리고 있는 통일편익은 여타 문제와 비교할 수 없는 큰 가치를 갖고 있다는 것을 인식하고 균형적인 시각으로 독일 통일 사례를 다루는 것이 필요하다.

| 시대를 담은 영화

〈굿바이 레닌, Good Bye Lenin, 2003〉

1989년 베를린 장벽이 무너지고 1990년 10월 통일이 되기까지의 시간은 동서독 모두에게 기대에 가득 찬 설레임의 시간이었다. 하지만 통일 이후 동서독은 서로를 이해하고 세워주는 데 많은 시행착오를 겪어야 했다. 가장 변화의 충격을 가장 크게 받은 부류는 동독지역에 거주하며 과거 사회주의 동독에 애착을 가진 사람들이었다. 이들은 이질적인 자본주의 시스템에 적응해야 했고 무엇보다 그들이 믿고 따르던 가치와 신념을 내려놓아야 했다.

독일의 영화 감독 볼프강 벡커는 2003년에 통일 뒤 바뀐 환경 속에 놓여 있는 동독 사람들의 이야기를 다룬 영화 〈굿바이 레닌〉을 제작한다. 영화 〈굿바이 레닌〉은 베를린 장벽 붕괴의 현장에서 그 사건을 가장 당혹스럽게 만났던 한 가족의 이야기다. 이 영화의 스토리는 비교적 단순하다. 동독을 끔찍이 사랑하는 평범한 주부이자 교사인 주인공의 엄마 크리스티아네(미세스 케르너)는 베를린 장벽 붕괴 직전, 민주화 시위에 참여한 아들 알렉스(다니엘 브륄)를 보고 실신하게 되고 혼수상태에 빠지고 만다. 8개월이 지나고 다행히 엄마는 의식을 회복했지만 그 사이 동서독은 통일이 되었다. 동독 화폐가 사라지고 통조림, 오이 피클까지 동독 상품은 대다수가 절품됐다. 거리엔 자본주의의 상징인 대형 광고판이 줄지어 들어섰다.

동독 사회주의가 붕괴한 것을 알면 엄마가 다시 위독한 상태가 될까봐 아들 알렉스와 가족들은 지인들을 동원해 동독이 아직도 건재한 것처럼 코미디 아닌 코미디를 벌인다. 옛 동독 물건들의 상표를 찾아 쓰레기통을 뒤지기도 하고, 어머니의 생일날에는 사람들을 불러 모아 옛 동독의 노래들을 복원한다. 코카콜라의 거대 입간판을 보고 충격 받은 엄마를 위해 코카콜라가 실은 1950년대 동독에서 개발한 제품이었다는 엉터리 뉴스를 만들며 엄마에게 사랑을 표현한다.

이렇듯 영화 〈굿바이 레닌〉는 기발한 아이디어로 가족 문제와 독일 현대사를 아우른 작품이다. 어머니를 위한 아들의 '착한 거짓말'이라는 '순수한 그릇'에 20세기 최내 사선숭의 하나인 '녹일 통일'을 남아냈나. '착한 거싯날'이 과연 옳은가, 옳지 않은가의 논쟁을 떠나 영화 〈굿바이 레닌〉은 같은 분단을 경험한 우리에게 공감이 가는 이야기다. 영화 〈굿바이 레닌〉은 한마디로 시대 속에 버림받은 개인에 대한 위로다. 그 위로엔 국가와 이념을 넘는 누구나 공감할 수 있는 주인공들의 잔잔한 메시지들이 짙게 배어 있다. 특히 아직도 분단의 현실에 살고 있는 한국 사람들에게 이 영화의 의미는 남다르다.

고난의 행군

고난의 행군 정신

백석대 한화룡 교수는 1990년대 후반 탈북자의 수기와 면담을 통해 북한 주민들의 의식 구조가 네 가지 신화로 되어있음을 발견했다. 한화룡 교수가 저서 〈4대 신화를 알면 북한이 보인다〉에서 밝힌 북한의 4대 신화는 다음과 같다.

1. 김일성이 일본 제국주의의 식민 통치에서 조선을 해방시켰다는 '해방신화'
2. 북한이 1950년 북침한 미제와 남조선 괴뢰 도당을 물리치고 승리했다는 '승리신화'
3. 북한은 세계가 부러워하는 사회주의 국가를 건설했다는 '낙원신화'
4. 미제와 남조선 괴뢰 도당의 압제 아래 신음하는 불쌍한 남조선 동포를 해방시켜야 한다는 '통일신화'

지금은 시대가 바뀌어 북한 사람들이 남한을 비롯한 바깥세상의 실정을 많이 알게 되었지만 1990년대 까지만 해도 북한은 이와 같은 4대 신화를 바탕으로 사회의 전반적인 시스템이 구성되어 있었다. 특히 북한은 '한 시대의 두 제국주의(일본, 미국)'를 물리쳤다는 일종의 자존심을 갖고 있었다. 특히 청년 김일성이 항일유격대로 활약했던 1930~40년대는 북한판 '건국신화(?)'를 만드는 데

북한의 역사를 북한식으로 표현한 마스게임 〈아리랑〉

에 더 없이 좋은 소재를 제공했다. 청년 김일성의 항일유격대는 일본군의 토벌 작전을 피해 추위와 굶주림에 시달리며 1938년 12월부터 1939년 3월까지 중국 몽강현 남패자(현재 길림성 정우현)에서 압록강 연안 장백현까지의 100일간의 행군을 하게 되는데 북한에서는 이 사건을 '고난(苦難)의 행군'으로 기린다. 중국 공산당이 국민당의 장제스에 쫓기며 서안으로 피신한 '대장정'과 같은 이치다.

북한의 역사 속에서 '고난의 행군'은 1990년대 중반에 다시 나타났다. 1994년 7월에 김일성이 사망하고, 뒤이은 자연재해 및 경제난 심화 등에 따른 체제위기를 극복하기 위하여 만들어 낸 대중 노력동원 캠페인이 바로 '고난의 행군'이었다. 이는 김일성이 '일제하 어려움을 극복하고 조국광복을 이루었다'고 선전하고 있는 것처럼 모든 주민들이 현재의 난관 속에서도 신념을 버리지 않고 김정일을 중심으로 굳게 뭉쳐 시련을 극복하고 사회주의의 승리를 이룩하자는 뜻을 담았다. '고난의 행군'은 북한 주민들의 자발적인 노동참여와 혁명의지를 다시 가열하고픈 의지에서 나왔지만, 남한과 국제사회의 경제지원으로 경제난이 완화된 2000년 즈음 공식적으로 종료를 선언하기도 했다.

'고난의 행군 정신'의 뿌리는 '우리식 사회주의'

냉전 시대 사회주의 국가들과 대외 교역 등으로 근근이 나라 살림을 꾸려 나가던 북한은 설상가상으로 1980년대 말 사회주의권이 몰락하면서 졸지에 국제사회에서 외톨이 신세가 된다. 사회주의권이 붕괴되기 전 북한은 소련 등으로부터 국제 시세보다 저렴한 가격에 석유를 비롯한 에너지와 원자재를 수입할 수 있었다. 하지만 사회주의 진영이 사라지면서 북한 경제는 회생 불능의 상태로 빠져들고 만다.

이미 석탄, 석유를 위주로 한 공업화를 통해 공업국에 들어선 북한의 입장에서는 석유와 석탄의 부족은 곧 비료, 철강, 시멘트, 곡물 등의 생산부족으로 이어졌고, 이는 다시 산업 전반의 생산 감소로 이어졌다. 고난의 행군시기로 알려진 90년대 중반 공장의 평균 가동률은 20%에 미치지 못했다고 전해질 정도였다. 원자재의 공급이 어려워지면서 발생한 생산의 부진은 다시 외화를 획득할 수 있는 수출상품의 생산 부족으로 이어졌다. 이는 다시 외화의 부족으로 이어져 석탄, 석유, 곡물 등의 원자재 난을 불러오는 악순환을 촉발했다.

북한은 개방과 고립의 갈림길에서 결국 고립을 택하게 된다. 1980년대 말 소련과 동구권의 공산주의가 무너지자 북한은 '우리식 사회주의'를 주장하며 다른 사회주의 국가들과의 차별화를 선언한다. '우리식 사회주의'는 '조선민족의 사회주의'이고, 다른 국가와 다른 민족과는 다른 차원의 사회주의로 절대 외부 자본주의와 타협하지 않겠다는 것을 의미한다. 하지만 그 속사정은 북한 주민들이 동요하고 결속이 무너지는 것을 막기 위한 고육지책이었다. 북한은 우리식 사회주의를 내세웠지만 극심한 경제난으로 굶주림을 견디지 못해 아사자(餓死者)와 탈북자가 급증하였다. 결국 한국과 중국으로부터 대규모 경제지원을 받았고 서방 국가들이 중심이 된 국제기구와 국제단체의 지원을 거절하지 않았다.

WFP세계식량계획의 원조를 받아 식사를 하고 있는 북한 평안북도 지역의 어린이들

북한에게는 시간이 많지 않다

이념의 철옹성과 같은 북한에도 변화의 시간이 다가오고 있다. 북한의 미래를 이야기할 때 마다 언급되는 것은 후계자 김정은 체제가 지속가능할 것인지와 북한 핵문제 해결 등 지금 당면한 문제들이다. 북한 체제는 단 1년, 아니 수개월 앞도 예측할 수 없을 만큼 안개 속에 감추어져 있다. 남한 정부도, 북한 전문가도, 언론도, 모두 북한 최고 지도자들의 정치적인 리더십에만 초점을 맞추고 있다. 설사 김정은의 리더십이 굳건해지고, 핵을 통해 나름의 이익을 계속 취하더라도 북한 체제는 10년 안에 이전과는 다른 새로운 위기에 봉착할 가능성이 농후하다.

북한은 과거처럼 중앙의 절대 권력이 강력한 정보 통제를 하지 못하고 있다. 국가의 묵인 아래 곳곳에 장마당이 성행하고, 수시로 중국 국경을 넘나드는 사람이 많아졌고, 국경 부근에서 중국 휴대 전화

통화도 가능해졌다. 중국이나 남한에 있는 탈북자들이 나라 밖의 소식을 북한 내부로 전하고, 북한 내부 소식이 북한 관영 언론을 거치지 않고 남한 인터넷 신문의 헤드라인을 장식한다. 과거와 같은 정보 통제가 힘들다는 것을 북한 당국 스스로 잘 알고 있다. 이전과 다른 다양하고 새로운 현상들이 북한 사회에 나타나고 있다. 가장 대표적인 것이 북한에 부는 '한류' 문화 현상이다. 한류 문화 콘텐츠는 중국-북한을 거치는 유통구조가 반영돼 북한 내에도 막강한 영향을 미치고 있다. 더 이상 북한에서 만든 자체 콘텐츠는 북한 사람들에게 매력을 주지 못한다.

또한 10년 뒤 북한의 위기는 내부 '인구' 구성의 변화에도 있다. 2010년 한국보건사회연구원에서 발표한 '2008년 북한 인구센서스를 통해 본 북한 보건지표 평가'에 따르면 경제적인 형편이 비교적 좋았던 1960년대 초에서 1970년대 중반 사이에 태어난 인구는 많은 반면 경제적으로 어려움을 겪기 시작한 1990년대 이후 출생자는 적은 편이다. 그리고 1980년대 이후 출생자들은 성장기에 나라가 경제적 위기를 맞아 영양 상태가 좋지 못하고 과거 세대만큼 정상적인 교육을 받지 못한 이들이 많다. 2020년이 되면 북한 체제의 전성기인 1960년대에 태어나 안정적인 시스템에서 양육된 이들이 50~60대에 이르게 된다. 이들 역시 북한 체제에서 힘들기는 마찬가지지만 적어도 성장기 때에는 큰 어려움이 없었다.

하지만 성장기에 제대로 먹지도, 교육받지도 못한 이들의 첫 세대인 1980년대 출생자들은 30~40대가 되어 나라의 중추적인 역할을 하게 된다. 물론 엘리트층들은 이전과 다름없이 안정되게 커 왔겠지만 그 이외의 계층은 이전 세대와 확연한 차이가 날 수 밖에 없다. 절대 인구가 부족해져 군대, 공장 같은 북한 운영에 필요한 각종 일터에 사람이 부족한 시대가 도래할 것이다. 그리고 남은 인구마저 성장기 때에 영양을 제대로 공급 받지 못하고 교육을 제대로 받지 않은 이들이 많아 사회를 운영하는 데에 있어 사람이 없는 인구난과 양질의 인적 자원 부족이 북한 체제를 위협하는 새로운 요인이 될 수 있다. 실제적으로 북한은 2012년 군대 입대 자격이 되는 신장의 하한선을 145cm에서 142cm로 낮췄다. 2012년 군 입대 대상자는 1995년생으로 '고난의 행군'이 시작된 시점이다. 남한에서는 11-12세 어린이의 평균 신장이 이미 145cm를 넘어섰다.

지금 북한에게 남은 것은 '허울뿐인 체제에 대한 자존심', '핵 기술' 그리고 '평양'이라는 우리식 사회주의 상점의 쇼윈도우(Show Window)뿐이다. 그 이외에는 없다. 외화난, 에너지난, 식량난, 원자재난에 이어 향후 인구난까지 예상된다 이제 답답한 체제 가운데 겨우겨우 연명하던 사람들의 숫자마저 줄어들고 있다. 북한의 다음세대는 지금보다 형편이 여러모로 더 열악할 것이다. 북한은 지금 새로운 사회를 위한 디자인이 필요한 때다. 그 디자인의 핵심은 사람에 대한 '존중'에 있다.

| 시대를 담은 영화

〈크로싱, 2008〉

1990년대 중반 북한에 굶주림을 견디지 못해 아사자(餓死者)가 속출하자 많은 북한 주민들이 두만강과 압록강을 넘어 중국으로 들어갔다. 이들은 다시 중국 공안의 눈을 피해 중국 전역으로 흩어졌으며 이들 중 상당수는 중국과 접한 제3국의 국경을 넘어 한국으로 왔다. 이들이 국경을 넘어 자유의 땅으로 넘어가는 것을 '크로싱'(Crossing)이라 한다. 2008년 김태균 감독은 탈북자들의 삶을 그린 영화 〈크로싱〉을 제작했다.

영화 〈크로싱〉은 한 가족의 애절하고 슬픈 이야기를 담고 있다. 2007년, 북한 함경도 탄광마을의 세 가족 아버지 김용수(차인표), 어머니 용화(서영화) 그리고 열 한 살 아들 김준(신명철)은 넉넉하지 못한 삶이지만 함께 있어 늘 행복하다. 어느 날, 엄마 용화가 쓰러지고 폐결핵이란 사실을 알게 되자 아버지 용수는 중국행을 결심한다. 고생 끝에 중국에 도착한 용수는 벌목장에서 일을 하게 되지만 중국 공안에 발각되어 쫓기는 신세가 된다. 그러던 어느 날, 용수는 간단한 인터뷰만 해주면 돈을 받을 수 있다는 이야기를 듣고 베이징 주재 외국공관에 잠입하지만 본인의 의도와는 다르게 한국으로 오게 된다.

한편 용수가 떠난 뒤, 아내 용화의 병세는 악화되고 결국 세상을 떠난다. 홀로 남겨진 11살 아들 준이는 무작정 아버지를 찾아 나선다. 용수는 한국에서 브로커를 통해 준이의 행방을 수소문하게 되고 준이와 용수의 만남이 시도된다. 극적으로 용수와 아들 준이는 전화 통화를 하게 되지만 그것이 마지막이 된다. 준이는 중국-몽골 국경에서 '크로싱'을 하다 길을 잃고 끝내 숨을 거두고 만다. 그리고 용수는 절규한다. 아버지 용수와 아들 준이의 간절한 약속은 안타까운 엇갈림으로 끝을 맺고 말았다.

영화 〈크로싱〉의 주제는 지극한 가족 사랑이다. 그리고 가족에 대한 사랑조차 지켜주지 못하는 북한 체제에 대한 분노를 일으킨다. 영화 〈크로싱〉의 주인공 용수를 통해 가족이 없는 남한에서의 풍요로운 삶은 큰 의미가 없음을 알려준다. 가족들에게 줄 비타민제를 사들이던 용수는 아내의 죽음을 전해 듣고 이렇게 목이 메어 말한다.

"예수님은 어떻게 남조선에만 계십니까?"
"예수님은 부자 나라에만 사십니까?"

이 말은 주인공 용수의 절규이자 '왜 말로는 동포 사랑을 외치면서, 정작 실천은 하지 않느냐'는 강한 메시지다. 무엇보다 한국의 교회와 기독인들을 향한 외침이다. 아내를 살리기 위해 고향과 가족 품을 떠나야 했던 용수에게 정치적 수사로 가득한 분단과 통일의 이야기는 큰 의미가 없다. 영화 〈크로싱〉은 우리에게 통일의 시간이 언제 다가올지 모르지만 그전에 사람의 기본권조차 지켜주지 못하는 북한의 불합리한 부분을 해결해야 한다고 말한다. 그리고 이를 위해 우리가 많은 관심을 기울이고 그들에게 사랑을 실천할 것을 권하고 있다.

기로에 선 한반도

"자기 중심으로 세계를 볼 수 있고, 자국 중심으로 역사를 볼 수도 있다. 이 것이 마음을 편안하게 하고 만족감을 줄 수도 있다. 그러나 이러한 관점은 세계와 역사의 진실을 알 수 없게 하고, 이들의 변화에 제대로 대처할 수 없 게 만든다. 세계와 역사가 온통 복잡하게만 느껴지고, 자기중심으로 움직이 지 않는 세계에 대한 불만과 분노만이 일어날 뿐이다. 이러한 상태로는 '우 물 안 개구리'를 면할 수 없다."

- 배기찬, 〈코리아 다시 생존의 기로에 서다〉 중에서

냉엄한 현실 속에서

배기찬 전(前) 청와대 동북아 비서관은 저서 〈코리아 다시 생존의 기로에 서다〉에서 한반도와 패권세력의 역학 관계에 대한 분석을 했 다. 배 비서관은 한반도에서 통일, 분열 등 정치적 대변동은 거의 예 외 없이 중국대륙의 패권 변화와 연관이 되어 있다고 말한다. 중국대 륙이 통일되었을 때 한반도에서도 통일 또는 새로운 국가의 생성이 있었고, 대륙이 분열되었을 때는 한반도 역시 분열되는 국면을 맞이

했다. 우리가 '자주의 상징'이라고 알고 있는 고구려로부터 신라, 통일신라, 고려, 조선 초기에 이르기까지, 우리 조상들은 중국대륙 패권질서의 흐름을 인식하고 그 흐름에 지혜롭게 대처해 왔다. 무조건적인 자주가 아니라, 패권질서에 순응하며 조화로운 공존이 나름의 성공을 거두었다.

그 결과 2천년 가까운 세월동안 거대 패권세력 바로 옆에서도 민족의 '자주성'을 지켜올 수 있었다. 중국과 국경을 인접한 나라 중에 중국의 소수민족으로 흡수되지 않은 민족은 한국과 베트남 단 2개의 민족뿐이다. 16세기 이후 조선은 이러한 '패권질서의 파도타기'에 실패하여 격랑에 휩싸이게 된다. '사대'(事大)라는 수단이, 민족의 번영과 생존이라는 목적을 대신하게 되고, 목적과 수단이 뒤바뀌어 버린다. 혼돈 속에 빠져버린 조선은 패권질서의 흐름을 놓쳐 버리고, 국제정세에 흐름에는 눈을 감아 버린다. 그리고 중국대륙 패권에 완전히 몸을 맡겨 버리고 만다. 그 결과 조선은 청나라와 거의 동시에(조선 1910년, 청 1912년) 나라가 멸망하는 비극적인 운명을 맞게 된다.

100여 년이 지난 지금 한반도는 미국과 중국의 커다란 패권 국가의 한가운데서 분단의 현실을 살고 있고 통일을 꿈꾸고 있다. 통일문제는 민족의 문제이면서 곧 국제문제다. '우리민족끼리' 머리를 맞대고 열심히 통일을 위해 노력해야 하지만, 아울러 국제관계를 외면한 통일은 현실적으로 어려운 것이 사실이다. 특히, 북한과 미국 사이의 적대관계, 점점 심해지는 북한의 중국 의존은 통일 과정에서 넘어야 할 험준한 산맥들이다. 한반도의 이해 관계국인 일본과 러시아에게도 통일에 대한 긍정적인 이미지를 심어주기 위해서 적지 않는 노력들이 필요하다. 그리고 한국은 통일의 주체로서 큰 그림을 그리고 이를 조정해야 하는 막중한 책임을 갖고 있다.

물론 우리가 바라는 바와 현실의 난제들 사이에는 상당한 거리가 있다. 그럼에도 불구하고 우리는 과거 선배들의 도전과 아픔을 다시 한번 되새겨 봐야 한다. 다양한 역사적 해석이 있겠지만 고종의 아내로 조선 침략의 야욕을 부리는 일본을 견제하다 결국 일본 낭인들의 칼에 의해 희생된 명성황후(1851~1895)도 그중 하나다. 많은 이들이 민족의 시대적 아픔을 담은 뮤지컬 '명성황후'의 마지막 장면에 나오는 '백성들이여 일어나라'를 들으며 감동의 전율을 느낀다.

> ♪ 한발 나아가면 빛나는 자주와 독립
> 한발 물러서면 예속과 핍박
> 용기와 지혜로 힘 모아
> 망국의 수치 목숨 걸고 맞서야 하리
> 동녘 붉은 해 동녘 붉은 해 스스로 지켜야 하리
> 조선이여 영원하라 흥왕하여라

뮤지컬 내용은 감동 그 자체이지만 대외 정세를 읽지 못하고 안일한 대응을 했던 우리의 모습에 깊은 아쉬움이 남는다. 마치 풍전등화(風前燈火)처럼 우리는 그랬다. 한국은 지금 역사 앞에 또 다른 과제들을 안고 있다. 신자유주의가 기본이 되는 세계화 시대를 살아가고 있고, 우리 사회는 점점 다문화 사회가 되어가고 있다. 남한은 성공한 개발도상국의 모델이 되었고, 북한은 유일무이한 사회주의 3대 세습이 이루어진 파탄된 국가의 모델이다.

우리가 어떻게 한 걸음 한 걸음 장애물들을 극복하고 나가느냐에 따라 나라와 민족의 운명이 바뀔 수 있다. '동녘의 붉은 해는 스스로 지켜야 한다.'는 뮤지컬 속 명성황후의 고백은 뮤지컬 속에서만 남고 더 이상 반복되는 일이 없도록 해야 한다. 그렇게 하기 위해서 현실을 냉철하게 인식하고 준비해 나가는 혜안이 필요하다. 그것이 지금 우리 앞에 놓인 역사적인 과제다.

Living United Korea

앞으로는 그동안의 전통과 경험의 바탕 위에서 사역을 다변화하고 다양한 배경을 갖고 있는 사람들이 통일 사역을 할 수 있는 장을 마련해야 한다. 이를 가장 효과적으로 할 수 있는 방법이 바로 자신의 직업을 통해 통일을 준비하는 일이다.

2부
통일 한국을 세우는 직업의 세계

통일의 스윗 스팟(Sweet Spot) 찾기

세 개의 원

우리는 앞에서 지나온 역사를 이야기했다. 숨가쁘게 이어 온 역사는 그저 단순한 나열에 그쳐서는 안 된다. 〈역사란 무엇인가?〉의 저자 카(E. H. Carr)는 역사란 역사가와 사실의 부단한 상호작용의 과정, 즉 '현재와 과거의 끊임없는 대화'라고 했다. 우리에게 역사는 지나온 길을 되돌아보고 새로운 미래를 준비하게끔 해주는 하나의 커다란 대 '서사시(敍事詩)'이다.

이 시대는 기독인들에게 역사의식을 가지고, 세상 속에서 전문 직업으로 살아갈 것을 요청하고 있다.

특히, 민족 분단의 상처를 가지고 있는 한국의 기독인들에게는 통일 일꾼으로 살아야 하는 부르심이 있다. 분단된 나라와 민족을 다시 합치는 통일은 우리의 일과 신앙에 매우 밀접한 관련이 있다. 그런데 대부분의 사람들은 통일하면 정치적인 것을 먼저 생각한다. 남북이 각기 다른 정치체제를 갖고 있다 보니 '통일은 정치적인 것' 그리고 '정치인들이나 정치학자들만의 것'으로 생각하기도 한다. 틀린 말은 아니다. 통일에 있어서 정치는 매우 중요하다. 하지만 통일은 단지 정치인이나 정치학자들뿐만 아니라 부르심을 입은 모든 이들이 가야 할 길이기도 하다. 정치적인 통일도 통일이지만 정치를 포함한 경제, 사회, 문화, 과학, 기술, 예술, 체육 등 모든 분야에서 통일을 이루어야 진정한 통합을 이룰 수 있기 때문이다.

성경 에베소서 4장 4-12절에 보면 이런 말씀이 나온다.

몸이 하나요 성령도 한 분이시니 이와 같이 너희가 부르심의 한 소망 안에서 부르심을 받았느니라 주도 한 분이시요 믿음도 하나요 세례도 하나요 하나님도 한 분이시니 곧 만유의 아버지시라 만유 위에 계시고 만유를 통일하시고 만유 가운데 계시도다 우리 각 사람에게 그리스도의 선물의 분량대로 은혜를 주셨나니 그러므로 이르기를 그가 위로 올라가실 때에 사로잡혔던 자들을 사로잡으시고 사람들에게 선물을 주셨다 하였도다 올라가셨다 하였은즉 땅 아래 낮은 곳으로 내리셨던 것이 아니면 무엇이냐 내리셨던 그가 곧 모든 하늘 위에 오르신 자니 이는 만물을 충만하게 하려 하심이라 그가 어떤 사람은 사도로, 어떤 사람은 선지자로, 어떤 사람은 복음 전하는 자로, 어떤 사람은 목사와 교사로 삼으셨으니 이는 성도를 온전하게 하여 봉사의 일을 하게하며 그리스도의 몸을 세우려 하심이라

에베소서 4장은 성도들이 지켜야 할 실천적인 내용들이 기록되어 있다. 당시 초대교회는 '유대 기독인'과 '헬라 기독인'들로 구성되어 있었다. 이들은 서로 삶의 배경과 문화가 다르다보니 관심과 생각이 달랐기에 때로는 갈등과 분열의 모습을 보이기도 했다. 사도 바울은 에베소서에서 '서로 하나 되어 연합하라' 그리고 '부르심에 따라 행하

며 섬기라'고 이들을 권면한다.

에베소서의 말씀은 분단된 한반도에 살고 있는 기독인들에게 많은 의미를 전해준다. 우리가 하나 되어 연합하지 않으면, 또 행함으로 섬기지 않으면 그토록 바라는 통일 한국의 꿈은 그저 '사막 위의 신기루'이기 때문이다. 연합하고 행하기 위해서는 우리를 둘러싸고 있는 주변 상황을 봐야 한다. 국제관계나 거시경제 같은 대외환경을 보는 것도 중요하지만 각자가 갖고 있는 정체성을 중심으로 주변 상황을 파악해 보는 것도 중요하다. 우리는 각자가 처한 환경은 다르지만 신앙, 직업, 분단된 조국이란 환경 속에서 기독인, 직업인, 통일일꾼이란 세 가지 정체성을 가지고 살고있다.

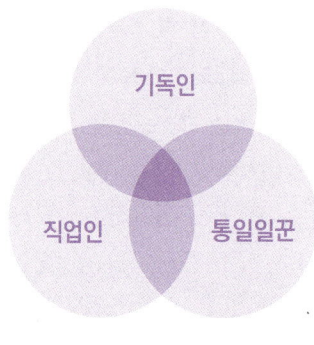

1. **기독인**으로서의 정체성은 창조주이신 삼위일체 하나님을 믿으며, 인간의 타락과 하나님의 아들 예수 그리스도를 통한 구원을 확신하고, 죽음 이후의 부활과 영원한 삶을 고백하는 사람을 말한다.

2. **직업인**으로서의 정체성은 자아실현과 생계를 위해 자신의 적성과 능력에 따라 직업을 가지고 일하는 사람을 말한다.

3. **통일일꾼**의 정체성은 분단된 한민족과 한반도와 연계되어 있는 사람들 중 분단의 아픔을 극복하고 평화롭고 아름다운 통일을 꿈꾸는 사람을 말한다.

A영역: 신앙과 직업

이 세 가지 정체성은 각기 다른 영역의 정체성과 만나는 지점에서 세 가지 형태의 접점을 만든다. 기독인과 직업인이 만나는 접점에서는 '신앙과 직업 영역'의 접점이 이루어진다. 직업을 하나님이 주신 소명이라 생각하고 자신의 전문분야에서 지식을 쌓고 탐구하여 하나님의 선한 뜻을 이루어 가는 청지기 의식이 '신앙과 직업 영역' 교차점의 핵심이다.

· 기독경영연구원 (기독경영학자모임)
· 기독교학문연구회 (기독학자모임)
· 기독법률가회 (기독법조인모임)
· 기독실업인회 (기독사업가모임)
· 문화선교연구원 (문화관련학자 및 사역자모임)
· 좋은교사운동 (기독교사모임)
· 크리스천 과학기술자 포럼 (기독과학인)
· 한국누가회 (기독의료인모임)

위에 열거한 단체들은 한국을 대표하는 '신앙과 직업 영역'을 연계한 단체들이다. 이 단체들은 기독교세계관운동과 신앙, 학문, 생활의 조화를 모색해 보고자 하는 마음에서 시작되었다. 그리고 이들 단체가 갖고 있는 비전은 명확하다. 각자의 '직업 영역에서 하나님의 뜻을 구하며 직업 세계에 하나님의 나라가 임하게 하자'는 것이고, '이것들을 통해 하나님을 영화롭게 하자'는 것이다. 이 비전은 창세기1장에 나타난 문화명령과 마태복음 28장의 지상명령을 이루어가는 과정이며, 이 비전에 동의하며 동역하는 사람들은 하나님의 창조와 재창조의 일꾼이 되는 것을 의미한다. 신앙과 직업 영역의 중요성에 대해 복음주의 기독운동의 원로인 이만열 전 국사편찬위원회 위원장은 이렇게 말한다.

"요즘 제가 느끼는 것은 신앙과 학문 목표와 이념을 같이 하는 동지들을 많이 두는 것이 젊은 날에 필요하다는 것입니다. 그들과 함께, 자주 만나고, 의논하고, 목표를 향해 함께 기도하고, 함께 시간을 많이 가졌으면 좋겠습니다. 사람들은 혈연, 지연, 학연, 이해관계에 의해 뭉치게 됩니다. 일을 쉽게 하기 위해 이를 이용할 수 있습니다. 하지만 공동의 목표, 이념을 위해 동지를 규합하는 것이 더 중요합니다. 모세의 경우에도, 아론과 미리암, 12지파 장로가 있었고 동지들이 존재했습니다. 기드온은 동지 300명이 있었기 때문에 민족독립을 할 수 있었습니다. 다니엘도 그와 뜻을 같이 한 친구가 있었습니다."

― 2009년 성서한국 대회에서

B영역: 신앙과 통일

기독인과 통일일꾼이 만나는 접점은 '신앙과 통일'에 관련된 영역이다. 신앙의 눈으로 북한을 바라보고 신앙의 눈으로 통일을 준비하는 부분이 여기에 해당된다. 주로 다양한 '북한선교' 관련 부분들이 여기에 속한다.

· 북한 : 남북으로 분단된 대한민국의 휴전선 북쪽 지역을 가리키는 말
· 선교 : 그리스도교 신앙을 전하는 교회의 활동

국어사전은 '북한'과 '선교'를 위와 같이 정의한다. 북한선교에 대한 많은 학문적인 논의가 있겠지만 북한선교를 간단히 정의하자면 '북한 땅'과 '북한 사람들'에게 예수님의 사랑을 전하는 것이다. '왜 북한선교를 해야 하는가'에 대한 질문에 북한 및 선교 전문가들은 다음과 답을 내놓는다.

· 선교는 예수 그리스도의 지상 명령이기에
· 남과 북은 같은 민족이기 때문에
· 북한에 대한 복음 선포는 우리의 사명이기 때문에
· 평화와 통일로 가는 밑거름이기 때문에

　한국 기독교의 북한선교 역사는 한국 정부의 통일 정책과 주변의 국제정세에 많은 영향을 받아, 때로는 수동적으로 또 때로는 능동적인 반응을 보여왔다. 기독교 내에서도 진보적인 신앙그룹과 보수적인 신앙그룹 사이에 갈등과 반목이 있어왔고, 역사의 흐름 앞에서 때때로 화해와 연합이 일어나기도 했다. 그리고 현재, 통일을 준비하는 북한선교는 다음과 같은 다양한 방법으로 전개 된다.

· 북한이탈주민지원
· 인도주의적 대북지원
· 북한 인권 운동
· 통일교육
· 방송선교
· 북한내지선교
· 통일 중보기도

　이들은 일하는 방법도 다르고 단체의 구성원도 다르지만 비전은 하나다. 바로 '북한을 향한 하나님의 부르심을 따라 북한과 북한 사람들을 그리스도의 사랑으로 섬기는 것'이다.

C영역: 직업과 통일

마지막으로 직업인과 통일일꾼이 만나는 접점에서는 '직업 영역 통일 준비'가 만들어진다. 전문 직업인으로서 자신의 직업 영역에서 통일을 준비해 나가는 것을 말한다. 정치인은 정치에서, 사업가는 사업에서, 예술인은 예술을 통해서, 학자는 학문을 통해서, NGO 활동가는 사역 현장에서 통일을 준비해 나가는 것이다.

직업 영역 통일 준비의 대표적인 사례로는 2007년 설립된 기독교 싱크탱크인 '한반도평화연구원'이 있다. 한반도평화연구원은 기독교 정신에 기초하여 한반도 평화와 통일을 위한 비전과 전략, 그리고 정책 대안을 연구·교육하는 단체다. 그동안 수많은 활동을 통해 기독교 정신을 갖고 통일을 준비하는 사회단체로 발전했다. 한반도평화연구원 이외에도 정부, 공공기관, 민간 기업 및 연구소에서 많은 기독 직업인들이 통일과 관련된 일에 종사하고 있다.

통일을 준비하는 그리스도인들은 그동안 '직업과 통일'보다는 '신앙과 통일'을 중심으로 사역하고 연구해 왔다. 관련 단체들의 구성원들을 보면 주로 그 주축이 목회자이거나 정치학 전공자들이다. 그동안 이들의 희생과 헌신으로 통일 사역의 발판이 마련될 수 있었다. 그러나 앞으로는 그동안의 전통과 경험의 바탕 위에 사역을 다변화하고 다양한 배경을 갖고 있는 사람들이 통일 사역을 할 수 있는 장을 마련해야 한다. 이를 가장 효과적으로 할 수 있는 방법이 바로 **자신의 직업을 통해 통일을 준비하는 일**이다.

'신앙과 직업', '신앙과 통일', '직업과 통일' 이 세 가지 영역이 적절하게 균형을 이루었을 때 아주 역동적인 통일 운동이 일어나게 된다. 특히 모든 영역이 교집합을 이루는 부분이 바로 스윗 스팟(Sweet Spot)이다. 스윗 스팟이란 라켓 중심점에서 하는 스윙을 말한다. 라켓으로 하는 운동에서 공을 때릴 때 대게 라켓으로 공을 칠 때 세게만 치려는 경향이 있다. 세게 는 것은 몸에 힘이 들어가서 몸에 힘이 들어가서 부자연스러운 스윙과 부정확한 임팩트를 하기 쉽고, 과도한 움직임으로 몸에 무리가 따를 수도 있기 때문에 효율적이지 않다. 그러나 공을 스윗 스팟에 맞추게 되면 작은 힘으로도 정확히, 강하게, 멀리 공을 보낼 수 있기 때문에 효율적이다.

기독인으로서, 이 민족을 향하신 하나님의 소망을 깨달아 통일에 깊은 관심을 가지고, 자신의 전문 직업 영역에서 실력을 갖추어 적극적으로 일하게 될 때, 스윗 스팟의 집중력으로 통일을 앞당기는 역할을 더 잘 감당할 수 있을 것이다. 물론 북한의 문이 열리고, 통일 환경이 지금보다 더 잘 조성된다면 스윗 스팟의 강도는 더 세질 것이다. 따라서 통일을 준비하는 사람이라면 지금부터 자신의 삶을 스윗 스팟의 영역에 가져다 놓는 자세가 필요하다.

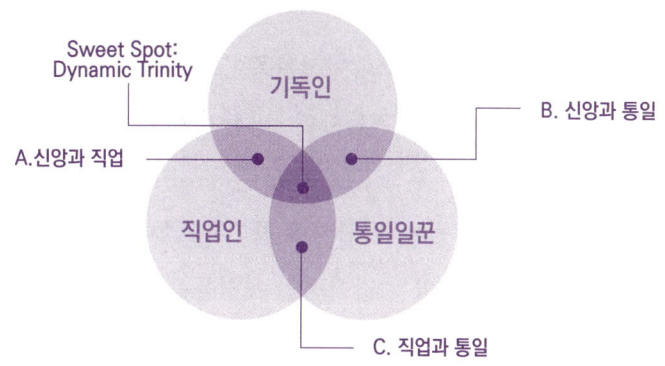

'창조적 소수' 그리고 '직업의 세계'

영상의 힘

1983년 KBS 이산가족찾기 프로그램을 통해
다시 만난 이산가족들

1983년 6월 30일 KBS에서는 한국전쟁 휴전 30주년 특집으로 〈생방송 이산가족을 찾습니다〉 프로그램을 방송했다. 처음에는 이산가족 150명을 대상으로 3시간 정도 방영할 예정으로 기획되었으나 방송이 시작되자 1,000명 이상의 이산가족이 몰려들었고 방송은 정규 시간을 넘어 연장에 연장을 거듭했다. 이산가족을 찾는 행렬이 예상을 뛰어넘어 장사진을 이루자 KBS는 모든 정규방송을 취소한 채, 세계 방송 역사상 유례가 없는 '이산가족 찾기' 릴레이 생방송을 진행하게 된다. 이 방송은 78%라는 경이적인 시청률을 기록했고 방송을 보는 대부분의 시청자들은 이산가족 상봉을 자기 일처럼 받아들이며 감격의 눈물을 흘렸다. 이산가족 찾기 방송은 11월 14일까지 138일 동안 총 453시간 45분 방송됨으로써 단일 주제 최장 생방송 기록을 남겼고, 총 10만 952건의 신청건수가 접수되어 방송을 통해 1만 180여 이산가족이 상봉했다.

이산가족 찾기가 전 국민의 관심을 끌게 된 시점은 휴전된 지 정확히 30년 뒤의 일이다. 사실 이산가족 찾기는 1970년대 초반부터 신문이나 라디오 등을 통해 간간이 진행되고 있었지만 1983년처럼 대중적인 폭발력을 가지지는 못했었다. 신문은 활자 매체의 한계가 있었고 라디오는 볼 수가 없었기 때문이다. 무엇보다 실시간 정보제공이 되지 않았기 때문에 적극적인 관심을 갖지 않는 이산가족은 확인이 어려웠고, 어디에선가 정보를 접한다 해도 확인이 되기까지는 상당한 시간이 걸렸다. 그러나 경제 성장으로 살림살이가 나아지고 방송통신 기술이 발전하면서 1983년 이산가족 찾기가 방송될 수 있었고 이로 인해 그동안 국민들의 가슴속에 맺혀있던 이산가족 상봉의 한이 풀릴 수 있었다.

1983년 우리나라의 1인당 국민소득은 2천 달러 수준이었다. 넉넉하지는 않았지만 기본적인 의식주 문제가 해결되어 잃어버린 가족을 찾을 수 있는 약간의 여유가 생겼다. 또한 1983년 실시간으로 영상을 접할 수 있는 텔레비전 보급률도 82.5%에 달해 전국민적으로 이산가족 상봉에 국민적인 관심을 가질 수 있는 토대도 마련된 상태였다.

무엇보다 방송통신 기술의 발전은 이산가족의 꿈을 현실로 만들었다. 1980년 컬러 텔레비전 방송이 시작되면서 선명한 텔레비전 화면을 시청할 수 있게 되었고 서울을 비롯한 부산, 대구, 광주, 대전,

전주, 청주, 춘천 등의 전국 주요 도시를 실시간 생방송으로 연결하는 공영방송 KBS의 네트워크는 이산가족 상봉에 큰 힘을 발휘했다.

서울에 사는 누나가 부산의 남동생을 만났고, 대구에 사는 오빠가 광주의 여동생을 만나고, 전주에 사는 엄마가 청주에 사는 딸과 춘천에 사는 아들을 만날 수 있었다. 방송에서 미처 확인하지 못했던 사항들에 대해서는 글을 써서 팩스를 통해 확인하기도 했다. 스마트폰이나 인터넷이 없었던 당시로서는 지역 방송 네트워크를 연결해서 화면으로 가족을 확인하고 팩스로 문서를 보내는 것 자체가 최첨단의 방법이었다. 방송통신 기술의 발전은 휴전 이후 30여 년 동안 묵혀 두었던 '이산가족'이라는 사회문제를 어느 정도 해결해 주는 실마리를 제공했다.

티핑포인트(Tipping Point)

어떤 것이 균형을 깨고 한순간에 전파되는 극적인 순간을 '티핑포인트'라고 한다. '티핑포인트'는 작은 변화들이 어느 정도 기간을 두고 쌓여, 작은 변화가 하나만 더 일어나면 큰 영향을 초래할 수 있는 상태가 되는 지점이다.

경영 저술가 말콤 글레드웰은 저서 〈티핑포인트〉에서 티핑포인트가 만들어지기 위해서는 '소수의 법칙', '고착성의 요소', '상황의 힘' 이렇게 3가지 요소가 필요하다고 말했다. 첫째로 '소수의 법칙'은 전체 작업의 80%를 20% 정도의 소수가 수행하는 것처럼, 열정적이고 영향력 있는 어떤 것의 소수에 의해 전파가 이뤄진다는 내용이다. '고착성의 요소'는 의미 있는 메시지는 강한 흡입력을 갖고 있어서 사람을 행동하게 하는 것처럼, 사람들이 어떤 메시지에 주의를 끌고 이를 오래도록 기억하게 하는 요소다. 또 '상황의 힘'은 특별한 상황이 특별한 결과를 낳듯이 주변의 여러 상황이 맞아야 잘 전파될 수 있음을 뜻한다.

1983년 이산가족 찾기는 '티핑포인트'의 정수(精髓)에 해당된다. 소수의 방송인력(소수의 법칙), 전 국민이 공감하는 이산가족의 스토리(고착성의 요소), 경제적 안정과 방송통신기술의 발달(상황의 힘)이 절묘하게 잘 조화를 이루어 전 국민적 공감대를 형성할 수 있었다. 앞으로 도래할 통일 한국도 이 세 가지가 조화를 이루어야 '통일의 티핑포인트'를 일으킬 수 있다.

통일의 티핑포인트를 이루는 세 가지 법칙 중 고착성의 법칙은 이미 우리 주변 곳곳에 있다. 분단, 이데올로기 갈등, 전쟁, 체제 경쟁, 통일에 대한 갈망, 남북협력과 같은 것들이 고착성의 요소에 해당한다. 하지만 실질적으로 '통일을 실행할 수 있는 자원(소수의 법칙)', '미래세계에 전개될 다양한 변수들(상황의 힘)'을 체계적으로 준비하지 않으면 통일 한국은 그저 허공에 외치는 구호로 끝날 것이다.

그렇다면 어떻게 '소수의 법칙'과 '상황의 힘'을 기를 수 있을까? 답은 명확한 현실인식과 창의적인 방법을 통한 접근에 있다. 그 대표적인 방법이 바로 자신의 직업을 통해 창조적인 통일을 준비해 나가는 것이다.

미래의 위기는 곧 기회

　1949년 소설가 조지 오웰은 다가올 1984년을 상상하며 소설 〈1984〉를 발표한다. 소설 〈1984〉에 나타난 미래세계는 나 자신의 모든 것이 다른 사람에게 조종되는 아주 무서운 세계다. 물론 30년 전인 '서기 1984년'에 소설 속의 일들이 실제 발생하지는 않았다.
　다가오는 시간을 우리는 미래(未來)라고 한다. 타임머신을 타고 가보지 않는 이상 미래를 보거나 알 수 없다. 통일의 모습도 마찬가지로 지금은 희망만 있을 뿐 구체적인 그림은 그려지지 않고 있다. 미래학 전문가들에 따르면 미래의 모습이 100가지라면 사람의 힘으로 예측 가능한 것은 4-5가지에 불과하다고 한다. 나머지 95개 이상은 어김없이 예측을 빗나간다.

・축음기의 발명은 어떤 비즈니스 찬스도 낳지 않을 것이다.
(1880년 토마스 에디슨)

・전 세계에서 컴퓨터 수요는 많아야 5대 정도일 것이다.
(1943년 IBM의 토마스 왓슨)

・현재의 ENIAC(인류 최초의 컴퓨터)은 1만 8천 개의 진공관을 사용하고 30톤이나 되는 무게지만, 미래의 컴퓨터는 단 1,000개의 진공관으로 구성되어 무게가 겨우 1.5톤 밖에 되지 않을 것이다.
(1949년 포퓰러 메커닉스)

・이미 50종 이상의 수입차가 들어와 있는 미국 시장에서 일본 자동차의 점유율은 크지 않을 것이다.
(1968년 〈비즈니스 위크〉 일본 자동차의 미국 시장 진입에 즈음하여)

· 개인이 가정에서 컴퓨터를 사용할 이유가 없다.

(1977년 DEC의 켄 올센)

· 일본 휴대전화 시장 규모는 2000년대에 약 1,000만 대 정도가 될 것이다.

(1995년 일본 우정성)

　이렇게 당대 최고의 전문가들은 심각하게 고민한 끝에 미래에 대한 예측을 했지만 우리는 지금 이들의 예측과는 다른 세상에 살고 있다. 지금도 많은 전문가들이 국제정치의 역학관계, 환경과 기후변화, 에너지의 고갈, 생활양식의 변화 등 수많은 문제와 그 대안을 제시 하지만 미래에 대한 불확실성이 더욱 깊어지고 있다.
　미래의 불확실성 앞에서 우리는 종종 '위기(危機)'를 말한다. 위험한 기회를 뜻하는 '위기'는 말 그대로 잘 활용하면 새로운 기회가 될 수 있다. 예를 들어 중화학공장을 짓게 되면 해당 지역의 일자리가 늘어남과 동시에 심한 공해와 폐수 처리 등으로 환경오염을 불러 올 가능성도 높아진다. 이를 극복하기 위해 환경을 치유하는 새로운 활동들이 생기게 되고 여기에 새로운 일자리가 만들어진다. 위기가 곧 기회가 되는 셈이다. 이것은 남북교류와 통일에서도 마찬가지다. 통일이 되면 사라지는 직업도 생기고 새롭게 만들어지는 직업도 생긴다.

직업의 명암

　종이와 인쇄술은 중국에서 처음 시작되었다. 하지만 종이와 인쇄술이 정보를 기록하고 지식을 유통하는 새로운 문화로 꽃피운 곳은 중국이 아닌 유럽이었다. 12세기 동양과 교역을 한 이탈리아 베네치아 상인들은 페르시아 사람들에게서 종이 기술을 배운다. 이 기술은 이탈리아에서 더욱 발전해 14세기가 되자 물레방아를 사용해 종이를 생산하는 공장까지 생겨난다.

구텐베르크의 성경 인쇄
500주년을 기념하는 우표
1954년 서독에서 발행

1450년대에 독일의 금속공예가 구텐베르크는 인쇄기로 성경을 찍는 일에 성공한다. 종이가 대량생산되고 인쇄기술이 발달하면서 새로운 사업 분야가 만들어졌다. 책을 대량으로 찍어내면서 책을 필사하고 보관하던 수도승들의 지식독점이 허물어졌고 지식이 대중화되기 시작하면서 소수 지식층에게만 한정돼 있던 글공부 바람이 중산층에게도 확산되었다. 또한 책을 읽고 토론하려는 열기는 유럽 전역으로 퍼져나갔는데 특히, 철학, 미학, 역사 등 인문학 도서가 불티나게 팔려 나갔으며 이 과정에서 제지업(종이생산), 인쇄업, 도서 유통 및 판매, 책 저술 및 독서토론에 관련된 직업들이 생겨났다.

그러나 중세시대 인쇄술의 발전처럼 직업의 세계가 늘 좋은 것만은 아니다. 직업은 해당 업종의 명암에 따라 그 수가 늘어나거나 줄어들기도 하고 또는 정체되기도 한다. 예를 들어 30여 년 전 우리나라에는 시내버스 뒷문에서 안내를 하는 '안내양'이란 직업이 있었다. 이들은 주로 버스요금을 받고 승객들의 승하차를 돕는 역할을 했다. 버스 '안내양'은 젊은 여성들이 최고로 선망하는 직업 중 하나였다. 하지만 버스에 자동화 승하차 시스템이 도입되면서 '안내양'이란 직업은 사라져 버렸다. 안내양뿐 아니라 컴퓨터 보급에 따라 타자원 역시 감추어 버렸고 자동화된 전화교환 시스템의 등장에 따라 전화교환원도 사라졌다. 자원을 캐는 채석공, 재봉틀을 돌리는 재봉공, 실을 짜는 직조공, 서커스를 하는 곡마단원, 굴뚝을 청소하는 굴뚝 청소원, 인쇄소에서 채집된 활자를 원고의 내용에 맞게 자간·행간을 띄워 인쇄용 판을 짜는 업무를 수행하던 식자원과 같은 직업들 역시 사라지거나 소수의 인원만 남았다.

이와는 반대로 컴퓨터를 비롯한 정보화 기기의 발전에 따라 과거에는 상상하기 힘들었던 직업들이 출현하는 경우도 있다. 휴대전화와 관련된 직업만 보아도 시대가 변하면서 수많은 직업들이 생겨나고 있다는 것을 알 수 있다. 새롭고 산뜻한 휴대전화 벨소리를 창조하는 벨소리 작곡가, 각종 문자를 조합하여 멋진 그림(이모티콘)을 창조하는 이모티콘 전문가가 이에 해당한다. 예전에는 공부대신 게임을 하며 부모 속을 썩이던 아이가 지금은 프로게이머라는 그럴듯한 이름의 직업인으로 인정받게 되는 것이 오늘날 직업의 세계의 한 단면이다.

2010년 발간된 〈한국직업사전〉에 올라 있는 직업 명칭 수는 2만 개가 넘는다. 1969년에는 3,260개, 1986년에는 1만 451개였다. 이 책을 보면 시대가 흐르며 직업의 개수는 늘었지만 과거에 인기 있던 상당수의 직업들이 변화의 흐름 속에서 사라졌다는 것을 알 수 있다. 또한 농업-산업화-지식정보화 과정을 거치면서 사라지고 떠오르는 우리나라의 직업들을 보면서 앞으로 북한과의 교류와 통일 과정에서 새롭게 만들어질 직업들을 예측할 수도 있다.

새로운 직업 만들기, '창직'을 아십니까?

한겨레경제연구소의 이원재 소장은 저서 〈이상한 나라의 경제학〉에서 한국의 고용 구조에 대해서 쉽게 설명했다. 만약 한국이 100명으로 이루어진 마을이라는 가정 하에, '한국마을' 사람들은 이렇게 경제 활동을 한다. 이 마을 사람들 가운데 취업해 경제활동을 하고 있는 사람은 59명이다. 28명은 정규직으로 취업해 살고 있으며, 14명은 비정규직이다. 사업체를 운영하고 있는 자영업자가 17명이다.

그런데 정규직 가운데 삼성전자, 현대자동차 같은 안정적인 상장 제조 기업에 다니는 정규직은 단 1명이다. 부가가치를 안정적으로 만들어내는 제조업 599개 기업을 살펴보면 그렇다. 매출액 상위 2,000개 기업에서 일하는 사람으로 범위를 넓혀 봐도, 정규직은 3명에 지나지 않는다. 뉴스를 보면 대기업들은 세계로 뻗어 나가고 높은 이익을 기록하지만 또 다른 뉴스를 보면 심각한 청년 실업 소식이 한 꼭지를 장식한다. 기업 이익이 나는 만큼 그 혜택이 일자리 늘리기로 돌아가는 것 같지가 않다.

이제 기존 직업에서 일자리가 크게 늘어나기는 기대하기 어려워졌다. 의료, 법조계 같은 전문직이나 공공부문, 대기업에 갈 소수를 제외한 대부분 구직자들은 자신의 심리적·능력적 특성에 적합한 일자리를 찾는 적극적이고 창조적인 자세가 필요하다. 즉, 창조적 아이디어와 활동을 통해 지식, 기술, 능력뿐 아니라 흥미, 적성 등에 적합하며 수익을 창출하고 지속가능한 새로운 직업 발굴이 요구된다는 것이다. 이를 가리켜 전문용어로 '창직(創職, Job Creation)'이라 한다.

'창직'은 '창조적 아이디어를 통해 기존 직업의 직무를 재설계(직무의 전문화, 세부화, 재구조화, 통합화 등)하여, 새로운 직업을 발굴하고 이를 통해 일자리를 창출하는 일련의 활동'을 말한다.

예를 들어 '한식 스토리텔링 개발자'는 '한식 전문가'와 '스토리텔러'의 융합이다. 한식 조리사와 스토리텔링을 전문으로 하는 직업이 각각 따로 있지만 '한식 스토리텔링 개발자'는 두 분야를 아우르는 사람을 말한다. 한식 분야로만 특화하여 한식을 전반적으로 이해하고 또 그 한식에 문화가 가미된 이야기의 옷을 입히는 사람을 '한식 스토리텔링 개발자'라고 할 수 있다. 그런 관점에서 볼 때 '한식 스토리텔링 개발자'는 창직을 통해 나타난 직업이 되는 셈이다.

창직은 그 요건에 맞는 직업이나 직무를 개발해낸다. 직업은 경제적으로 수익을 창출해야 하고, 지속적으로 해당 분야에 종사할 수 있어야 한다. 성공적인 창직을 하고자 한다면, 과거 어떤 요인으로 직업이 변화와 발전을 거듭해왔고, 앞으로 또 어떻게 변화할지 파악하는 것이 중요하다. 직업 변화 요인에 따라 새로운 직업의 출현을 예상해 볼 수 있다면, 이들 변화 양상을 통찰력 있게 전망하여 창직 가능한 직업을 발굴할 수 있다. 다음의 표는 이러한 직업 변화 요인을 요약해서 보여주고 있다.

'창직'의 요인과 사례

직업 변화 요인	세부 변화 요인	창직 직업의 예
정부정책 및 법, 제도 도입	·사회복지정책 확대 ·산업육성정책 ·수출입정책 ·교육훈련촉진정책 ·취업촉진정책 ·외국인력유입정책 ·자격, 면허에 대한 조정	·의료관광 코디네이터 ·의료통역사
가치관과 라이프 스타일	·여가, 건강, 미용 등에 대한 욕구증대 ·소비자 주권증대	·퍼스널 쇼퍼 ·애견 트레이더
기업의 경영방식	·인수, 합병 등 구조조정 ·외주(아웃소싱) ·채용방식 변화 ·업무 영역의 통합 및 세분화	·문화마케터 ·헤드 헌터
환경과 에너지	·에너지 부족과 확보 경쟁 ·기후변화 및 환경기준 경화	·기후변화 전문가 ·생태복원 기술자
세계화	·국제무역 경쟁심화 ·금융의 세계화 ·신흥공업국의 생산활동 증대 ·생산기지 해외이전 및 외국기업 국내이전 ·남북한 경제협력 및 통합진전	·컨시어스 ·현지화 컨설턴트
인구구조 변화	·인구 고령화 ·가족구조 변화 ·여성경제활동 증가 ·저출산	·노인전문 간호사 ·생체계측 기기개발자
기술발전과 혁신	·기계화, 자동화, 전산화 ·제품 혁신주기의 단축 / 공정 자동화 ·디지털화 및 온라인화 / 인터넷	·애플리케이션 개발자 ·HCI(인간과 컴퓨터간 상호작용) 컨설턴트

출처: 박지연 외, 우리들의 직업만들기 한국교용정보원, 2011

창직을 한다는 것은 개인에게 이익이 돌아가는 것뿐 아니라 사회적으로도 큰 이익이 된다. 새로운 시장을 발굴하고 새로운 직업을 만들어 내게 되면 또 다른 누군가가 그 직업을 가질 수 있고 그 시장에 뛰어들 수 있기 때문이다. 다른 구직자에게까지 일자리를 제공해 줄 수도 있다. 이러한 직업 변화요인과 창직은 북한과의 교류협력 증대와 통일의 과정에서도 두드러지게 나타날 것으로 보인다. 지금 눈에 보이는 북한·통일과 관련된 직업은 한정되어 있지만 선택적으로 앞으로는 창직이 더 요청될 수밖에 없다.

통일 한국을 세우는데 필요한 직업들

통일은 일자리 창출의 새로운 기회

　북한·통일문제 전문 저널리스트인 김성욱 기자와 안영민 기자는 한국 사회에서 이념의 대척점에 있다. 김성욱 기자는 〈대한민국 적화보고서〉, 〈북한을 선점하라〉 등을 지은 보수논객이다. 안영민 기자는 신보수얼 통일 삽시인 〈민족 21〉의 편집주산을 시냈으며 진보적 시각으로 접근한 〈행복한 통일이야기〉의 저자다. 이 두 사람의 통일의 과정과 방법에 대한 관점은 확연히 다르다. 하지만 통일이 주는 편익에 대해서는 공감대가 있다. 그 공감대를 형성하도록 만든 자료 중에 하나가 북한 지하자원의 '경제적 가치 7,000조 원'의 내용을 담고 있는 골드만삭스 보고서이다. 성향이 다른 두 기자는 골드만삭스 보고서를 바탕으로 한 목소리로 북한 경제개발, 통일 경제 강국의 꿈을 이야기 한다. 그렇다면 골드만삭스 보고서의 실체는 무엇일까?

　골드만삭스의 글로벌 경제, 상품 및 전략분석팀은 〈A United Korea? Reassessing North Korea Risks(Part I)〉 보고서를 통해 전쟁과 거대한 통일비용으로 거론되는 북한리스크는 북한 권력 변화 가능성과 동북아시아의 경제구도역학에 비춰볼 때 재평가할 필요가 있다고 전망했다. 북한 경제는 성장 정체와 계획경제의 붕괴로 기로에 서 있지만, 다량의 노동력과 2008년 북한 국내총생산(GDP)의 140배에 달하는 것으로 추정되는 풍부한 광물자원, 그리고 생산성의 대폭적 향상 여지 등 미개발된 잠재성이 크다고 강조했다. 또한 골드만삭스는 북한의 이 같은 성장 잠재성이 실현된다면, 통일 한국의 GDP가 30~40년 내에 프랑스와 독일을 뛰어넘고, 일본까지도 능가할 수 있을 것으로 내다봤다.

골드만삭스의 보고서는 통일을 투자와 사업기회 쪽으로 접근한다. 통일을 기회로 접근한다는 것은 분명 이전과는 다른 신선하고 새로운 발상이다. 이전처럼 통일을 민족문제이자 국제문제로만 접근하면 경제문제에 대한 '통일 한국의 미래상' 밑그림이 나오기가 어렵다. 하지만 골드만삭스 보고서처럼 핵심역량, 자원, 생산성 등의 관점에서 전략적으로 접근하면 통일에 대한 새로운 시각을 가질 수 있고 이를 실천해 가는 과정에서 새로운 직업이 만들어지는 것을 몸소 체험하게 될 것이다.

통일의 시나리오 그리고 일자리

그동안 통일과 직업 문제는 크게 부각되지 않았다. 통일 과정과 그 이후에 대한 전망도 대개 정치, 경제, 사회, 문화가 어떻게 전개될지에 대해서만 논의되었지 어떤 직업이 어떻게 떠오를지에 대해서는 거의 이야기되지 않았다. 통일에 대한 영역별 분류 역시 국가적·행정적으로만 분류했다. 국회 상임위원회 분류하듯 말이다.

  2000년 3월 9일 김대중 대통령은 베를린 자유대학에서 남북한 간의 화해와 경제사회적 협력에 관한 일명 '베를린 선언'을 발표했다. 정부 당국자는 '1970년대 중동특수 못지않은 북한특수'가 올 것이라는 장밋빛 전망을 했다. 곧이어 제1차 남북정상회담이 성사되고 남북 교류의 청사진이 발표되었다. 하지만 정작 '북한특수'를 누린 곳은 실물 경제 부문이 아닌 '언론'과 '북한 전문가 그룹'이었다. 북한에 관한 호기심이 한층 고조되자 북한·통일 관련 소식들이 봇물을 이루기 시작했다. 학계를 위시한 북한 전문가 그룹이나 탈북민들도 방송 출연, 대중강연 신문잡지 기고 등을 통해 잠시나마 '북한특수'를 맛보기도 했다.

  당시 금강산 관광, 개성공단, 남북 철도 연결, 대북 NGO 활동 등을 통해 과거에 비해 북한 관련 일자리들이 늘어나긴 했지만 결국 사회 전반적인 일자리 파급까지 가지는 못했다. 그리고 2008년 이후부터 남북관계 악화로 생겼던 일자리들마저 사라지거나 축소되었다.

  하지만 과거에 그랬다고 해서 미래의 상황까지 비관적인 것은 아니다. 다가올 통일 시대에는 상황에 따라 많은 직업들이 생겨날 것이다. 그렇다면 어떤 상황들이 벌어지고 어떤 일자리들이 생길까?

  미래학자 최윤식 박사는 저서 〈2020년 부의 전쟁 in Asia〉에서 4개의 통일 시나리오를 예측했다. 첫째는 '전쟁의 회오리' 시나리오다. 한순간의 오판으로 인해 전쟁이 일어난 후 군사적으로 남한이 북한을 통일하는 시나리오다. 남한에 가장 큰 충격을 가져올 이 시나리오는 일어날 가능성이 높지 않다.

둘째는 '김정남 카드' 시나리오다. 김정은 정권이 붕괴되면 중국이 김정남을 친중 정권의 지도자로 세운 후 북한에 대한 영향력을 강화한다는 가정이다. 이때 김정남은 남한과 우호적인 관계를 맺을 가능성이 크다. 이렇게 되면 남한도 보다 적극적인 경제협력을 통해 북한 재건에 도움을 줄 수 있다.

세 번째 시나리오는 '경제적으로 위험한 한반도'다. 북한 정권의 붕괴 후, 남한이 북한을 평화롭게 흡수 통일하는 내용이다. 이는 현실화될 가능성이 상당히 크다. 하지만 이 경우 남한에는 심각한 경제적 사회적 위기가 오게 된다. 초기 몇 개월의 통일 허니문이 끝난 후, 준비되지 않은 급격한 흡수 통일에 대한 불평이 쏟아지고, 통일 이후 전 국민이 감당해야 할 통일비용과 미래에 대한 불길한 전망으로 제2의 경제위기를 맞이할 수도 있다. 전체 통일비용은 매년 180조~270조 원씩 총 3,000조~5,000조 원이 들어가야 할 것으로 추정된다. 물론 정부는 북한 주민들의 저렴한 노동력을 활용해 새로운 수입을 창출하고, 군사적 안정성, 북한의 막대한 지하자원의 이득이 크다고 국민과 해외 여론을 달래려 하겠지만, 이런 기대들은 상당한 시간이 흘러야만 가시적으로 효과가 나타나기 때문에 불안을 잠재우지 못할 수도 있다.

마지막은 '또 다른 분단, 경제 분할된 한반도' 시나리오다. 이는 세 번째 시나리오에서 발생하는 경제적 충격을 최소화할 수 있지만, 정치적으로 상당한 파급을 몰고 올 것이다. 북한의 영토를 문서상으로 한국이 흡수 통일을 하되, 6자 회담의 참여국들인 미국, 중국, 일본, 러시아에 북한의 토지를 무상으로 장기 임대하고, 파격적인 세금혜택과 제도 개선, 그리고 북한의 매력적인 낮은 임금 제공 등을 내걸며 '경제분할 개발계획'을 발표하는 것이다. 물론, 정부의 이 계획이 발표되면 야당은 또 다른 분단과 식민지배를 조장하는 매국적 정책이라고 강력하게 반발을 하며 대통령 탄핵할 수도 있다.

이중에 첫 번째 시나리오를 제외하고 나머지 시나리오들은 통일을 통해 대단위의 일자리가 창출될 수 있는 가능성을 제시하고 있다. 물론 두 번째 시나리오인 중국의 지지를 받는 사망한 김정일 위원장의 장남 '김정남 카드'는 당장 현실적으로 힘들긴 하지만 그렇다고 해서 배제하기도 어려운 시나리오다. 여하튼 통일의 과정과 통일 이후 한반도는 구체적으로 예측할 수는 없으나 언젠가 다가올 그날에는 많은 일자리가 창출될 것이다. 그 때가 되면 통일에 필요한 정책과 제도를 연구해야 하고 실무를 담당해야 하고 사업도 하고 교육도 해야 한다.

가능성은 있지만 아직은…

♬ 우리의 소원은 통일
♬ 꿈에도 소원은 통일

많은 한국 사람들이 어렸을 때부터 이 노래를 부르며 통일은 미완의 과제이고 우리가 이루어야 할 사명으로 생각해 왔다. 그렇다면 지금 통일이나 북한 문제와 연관된 직업을 갖고 있는 사람들은 어떤 사람들일까? 먼저 정부 부처 중 통일부 공무원이나 국가정보원 대북 정보 파트, 정부 출연연구기관의 북한·통일 관련 연구자들을 들 수 있다. 남북 경협이나 대북 지원 NGO 활동을 하고 있는 이들도 있다. 또한 학계나 언론계 등에서 통일 연구나 북한·통일 관련 보도 종사자들이 있다. 이런 직업들은 분단 이후부터 만들어져 많지는 않지만 꾸준히 오늘에 이르고 있다.

특히 1990년대 이후에는 북한·통일과 관련된 직업이나 관련 업무가 늘어나고 있다. 가장 대표적인 일은 학교의 사회과 선생님들이 통일 교육에 대해 많은 관심을 갖고 있다는 점이다. 과거의 '반공 교육'과는 다른 '통일 교육'을 하려는 교사들이 늘어나면서 관련 모임이 생겨나고 현장 활동을 위한 교재들이 만들어졌다.

탈북민 법률 상담, 남북 경제협력이나 각종 남북 교류에 관한 법률, 장기적으로 통일헌법에 등에 관심을 갖는 법조인들이 늘어났다. 지금도 통일 문제에 관심을 갖는 법조인들도 꾸준히 늘어나고 있으며 2012년 사법연수원 41기 졸업생 11명은 연수 중 동아리를 만들어 〈북한이탈주민을 위한 법률 핸드북〉을 출간하기도 했다. 통일 문제에 관심 있는 법조인들은 대부분은 통일 관련 법제나 통일 과정 및 그 이후에 벌어질 각종 법률 소송에 관심을 갖고 있다.

2012년 개소한 서울대 통일의학센터

의료·복지관련 분야에서도 북한에 대한 관심이 늘어나고 있다. 탈북민들이 증가함에 따라 이들에 대한 정신적, 육체적 치유의 문제에 관심을 갖게 되면서 의료·복지 분야 종사자들이 탈북민, 북한 보건, 통일 이후의 의료체계 등에 관심을 갖고 활동하고 있다. 2012년에는 서울대 의대에 통일의학센터가 개소되어 남북한 의료의 수준, 제도, 용어, 문화 차이를 감안하여 통일 이후의 의료를 대비하고 있다. 이처럼 과거에 비해 다양하고 많은 직종에서 북한·통일에 대한 관심을 갖고 있지만 아직은 그 범위와 종사자 수가 한정되어 있다. 물론 폐쇄적인 북한과 더딘 남북 관계로 적극적인 통일 준비가 어려운 것이 사실이지만, 이 점을 감안하더라도 다가올 통일에 대한 다양한 영역의 통일 준비에는 다소 부족한 점들이 있다.

그렇다면 어떻게 다양한 영역과 직업에서 통일을 준비해 나갈 수 있을까? 많은 영역과 직업군에서 통일을 준비하는 방법들이 있겠지만 여기서는 몇 가지 에피소드를 통해 앞으로 나타날 일들에 대해 조심스럽게 예측해 보고자 한다.

| 탈북민들과 함께 작은 통일을 만들고 싶다면

탈북민 정착지원

탈북민들의 고달픈 남한살이

2012년 4월, 제 19대 국회의원 선거에서 탈북민 출신인 조명철씨가 비례대표로 국회의원에 당선됐다. 그동안 남한에 온 탈북민들은 다양한 분야에 진출해 왔으나 입법기관인 국회 진출은 그 어떤 영역의 진출보다 의미 있는 일이다. 조명철 의원은 북한 엘리트 출신이다. 김일성종합대학에서 경제학을 전공했고 1987년 28살의 나이에 김일성종합대학 경제학부 교수가 됐다. 교환교수로 1994년 중국 소재 난카이대학에 머무르던 중 그는 돌연 한국 망명길에 올랐다. 그는 한국에서는 대외경제정책연구원 연구위원, 통일교육원 원장 등을 거치며 국회의원이 되었다. 그러나 모든 탈북민들이 조명철 의원처럼 다 성공적으로 남한 사회에 정착하는 것은 아니다.

북한 지역을 떠나 대한민국 체제에 편입 되거나 제3국을 떠도는 사람들을 우리는 '탈북민'라 부른다. 과거에는 귀순용사, 월남자라 불렀으나 북한을 이탈하는 사람이 많아지면서 탈북민라는 용어가 일반화

되었다. 그리고 2012년 8월 현재 남한에 정착한 탈북민 수는 2만 4천 명을 훌쩍 넘어섰다. 경상북도 울릉군의 인구가 1만 명, 강원도 양구군 인구가 2만 명 수준인 것을 감안하면 남한 내 탈북민 수는 결코 적은 수가 아니다. 웬만한 지방의 작은 군 규모의 인구다. 이들은 대부분 남한 사람들에 비해 평균 이하의 삶을 살고 있다.

한국직업능력개발원이 조사한 '2010 북한이탈주민 경제활동 실태 조사'에 따르면 북한이탈주민의 고용률은 남한의 일반국민 대비 70% 수준이고 실업률은 4배 이상이다. 취업한 이들도 단순 노무직이 31.5%로 일반국민의 7.5%의 4배가 넘는다. 취업자의 월평균소득은 127만 원으로 전국 근로자 1인당 월평균 임금 총액 271만 원의 47% 수준이다. 북한이탈주민들의 남한 정착을 돕기 위해 정부와 사회단체들은 다양한 노력을 하고 있으며 탈북민들 스스로도 자립하고자 하는 강한 의지를 보이고 있다.

북한이탈주민의 증가가 가져온 '창직'

탈북민의 남한 유입과 이들의 정착 과정을 통해 많은 직업이 생겨났다. 대표적인 것이 커피를 만드는 '탈북민 바리스타'다. 스타벅스, 커피빈 등 외국계 에스프레소 커피가 국내 본격적으로 진출하면서 국내 에스프레소 시장은 급성장을 해왔고 이에 따라 바리스타도 늘어났다. 바리스타는 커피 및 음료를 만들며 커피에 대한 해박한 지식과 테크닉을 고루 겸비한 사람을 말한다.

서울 명동에는 탈북민 바리스타들이 운영하는 카페 '블리스&블레스(Bliss&Bless)'가 있다. 카페 이름 블리스&블레스는 '행복과 축복'

이라는 의미이다. '소외 계층이 최고의 행복을 누리고 다시 다른 어려운 사람들을 축복하는 장소가 되길 바란다'는 뜻이다. 이 카페를 설립한 열매나눔재단은 2008년부터 탈북민들을 위한 박스 공장, 블라인드 공장을 운영하고 있다.

탈북민 바리스타가 일하는 카페 블리스앤블레스

현재 정부, 기업, 사회단체, 학계 등에서는 탈북민 정착을 위한 업무들이 생겨나고, 해당 단체 및 기관은 전문적인 교육을 통해 전문 인력 양성을 위해 노력하고 있다. 제도적인 지원을 하는 통일부, 지자체, 북한이탈주민지원재단 공무원, 위탁기관 종사자들이 늘었고, 사회 문화 부분에서는 각 영역별 코디네이터들이 늘었다. 이들은 탈북민들의 사회·문화 적응을 위한 각종 프로그램을 기획하고 실행하고 있다.

탈북민 정착지원 사업을 통해 앞으로 더 다양한 직업들이 생겨날 것으로 보인다. 기업에서는 탈북민 고용을 위한 헤드헌팅과 탈북민 관련 사회공헌 사업을 전담하는 사람을 채용하게 될 것이다. 특히 헤드헌터는 유망직업 중 하나다. "좋은 인재 한명이 10만 명을 먹여 살릴 수 있다"라는 말처럼 어느 분야에서든 인재채용이 중요하다. 헤드헌터는 기업체에서 특정한 분야의 인재를 찾을 때 적임자를 찾아 추천하는 역할을 수행하는 사람이다. 헤드헌터는 기업에서 원하는 고급 인력의 선정에서부터 평가, 알선까지 여러 단계의 조사과정을 거쳐 적정 인력을 소개하는 일을 담당하고, 기업의 비전, 조직구조, 조직문화, 향후 경력개발 경로 등 필요한 자료를 확보하며 철저한 분석을 통해 적합한 인재를 선출한다. 헤드헌터들은 어떤 사람의 경력, 인성, 업무수행능력, 주변평가 등을 정리하여 기업에 보낸 후 긍정적인 반응을 보이면 연봉 협상까지도 도와준다. 탈북민 전문 헤드헌터는 남한에 와 있는 탈북민들의 연령, 직업 등을 세분화하여 탈북민의 취업을 지원하는 역할을 할 것이다. 이외에도 탈북민들 중 남한을 거쳐 세계 곳곳으로 가는 사람들이 늘어나고 남한에 다문화 사회가 도래하면서 남한에 왔다가 해외로 나간 탈북민들에 대해 조사하는 일명 탈남자 조사전문가, 다문화사회 교육 코디네이터들도 필요하게 될 것이다.

북한이탈주민 증가가 만들어 내는 '창직'

직업 변화 요인	세부 변화 요인	'창직'의 예
정부정책 및 법, 제도 도입	·탈북민의 남한 사회에 정착 및 자립에 대한 제도적인 지원	·탈북민 전담 공무원 ·탈북민 관련 시설 및 프로그램 위탁 기관 종사자
가치관과 라이프 스타일	·탈북민의 남한사회 이해 ·탈북민의 문화적인 욕구	·사회&문화 체험 코디네이터
기업의 경영환경	·사회공헌 프로그램 확대 ·통일 환경 대비	·북한/통일 관련 조사 기획전문가 ·탈북민 전문 헤드헌터
세계화 및 사회구조변화	·탈북민의 탈남 현상 ·다민족 다문화 사회의 도래	·탈남자 조사 전문가 ·다문화사회 교육 코디네이터
기술과 혁신	·디지털화 ·온라인화	·탈북민 및 북한 DB 전문가

| 우리의 미래를 위한 연구를 하고 싶다면

정책학술연구

　　세종(1397-1450)과 정조(1752-1800)는 본받을 만한 리더십을 보인 조선시대의 임금으로 손꼽히고 있다. 세종은 소통의 리더십, 정조는 설득의 리더십을 가졌다는 게 역사가들의 평가다. 세종은 조선왕조가 창업의 단계에서 안정기로 전환하기 위해서는 무엇보다 신료들의 동참과 헌신이 중요하다고 봤다. 이를 위해서 그는 왕 자신이 처한 어려운 상황을 있는 그대로 드러내고 그 해결책을 신료들에게 요청하곤 했다. 또한 정조는 어전회의를 시종 주도하면서 요순을 적극적인 개혁 군주로 해석하고 왕안석을 긍정적으로 재평가해 자신의 개혁정책을 설득하곤 했다. 두 임금 모두 능력 위주로 인재를 기용했으며 이를 바탕으로 정책의 방향을 정하고 실행했다. 세종과 정조 모두 시대를 앞서간 지식경영자였다. 그리고 지식경영의 중심에는 싱크탱크인 세종 시대의 '집현전'과 정조시대의 '규장각'이 있었다.

싱크탱크(Think Tank)의 기원과 발전

19세기 이후 경제 성장, 유럽 강대국들의 식민지배, 문명을 넘어선 교류가 확대되고 처리해야 할 정보의 양이 늘어나면서 국가 경영(statecraft)의 새로운 장이 요구되었다. 다양해지고 복잡해진 국가의 효율적인 통치를 위해서는 전문적인 지식을 겸비한 전문가 그룹인 싱크탱크가 필요하게 되었다.

20세기 이후 싱크탱크의 흐름

1세대(20세기 초)	지적 인사교모임	· 지식인들이 관심과 현안을 논의 · 유력 자선가들이 연구지원 · 정치적 성향 배제, 관련 정보 교류 · 카네기재단, 후버연구소
2세대(2차대전 이후)	정책결정 조언	· 정책결정자들이 외교정책 조언 요구 · 정책적 대안 모색에 적극성을 가짐 · 분석 및 전망 보고서 제공 · 랜드연구소, 기업연구소, 도시연구소
3세대(1970년대 이후)	마케팅 개념의 도입	· 정책논쟁 개입 자제 탈피 · '아이디어 브로커' 개념 등장 · 아이디어 현실화를 위한 마케팅 활동 · 헤리티지재단, 케토연구소

강원택 외 〈한국적 싱크탱크의 가능성〉에서

싱크탱크는 지식인들의 인맥 네트워크를 통한 지적인 사교모임으로 출발해서 정책 결정조언-마케팅 개념을 동원한 아이디어 기업 형태로 발전해 갔다. 이러한 싱크탱크의 발전을 주도한 곳은 미국이다. 미국에는 약 1,500~1,600개 정도에 달하는 엄청난 규모의 싱크탱크들이 활동 중이다. 이러한 싱크탱크들은 1970년대 이후 급증하였는데 보수적 싱크탱크들은 다양한 이슈를 다루는 종합형 싱크탱크가 많은 반면 진보적 싱크탱크들은 여성, 환경, 시민권, 평화 등 단일이슈를 중심으로 연구를 수행하는 경우가 많았다.

과거 우리나라는 국가가 일방적으로 모든 것을 결정했기 때문에 정책 형성 과정에서 국가 이외의 다른 집단이 참여 할 수 있는 가능성이 제한되어 있었고 따라서 싱크탱크는 단지 정책 수립이나 집행의 보조적인 연구기관 성격이 강했다. 지역주의가 판을 치던 시절에는 싱크탱크에 의존할 필요가 없었으며 민주화 이후의 형성된 시민사회는 과거 국가기구의 부정한 행위와 관행에 대한 저항과 교정에 집중해왔다. 우리나라의 싱크탱크는 국가(통일연구원을 비롯한 정부출연기관), 지방자치단체(강원발전연구원 등), 기업(삼성경제연구소 등), 독립싱크탱크(희망제작소, 경남대 극동문제연구소 등)로 구분할 수 있다.

통일 시대에 필요한 통섭의 연구와 정책

학술과 정책 연구 분야에서 북한이나 통일 문제를 업으로 삼고 있는 이들은 대부분 정치학 전공자들이다. 이에 비해 다른 분야 전공자들은 현저히 적다. 특히 경영학이나 응용과학 분야에서 북한이나 통일문제에 관심을 갖고 참여하는 이들은 거의 없다. 그러나 사실 통일 과정과 그 이후에는 정치 분야 이외에 여러 분야가 혼합된 다양한 일들이 벌어질 수 있다.

예를 들어 북한이탈주민이 정착하는 것을 돕기 위해서는 그들이 태어나고 자란 북한의 사회와 역사에 대한 기본 이해가 필요하다. 그리고 탈북 과정에서 받은 상처와 고통을 상담하고 치료하는 과정도 필요하다. 탈북민들은 남한의 가치관과 문화를 배워야 하고 시사와 경제를 기본적으로 알아야 한다. 직업을 얻기 위해 기술을 배워야 하고 대인관계의 기술 또한 체득해야 한다.

 탈북민을 돕기 위해 필요한 학문은 정치학, 역사학, 철학, 사회학, 상담학, 심리학, 경제학, 사회복지학, 커뮤니케이션, 직업 관련기술 등 다양하다. 하나의 분야로는 탈북민들을 적극적으로 도울 수 없으며, 도울 수 있다는 생각을 하고 무리하게 접근하면 곧 어려움에 빠지게 된다. 돕는 사람이 다양한 분야를 체득하여 통합적으로 접근해야만 탈북민의 주변상황과 내면세계를 깊이 이해하고 개개인에게 맞는 맞춤형 프로그램을 제공할 수 있다.

 통일 이후 북한지역의 의료 정책 연구에 필요한 인력들을 보자. 북한지역 전문가, 의사를 비롯한 보건 전문가, 정책 전문가 등이 필요하다. 북한을 이해하고 정책 마인드를 갖고 있는 의사가 있어야 북한의 의료 정책은 북한 사람들의 눈높이에 맞게 현실적으로 이루어 질 수 있다.

새로운 물결이 일고 있다

 동아대 정치외교학과 강동완 교수는 2011년 북한에 불고 있는 한류 열풍을 분석한 〈한류, 북한을 흔들다〉라는 책을 출간했다. 이 책에 따르면 중국과 접경지역인 함경도는 물론 평양, 황해도를 포함한 9개 도 전역에 걸쳐 남한 영상물이 시청·유통되고 있었고 또한 일반 주민뿐만 아니라 외부정보 유입을 감시·통제해야 할 간부들까지 조직적으로 남한 영상매체 유통에 개입하고 있는 것으로 조사됐다.

남한 영상물의 유통은 정보 확산이라는 파급력을 띠며, 북한주민의 의식 변화에도 영향을 미쳤다고 한다. 〈한류, 북한을 흔들다〉는 시대의 변화에 맞게 새로운 트렌드에 충실한 연구로 평가받고 있다. 이전의 북한·통일 연구와는 확실히 차별성 있는 미래 지향적인 북한 연구다. 강동완 교수가 〈한류, 북한을 흔들다〉를 출간할 수 있었던 것은 방일영문화재단의 학술지원이 있었기에 가능했다.

강동완 교수와 같이 현재 많은 학자들이 정부기관, 각종 재단 등의 지원을 받아 북한을 연구하고 통일을 준비하는 연구 사업을 수행하고 있다. 하지만 일관성 있는 연구보다는 산발적으로 진행되는 경우가 많고 그 분야도 한정되어 있다. 앞으로는 산발적으로 진행되던 연구 사업들이 국가적인 과제를 중심으로 정치, 경제, 사회, 문화가 융합된 통섭의 과제로 이루어질 필요가 있다.

과거 1990년대 말 IMF 외환위기 직후 정부는 세계적 수준의 대학원 육성과 우수한 연구인력 양성을 위해 대학원생과 박사후과정생 등을 지원하는 '두뇌한국 21' 사업을 시행한 적이 있다. 이제 이처럼 체계적이고 창의적인 통일 연구 사업이 필요한 시점이 되었다. 현재 인문학이 자연과학과 만나서 새로운 학문으로 발전하고, 의학과 한의학이 만나서 새로운 치료법을 개발하고 금융권에서도 공학 박사 학위를 가진 금융분석전문가, 커뮤니케이션학을 전공한 펀드매니저가 나오는 것을 볼 때, 지금 세상은 통섭의 인재들에 의한 새로운 통일연구가 필요한 시기라는 것을 알 수 있다.

통일학술 통섭 프로젝트가 가져올 연구영역의 다양화

직업 변화 요인	세부 변화 요인
정부정책 및 법, 제도 도입	· 북한에 대한 심도 있는 연구 · 남북 행정 통합을 위한 다방면 연구
가치관과 라이프 스타일	· 탈북민들의 남한 정착 연구 · 통일과정과 이후의 사회문화 연구
기업의 경영환경	· 북한 개발 전략 연구 · 북한 산업 연구 · 기업의 북한 진출 연구 · 북한 인적자원 개발 연구
세계화 및 사회구조변화	· 글로벌 시대의 통일 연구 · 다문화 시대의 통일 연구
기술과 혁신	· 지식정보화 시대와 통일 연구

| 한민족의 전통문화를 세계에 알리고 싶다면

남북한 음식의 세계화

한국 음식문화의 대표 주자 김치

2001년에 발행된 한국문화의 상징인
김치를 기념하는 우표

김치는 우리에게 없어서는 안 될 한국 음식의 걸작 중에 걸작이다. 김치의 역사는 삼국시대까지 거슬러 올라간다. 〈삼국지〉 위지동 이전에는 '고구려인이 장, 젓갈 만들기를 잘한다.'는 기록이 남아 있다. 〈삼국사기〉에도 젓갈 김치류인 '어해', '저해'라는 먹을거리가 나온다. 약 3000년 전 중국에도 소금에 절인 '저(菹)'라는 식품이 있었다고 한다. 중국의 기록이 앞서니 김치의 뿌리를 중국에서 찾는 이도 있다. 하지만 이에 대한 타당성은 그리 높지 않다. 김치와 같은 발효식품을 저장하는 방식은 긴 겨울을 나기 위한 방편 중의 하나이기 때문에 중국에서 기원을 찾기 보다는, 만주와 한반도, 중국 북방에 살던 동이(東夷)족의 식품으로 보는 편이 더 설득력이 있다. 이런 김치는 고려, 조선을 거쳐 오늘에 이르렀고 남북한 모두에서 사랑받고 있다.

우리가 먹고 있는 배추김치의 역사는 생각보다 길지 않다. 배추김치는 조선 후기에 일본으로부터 들어온 고추가 양념으로 일반화되고 외래 채소인 결구배추를 재배하면서부터 담가 먹기 시작했기 때문이다. 15세기 중반에 저술된 우리나라 최초의 조리서 〈산가요록〉에 가지, 오이, 파, 송이, 생강 등으로 김치를 담그는 법이 기록되어 있고 그 이후에 나온 허균의 〈도문대작〉이나 〈음식디미방〉에도 죽순, 산갓, 동아, 나박김치는 나오는데 배추김치는 보이지 않다가, 19세기 말의 〈시의 전서〉에 비로소 배추통김치가 등장한다. 그 이전에는 오늘날의 장아찌 같은 것을 김치 대신 먹었음을 짐작할 수 있다. 여하튼 김치는 한민족의 독특한 절임 방법과 외부로부터 유입된 식자재가 융합되어 생겨난 창조적인 음식이다.

전통문화의 고급화

문화는 한 민족이나 사회의 전반적인 삶의 모습이다. 윷놀이와 같은 전통문화에서부터 소녀시대와 같은 아이돌 그룹까지 모두 한국의 문화다. 한국 문화는 요즘 아시아를 넘어 국제문화계의 주목을 받고 있다. 세계 각국에서는 한국 가요인 케이팝(K-POP) 열풍이 불고 있고 우리 음식인 한식도 국제사회에서 매력을 발휘하고 있다. 그동안 한식은 우리에게 친숙한 음식이었지만 문화와 접목하여 고부가가치를 낳을 수 있다는 인식이 약했고 비교적 적은 자본으로 쉽게 창업이 가능하기 때문에 영세한 식당이 많은 편이다. 또한 가짓수 많은 밑반찬, 외국인이 이해할 수 없는 메뉴와 표준화되지 않은 조리법 등으로 세계화에 한계가 있는 것으로 생각되어 왔다.

한식 가운데 세계화에 가장 두드러진 음식은 비빔밥이다. 비빔밥은 전 세계에서 한국에만 있는 음식이다. 다양한 식재료와 밥을 한 그릇에 섞어 먹는 문화는 어느 국가에서도 찾아볼 수 없다. 아이디어 또한 뛰어난 음식이다. 넣는 재료에 따라 맛이 달라지기 때문에 스펙트럼이 넓다. 안의 재료가 많든 적든, 귀하든 흔하든 상관없다. 새싹을 넣으면 새싹비빔밥, 주꾸미를 넣으면 주꾸미비빔밥. 밥·반찬·양념의 조합으로 일상에서 누구나 쉽게 만들 수 있기 때문에 비빔밥은 사람 간의 정을 나누고 모난 곳 없이 서로 어우러져 살아가는 한국인의 모습과 닮았다. 각양각색 서로 다른 모습이지만 이것들이 하나가 되었을 때는 최고의 맛을 자랑하는 것 또한 한국인과 비슷하다.

북한에도 개발하여 상품화시킬 수 있는 전통 문화들이 많다. 민속자료, 민속놀이 등도 있지만 북한 역시 가장 상품화시키기 좋은 것은 음식이다. 북한에는 평양냉면, 대동강숭어국, 함흥냉면, 가자미식혜, 갓김치, 개성의 보쌈김치와 조랭이떡국 등이 전해 내려오고 있다. 그리고 남한의 전주비빔밥이 있듯 북한의 곡창지대인 황해도에는 해주비빔밥이 유명하다. 해주비빔밥은 비빔감으로 나물이나 고기 이외에 수양산 고사리와 황해도에서 나는 김을 부서트려 먹는 별미다.

북한 음식이 만들어 내는 직업

북한 음식이 대중화되고 세계 음식으로 거듭나기 위해서는 다양한 한식 전문가가 필요한데 메뉴 개발자에서부터 푸드 스타일리스트, 남한과 세계에 북한 음식을 전파할 전문 강사, 식당 창업을 조언해 주는 창업 컨설턴트, 또한 다양한 음식과 관련한 재미있는 숨은 뒷이야기를 구성하는 음식 스토리텔링 개발자까지 매우 다양하다. 그 외 고객들에게 우리 음식의 맛과 향을 전문으로 소개하는 한식 소믈리에도 나올 수 있다.

· **퓨전 메뉴 개발자** : 우리 고유의 맛을 살리면서도 현대인과 외국인의 입맛에 맞는 퓨전남한식 메뉴를 개발한다. 일품요리에서부터 코스 요리에 이르기까지 다양한 종류와 형태의 메뉴를 만들어 내며 기존 한식 메뉴를 업그레이드 시키는 작업도 한다. 또한 남북의 식재료와 해외의 식재료를 비교·분석하여 이를 활용할 수 있는 조리법을 개발하고 메뉴를 표준화시키는 작업도 한다.

· **소스 전문 개발자** : 같은 김치찌개라 하더라도 매운 맛의 세기와 재료, 분량에 따라 다른 여러 종류의 소스가 개발되는 것처럼 소스전문개발자는 우리 음식에 사용되는 다양한 소스, 드레싱 등을 전문으로 개발하는 사람이다.

· **북한 음식 스타일리스트** : 음식을 더욱 돋보이고 먹음직스럽게 보이도록 스타일링 하는 직업으로 메뉴의 특성, 다른 음식과의 조화를 고려하여 우리 음식의 품격을 높이도록 한다.

· **북한 음식 전문 강사** : 남북한의 음식을 배우는 외국인에게 조리법을 교육할 수 있는 전문 강사로 조리에 대한 지식뿐만 아니라 각국의 언어까지 함께 구사할 수 있어야 한다. 또한 해외에 파견되어 해외 식당의 전문조리사들을 대상으로 우리 음식의 조리법과 메뉴를 전파하는 일을 하는 사람도 필요하다.

· **식당 창업 컨설턴트** : 식당 창업 및 운영에 대한 전반적인 컨설팅과 해외 식당 창업을 위한 컨설팅을 해주는 사람으로 메뉴에서부터, 입지, 인테리어, 서비스 등에 대해 조언한다.

· **한식 홍보(마케팅) 전문가** : 북한 음식을 포함한 한식을 세계로 널리 알리기 위해서 해외의 각종 박람회, 페스티벌 등 다양한 행사를 기획하고 각종 매체를 통해 한식을 홍보하는 일을 한다.

· **한식 스토리텔링 개발자** : 북한 음식을 포함한 한식을 문화로 연결할 수 있어야 한다. 다양하고 재미있는 한식관련 직업에 종사하기 위해서는 다양한 전공과 경력이 유리하다. 또한 한식 전문가로서 뛰어난 수준의 한식에 대한 이해가 필요하다.

퓨전 한식 메뉴개발자, 소스 전문 개발자, 전문 강사 등은 남북한 음식의 조리를 전문으로 배우고 조리사로 종사한 경력이 있는 사람, 조리사 자격증 소지자에게 유리하다. 또한 한식뿐만 아니라 양식, 중식, 일식 등에 대한 지식이 있으면 다양한 메뉴개발에 도움이 되며 음식을 맛보고 평가하는 것을 기본으로 다양한 음식을 만들 수 있는 창의력이 필요하며, 이를 정확한 레시피로 재현할 수 있는 꼼꼼함도 있으면 좋다.

한식 전문 푸드 스타일리스트의 경우 반드시 조리 관련 전공을 하거나 경력을 가질 필요는 없으나 다양한 음식에 대해 알고 있어야 하고 기초적인 음식 조리법을 익혀 두어야 한다. 현재는 조리 분야보다 미술, 디자인 전공자들이 많이 진출하고 있으며 색채 감각이 절대적으로 필요하다. 또한 그릇, 천, 각종 소품과 음식의 관계를 조화롭게 어우를 수 있는 지혜와 센스도 필요하다. 한식 분야만 특화되어 종사하기보다는 다양한 음식에 대한 스타일 조언을 함께 할 수 있으면 더욱 좋다.

한식당 창업 컨설턴트, 한식 홍보 전문가, 음식 스토리텔링 개발자 등은 실제 조리에 대한 경험까지는 아니더라도 한식에 대한 기본 지식이 있다면 유리하다. 창업 컨설턴트의 경우 메뉴에서부터 서빙, 서비스 전반에 대한 조언을 해줘야 하므로 한식에 대한 이해가 필요하다.

지금 우리가 추구하는 한식의 세계화는 단기적으로 보면 남한음식 위주이지만 장기적으로 남북한의 음식과 세계의 음식이 조화롭게 혼합된 형태의 퓨전으로 갈 수밖에 없다.

| 살기 좋은 도시화 마을을 만들고 싶다면

도시개발 & 어메니티

하나의 유기체인 도시

　도시는 우리의 인생처럼 추억을 새기고 나이를 더해간다. 유기체로서의 도시는 면적, 인구밀도, 도시시설 등으로 도시의 크기를 가늠한다. 따라서 사람의 크기가 다르듯 도시도 그 크기가 다를 수밖에 없다. 평범했던 도시는 교통망이 확충된 뒤 변화가 일어나기도 한다. 프랑스의 릴은 고속철도를 통해 '도시 재생(Urban Regeneration)'에 성공한 사례로 꼽힌다.

　1970년대 이후 프랑스의 릴은 석탄과 철강, 섬유산업이 사양길에 접어들면서 도시 전체가 침체의 늪에 빠져들었다. 하지만 1993년 파리~릴 TGV 개통, 파리~런던 유로스타 개통을 이용, 유럽을 연결하는 '허브 도시'로 변화하자는 전략을 세운다. 릴은 유로스타 개통에 맞춰 1994년 민관 합자 개발회사인 '사엠 외랄릴'(Saem Euralille, 이하 사엠)을 설립했다. 사엠이 개발 주체가 되고 자본금은 공공 및 민간 부문이 합작 투자했다. 역사는 복합공간으로 재탄생됐고, 역세권에는 호텔, 쇼핑몰, 국제박람회 전시장, 콘서트홀 등이 들어섰다.

이를 통해 일자리 1만 2천 개가 새로 창출되면서 실업률도 해소됐다. 교통망의 개설은 '교통연결'이 아닌 지역경제 발전으로 이어졌고 침체되었던 도시에 새로운 활력을 불어 넣었다.

길이 열리면

남북교류가 활성화되고 통일이 가까워 올수록 북한의 교통망은 새롭게 확충될 것이다. 경의선과 경원선 같은 끊어진 철도와 국도 1호선, 31호선 같은 막힌 도로를 잇고 많은 물류와 사람이 오고 가며 북한의 도시들은 새로운 변화의 전기를 마련하게 된다. 이때 가장 주목받을 직업이 바로 '건설 코디네이터'다. 여기서 코디네이터는 옷을 잘 입게 도와주는 사람이 아니라 조정자, 혹은 의견 등을 종합하는 사람, 진행자 등을 뜻한다.

건설 분야의 경우, 그 규모가 대형화되고 전문화되면서 도시계획, 조경, 기계, 전기, 소방, 토목, 인테리어 등 다양한 전문가들이 함께 융화되어 하나의 프로젝트를 진행하고 있다. 서로 다른 분야가 복잡하게 얽혀 있을수록 코디네이터의 역할이 더 필요하고 효과도 그만큼 더 커지게 된다. 건설코디네이터는 함께 일하는 사람들이 충돌이나 마찰 없이 의견을 조율하면서 사업을 원활히 진행할 수 있도록 하는 프로젝트 매니저의 역할을 하게 된다.

앞으로 북한의 개발은 우후죽순처럼 길을 내고 택지를 개발해서 건물을 올리는 식보다는 체계적인 건설 매니지먼트가 필요하다. 건설 코디네이터는 프로젝트 선정부터 입주 때까지 모든 진행에 관여한다. 그 시작은 건설사에서 프로젝트를 수주할 때 법적, 기술적, 상품 기획적 측면에서 사업성을 전반적으로 평가하며 프로젝트가 선정되면 참여한 전문가들의 의견을 조율하는 프로젝트 매니저의 역할을 한다.

북한의 도시들이 개발되면서 가장 손질해야 할 부분은 온통 잿빛인 도시 분위기다. 북한의 건축은 획일적인 것들이 많고 회색빛으로 칙칙하고 단조롭다. 과거 우리나라도 아파트를 처음 지을 때 획일적인 모양으로 단조로웠다. 그래서 아파트를 벌집, 성냥갑으로 부르기도 했다. 하지만 최근의 건축물을 보면 개성이 넘친다.

지금 북한의 도시들을 회색빛이지만 앞으로 북한의 도시들 역시 변화를 겪을 것이다. 크게 신경 쓰지 않았던 벽면의 색채나 무늬, 지붕, 출입구 등 사소한 부분까지 저마다 개성을 담을 것이고 외관 디자인에만 신경 쓰는 것이 아니라, 친환경적인 요소까지 접목할 것이다. 건물의 내부를 디자인하는 인테리어와 달리 외관을 디자인하는 것을 '익스테리어(exterior) 디자인'이라 하고, 이 일을 하는 사람을 '익스테리어 디자이너'라고 부른다. 익스테리어 디자이너는 색채를 전문으로 하는 업체, 조명을 전문으로 하는 업체, 공조를 전문으로 하는 업체 등을 조율하여 건물 외장을 꾸민다. 건물 외장을 꾸미는 것도 독립된 프로젝트이기 때문에 여러 관련 업체들을 이끄는 프로젝트 리더 혹은 마스터 디자이너의 역할을 수행하기도 한다. 이들에 의해 회색빛 북한 도시들은 컬러풀(Colorful)한 도시로 다시 창조될 듯싶다.

어메니티

영국 중서부 항구도시 리버풀은 18세기 노예무역으로 번성한 이후 세계적 무역항으로 명성을 떨쳤지만 2차 세계대전 이후 산업구조의 변화로 침체를 거듭해 1970-1980년대에는 가난과 실업의 대명사로 전락했다. 하지만 도시가 지닌 역사적인 가치와 비틀즈의 고향이라는 문화적인 유산, 창조적인 문화 컨텐츠 개발을 통해 쇠퇴한 이 지역을 개성 넘치는 장소로 재창조했다.

리버풀뿐 아니라 버밍햄, 맨체스터, 노팅햄 등에서도 창조적인 지역설계와 사람들이 편안히 즐길 수 있는 공공 공간을 만들며 '지역재생'에 성공했다. 이러한 '지역재생'이 지금 사람들의 일자리를 창출하고 산업 쇠퇴로 쇠락했던 도시를 다시 되살리는 촉매 역할을 하고 있다.

그런데 이런 '지역재생'은 어떻게 만들어졌고 유명해지게 되었을까? 바로 어메니티 운동 때문이다. '어메니티(amenity)'란, 사전적으로 '쾌적함'을 뜻하는 말로 산업화로 황폐해져지는 도시의 생활 환경을 개선하자는 의미에서 도입된 개념이다. 서유럽에서는 이미 1980년대부터 농촌개발의 새로운 패러다임으로 적극 반영되기 시작하였고, 1990년대에는 일본에서도 활성화되었다. 지금은 도시뿐 아니라 농촌, 어촌, 산촌에서도 활성화되고 있다. 우리나라에서도 도시 재생 프로그램뿐 아니라 각종 농촌 체험 마을, 농촌 전통 테마 마을, 자연 생태 우수마을, 자연 생태 어촌 체험 마을, 팜 스테이 등 다양한 어메니티 운동이 일어나고 있다. 20세기가 물질과 편리함을 추구한 세기였다면 21세기는 행복과 안심이 요구하는 시대이다. 그리고 이처럼 농촌·산촌·어촌 지역의 어메니티 자원을 찾아내 개발하도록 컨설팅하고 브랜드화 하는 사람을 '생태 어메니티전문가'라고 한다.

북한의 도시와 마을이 살아나기 위해서는 과감한 어메니티 전략이 필요하다. 역사와 문화를 복원하여 차별화된 스토리를 만들고, 관광상품을 만들고, 새로운 산업을 유치해 일자리를 늘리고, 도시를 활기차게 만들어야 한다. 경제적 상품화 전략을 도시와 마을에 적용하여 지역의 공동체성, 경관미(취락형태, 자연 친화성), 주거 편리성(접근성, 편익성, 여가활동) 등 다양한 차원에서 사람들에게 삶의 만족감을 높여야 한다.

개성, 함흥, 원산, 청진, 나진 등의 항구 도시들, 중국 국경과 인접한 신의주, 만포, 혜산, 회령 등 도시들마다 언젠가는 어메니티가 필요하다. 고려의 도읍이었던 개성, 함흥냉면과 함흥차사로 유명한 함흥, 명사십리 원산, 조선시대 상인집단인 만상(灣商)으로 유명했던 신의주 주변 지역, 물장수로 유명했던 함경도 북청 등 발굴해 낼 수 있는 스토리들은 무궁무진하다. 그리고 각 지역에 적합한 산업을 유치하고 개발할 수 있는 전략들도 많다. 2005년 기준으로 북한에는 현재 1개의 직할시, 9개의 도, 3개의 특급시, 24개의 시, 148개의 군이 있다. 이 지역 모두 어메니티가 필요하다. 모든 곳에서 동시적으로 일어날 수 없겠지만 남북 관계가 개선되고 북한이 적극적인 의지를 가지게 된다면 많은 지역에서 도시 마케팅을 적극적으로 할 수 있게 될 것이다. 그때를 대비해서 관련 자료를 들을 모아 데이터베이스를 만들고 가상의 프로그램들도 만들어 보는 준비가 필요하다.

도시개발과 어메니티가 만들어낼 '창직'

직업 변화 요인	세부 변화 요인	'창직'의 예
정부정책 및 법, 제도 도입	·북한정부의 경제특구 관련 법령 정비 ·북한정부의 지역개발에 제도적인 지원 ·남북한 사이의 투자 및 개발에 관련 법률 제정	·북한에 관련된 건설 관련 공무원 및 공공기관 종사자 ·지역개발 전문 변호사
가치관과 라이프 스타일	·문화에 대한 욕구 ·선진도시 벤치마킹	·도시계획 전문가 ·어메니티 코디네이터 ·문화 컨설턴트
기업의 경영환경	·건설, 토목 관련 새로운 시장 개척	·건설, 토목전문가 ·디자인 전문가
세계화 및 사회구조변화	·지역의 글로벌화 ·도시 집중현상	·지역 조사 전문가 ·지역문화 코디네이터
기술과 혁신	·디지털 도시 구현	·U-City 전문가

| 아름다운 통일 스토리를 들려주고 싶다면

통일스토리 개발

남과 북을 함께 연기한 배우

배우 하지원씨는 2012년 연기자로서 남과 북을 오갔다. 1991년 남북 탁구 단일팀의 실화를 배경으로 한 영화 〈코리아〉에서는 남한의 탁구스타 현정화 역할을 맡았고, 남남북녀의 사랑 이야기를 담은 드라마 〈더킹 투하츠〉에서는 남한의 국왕과 인연을 맺는 북한군 특수부대 장교 역할을 맡았다. 비슷한 시기 각기 다른 작품에서 북한과 남한을 품게 된 하지원에게는 다소 남다를 수 있는 상황이었다. 이에 대해 배우 하지원은 느낌을 이렇게 이야기했다.

"영화 〈코리아〉에서는 내가 남한사람이기 때문에 사상도 다르고 환경도 다른 북한사람은 '참 힘들었겠다.'는 생각을 했다면, 반대로 드라마에서는 북한 입장이 되서 연기하며 '이거였구나!'라는 것을 느꼈다. 내가 해보니까 〈코리아〉 때 북한사람을 연기한 배우들이 얼마나 힘들었을까 더 많이 생각하게 됐다. 솔직히 통일, 남북에 대해 깊게 생각해본 적 없고 관심도 없던 내가 〈코리아〉를 찍으면서 진동을 느꼈고 내 감정에도 변화들이 생겼다. 영화를 통해서 나보다 더 어린 친구들과 이 감정을 같이 느끼고 싶었다. 내 스스로에게 자극이 되지 않았나 싶다."

영화 〈코리아〉 포스터

평소에는 분단과 통일문제에 별 관심을 보이지 않던 배우가 작품을 통해 분단 문제를 고민하게 되고 통일을 생각하게 되었다. 영화, 드라마가 갖고 있는 스토리의 힘이 있기에 가능했던 일이다. 스토리의 힘은 실로 대단하다. 한번 머릿속으로 들어오면 평생 가는 게 '이야기'이다. 사람들은 강연이나 드라마, 영화의 핵심 메시지는 기억하지 못해도 중간 중간 들은 예화나 감동이 있는 또렷이 기억하는 경우가 많다. 이 모든 것이 이야기가 지닌 위력이다. 그래서 미래학자 롤프 옌센은 21세기는 꿈과 이야기와 감성에 의해 지배될 것이라고 했다.

스토리의 시작은 시나리오 작가로부터

감동을 주는 통일 스토리의 시작은 그것을 기획한 '시나리오 작가'의 펜에서부터 나온다. 시나리오란 주인공들과 그 주인공들 사이에 원인과 결과가 있는 사건을 극으로 풀어 쓴 것을 말하며 일반적으로 영화나 드라마의 이야기를 두고 시나리오라고 한다. 게임시나리오는 게임에 '이야기(Story)'를 더한 것이다. 주인공 캐릭터가 있고, 배경에 따른 사건도 있다. 시나리오 작가는 작품의 주제를 선정하고, 주제에 따라 새로운 영화 대본을 창작하거나 기존의 문학작품을 각색하여 대본을 집필하고 내용에 따른 역사적 현실이나 사건의 과정 등을 조사, 분석하여 작품의 줄거리를 구상한다. 시나리오를 쓰기 위해서는 제작자와 개발자들이 시나리오를 보고 만들 수 있도록 관련 산업의 이해관계를 잘 파악하고 있어야 한다. 시나리오 작가에게 가장 필요한 것은 사람과 세상을 이해하고 창의력을 발휘할 수 있는 '인문학적 상상력'이다. 특히 통일 스토리를 쓸 시나리오 작가는 분단과 북한, 통일 문제에 대한 깊은 이해를 갖추어야 한다.

만들어진 통일 스토리는 프로듀서의 손을 거쳐 영화, 드라마 등으로 제작될 수 있다. 프로듀서는 프로그램을 기획하고 이에 적당한 방송 작가와 제작진, 연기자들을 선출하며 완성된 대본을 평가하고 배역을 정하며, 의상, 무대배경, 음악, 카메라 작업, 시간배정 등을 결정하기 위해 제작진과 협의하고 제작에 참여하는 모든 사람들의 활동을 조정한다. 통일 스토리를 배경으로 프로듀서의 제작한 프로그램은 사람들에게 감동을 선사하기도 한다. 종편 채널인 '채널A'의 예능프로그램 '이제 만나러 갑니다'는 2011년 12월 방송을 시작할 당시 이산가족 1인의 사연을 집중적으로 소개했었다. 그런데 2012년 3월 말 '탈북 미녀들과 함께하는 스페셜 편'을 방송한 후 시청자 게시판이 후끈 달아오를 정도로 호평이 쏟아지자 탈북 여성들의 사연을 듣는 토크쇼로 탈바꿈했다. 북한 주민의 생활상과 드라마보다 더 드라마틱한 탈북 스토리를 공개하면서 자극적인 재미를 추구해온 예능계에 '착한 방송도 성공할 수 있다'는 신선한 바람을 몰고 왔다. 이 프로그램에 출연한 탈북 여성은 저마다 노래, 무용, 연주, 그림에 특출한 재능을 발휘한다. '북한 주민도 점을 볼까?', '북한 주민은 자녀교육을 어떻게 시킬까?' 등 북한에 대해 궁금한 사항들을 아주 쉽고 재미있게 시청자들에게 풀어서 설명해 준다. 이를 통해 시청자들은 북한 사회에 대해 이해하게 되었고 북한과 통일 문제에 대한 공감대를 형성했다.

통일 스토리는 영화, 드라마 이외에도 어린이와 청소년들에게 인기 있는 게임으로도 제작될 수 있다. 통일 스토리가 게임으로 만들어지기 위해서는 '게임 기획자'의 손을 거쳐야 한다. 게임 기획자는 PC 게임, 네트워크 게임 등 게임용 소프트웨어 제작과 관련된 모든 사항들을 총괄적으로 지휘하고 감독하는 일을 담당한다. 게임 시장조사 등을 통해 소비자들이 좋아하고 원하는 게임이 무엇인지를 파악하고, 새로운 게임 제작을 위한 아이디어를 구상하여 이에 대해 기획한다. 게임의 장르와 대상 연령층, 게임 난이도, 게임의 각종 캐릭터의 역할 및 특징, 기본적인 스토리 전개 등을 설정하고, 그래픽 디자이너, 프로그래머 등과 함께 본격적으로 게임 프로그램을 제작한다. 게임의 제작이 완료되면, 게임의 홍보와 마케팅 전략, 배급 등에 대한 계획을 수립하고 실행한다. 예를 들어 북한 경제 개발을 하나의 게임으로 만들 수 있다.

많은 미국 대학들은 '캐피탈리즘(Capitalism)'이란 경영 시뮬레이션 게임을 경영학 부교재로 많이 활용한다. 이 게임은 이름처럼 자본주의 경제 구조를 습득하며 게임을 해 나가는 것으로 구성되어 있다. 캐피탈리즘 이외에도 심시티와 같은 도시건설 게임도 있고 소셜미디어가 활성화되면서 '팜빌', '시티빌' 같은 경제 게임도 인기를 누리고 있다. 이 게임의 원리들을 북한에 적용하여 게임화 시킬 수도 있다. 북한의 도시들을 현대화 시키고 북한 농촌의 수확증대를 하는 게임을 만들어 보급해 보는 것도 가능하다. 이를 통해 게임을 만드는 이들이나 게임을 하는 이들 모두 북한이나 통일 문제에 대해 좀 더 적극적으로 접근할 수 있다.

통일 스토리 개발이 만들 '창작'

직업 변화 요인	세부 변화 요인	'창작'의 예
정부정책 및 법, 제도 도입	·문화컨텐츠 활성화를 위한 제도적 지원	·통일에 관련된 문화정책 관련 공무원 및 공공기관 종사자 ·통일관련 지적재산권 전문 변호사
가치관과 라이프 스타일	·문화산업의 팽창 ·감성의 시대 ·스토리텔링에 대한 욕구 증대	·스토리텔링 전문가 ·문화체험 컨설턴트
기업의 경영환경	· one soure multi use · 사업 다각화	·게임 기획 및 개발자 ·디자인 전문가 ·시나리오 작가 ·프로듀서
세계화 및 사회구조변화	·소재의 다양화 ·연령층 다양화	· 한국 문화 소개 코디네이터 · 아동-성인-노년층 시장 전문가
기술과 혁신	·디지털 미디어의 확대	· 북한·통일관련 영상 전문가

| 맑은 환경을 가꾸고 싶다면

환경 복원 프로젝트

황폐화된 북한

　북한 전체 면적중 74%가 산림이다. 하지만 북한의 산림은 황폐화되어 있다. 북한 산림의 황폐화는 북한 경제가 쇠퇴하던 1970년대부터 시작되었다. 당시 북한은 부족한 식량을 증산하기 위해 대규모의 산림을 농지로 바꿨다. 그리고 1990년대 이후 에너지난이 가중되어 북한 주민들이 나무를 땔감으로 이용하면서 산림의 황폐화가 가속화되었다. 〈농업생명과학연구〉제38권 3호에 따르면 북한은 1998년 기준으로 전체 753만 ha의 산림 가운데 21.7%인 163만 ha가 황폐지이며 이 가운데 개간 산지 비율은 60%를 차지한다. 산림뿐 아니라 수질 오염도 심각한 상황이다. 생활하수와 산업용수 정화시설에 대한 투자가 부족해서 정화를 거치지 않은 오염된 물이 그대로 강으로 흘러들고 있다.

　북한의 환경오염은 고스란히 북한 주민들에게 돌아간다. 매년 여름 비가 조금만 와도 쉽게 산사태가 나고 강물이 범람한다. 논과 밭이 물에 잠기는 것은 물론 마을과 도시가 침수되는 일이 다반사다. 결국 부실한 조림(造林)과 허술한 관계시설이 화를 부른 셈이다. 그리고 식량증산과 땔감을 위한 벌목이 오히려 매년 '물폭탄'의 재앙을 가져다주어 농업 생산력을 약화시키고 주택과 살림살이를 유실하는 결과를 만들었다. 그리고 오염된 물로 인해 각종 질병이 창궐하고 있다. 황폐해진 토양을 복원하기 위해서는 홍수 대비책, 나무 심기, 방제, 그리고 유기비료 사용이 그 대책일 수 있으나 현재 북한은 경제난 등으로 환경오염을 개선하는데 큰 신경을 쓰지 못하고 있다.

환경이 돈을 만든다

북한과 같은 저개발국가들이 환경문제를 거의 방치하고 있는 반면 이미 선진국에서 환경은 경제 그 자체이다. 미국의 제너럴일렉트릭(GE)은 1977년 폴리염화페비닐(PCB) 생산 및 사용이 금지되기 전까지 수십 년 동안 뉴욕 허드슨 강에 오염 물질을 방류하여 환경오염의 주범이라는 오명을 갖고 있었다. 제프 리이멜트 GE 회장은 '환경'이라는 메가트렌드(Megatrend)를 미리 읽고 환경을 비용의 관점이 아닌 사업기회의 측면에서 과감한 결단을 하게 되고, 2005년 지구촌이 당면한 환경문제를 해결하는 새로운 친환경 전략을 만들었다. 이름 하여 에코메지네이션(Ecomagination)이다.

에코메지네이션(Ecomagination)은 'Ecology'의 'Eco'와 'Imagination at work(상상을 현실로 만드는 힘)'의 'Imagination'을 합쳐 만든 신조어다. 이멜트가 이 때 내세운 신조어는 "Green is green(녹색이 돈이 된다)" 그린은 친환경을 뜻하는 동시에 녹색의 미국 지폐를 상징한다. 하지만 처음 이 전략은 임직원들조차 반신반의했다. 기업이

하는 환경 사업을 사회공헌활동 정도로만 생각한 탓이다.

그러나 CEO의 강력한 의지가 실리면서 이 전략은 빠른 속도로 실행됐다. 고객의 환경에 대한 높아진 욕구를 충족시키고 사업 성장에 기여하는 친환경 및 에너지 효율이 높은 제품의 개발에 착수했다. GE는 이후 6년간 50억 달러를 에코매지네이션 기술과 제품 개발에 쏟아 부었고 에너지 효율을 높인 가전제품, 유기발광다이오드(LED), 풍력발전기, 녹색금융 등을 만들었다. 이런 제품이 처음 17개로 시작해 140여 개가 됐다. 친환경적이면서 비용도 줄여준다는 장점이 부각되며 이들 제품의 매출은 쑥쑥 늘었다. 2011년까지 누적 매출만 850억 달러를 기록했고, 관련 제품의 매출 성장 속도도 일반 제품에 비해 두 배가량 빠르다. 반면 이산화탄소 배출량과 물 사용량 등 기업 활동이 환경에 미치는 영향은 20%나 줄었다. GE는 환경 분야 시장에서 청정혁신과 기술을 바탕으로 새로운 도전을 했고, 그 열매를 맺었다. GE의 사례는 외국이나 글로벌 기업에만 해당되는 것이 아니다. 황폐해진 북한에도 동일하게 적용될 수 있다. 그리고 이 과정에서 환경과 관련된 새로운 직업이 나올 수 있다.

환경 복원을 통해 나오는 직업

지구 온난화로 인한 기후변화로 우리나라를 비롯하여 미국, 영국 등 세계 각국이 대책 수립에 골몰하는 가운데 새롭게 주목받고 있는 직업인이 '기후변화 전문가'다. 이들은 점점 더 빨라지는 기후변화 속도를 완화해 급격한 기후변화에 따른 이상기온 및 자연재해에 의한 피해를 최소화시키고 시민들이 기후변화에 적응할 수 있도록 한다.

이를 위해 기후 변화에 따라 수자원, 농산물, 육상 및 해양 생태계, 인간의 거주지 및 건강 등에 관한 기후변화 영향평가를 수행하며 이를 토대로 관련 공무원들이 기후변화 및 도시시설 개발과 관련된 정책을 개발할 수 있도록 조언하며 함께 협의한다. 북한 평양에 집중호우가 발생했을 때 집중호우가 기후변화에 의한 것인지를 분석하고 나무를 더 심거나 강의 둑을 높이는 등 해결책을 제시한다. 온실가스 배출량의 감소를 위해 시민참여 방법을 개발하고 홍보하거나 기업과 연계하여 고효율 에너지시설 및 장비개발, 보급사업 등을 촉진하는 것도 이들의 몫이다.

그리고 '탄소배출권 거래제도'는 북한의 환경 복원에 희망을 줄 수 있다. 교토의정서에 따라 각 나라들은 감축량을 초과해 달성하면 초과 감축량을 거래할 수 있도록 하는 탄소배출권 거래제를 도입하고 있다. 이에 따라 국가 간 또는 기업 간 탄소배출권 거래를 중개하는 '탄소배출권 거래중개인'이라는 직업이 나타났다. 탄소배출권 거래중개인은 주식중개인처럼 탄소배출권 시장에서 판매자와 구매자 사이를 연결하여 탄소배출권 거래를 중개하는 일을 한다. 이들은 판매자와 구매자의 네트워크를 확보하고, 배출권 거래가격에 대한 적정선 및 거래 시 발생할 수 있는 위험요소 등을 파악하여 최적의 가격과 거래시점을 선택해 판매자와 구매자 모두를 만족시키는 거래를 성사시키는 역할을 한다.

만약, 북한이 탄소배출권 거래제도에 따라 사업을 하게 된다면 북한은 홍수와 가뭄 등의 수해예방은 물론, 자연환경 개선을 통한 삶의 질을 향상시키는 결과를 얻을 수 있다. 북한의 농업 정상화를 통한 경제 발전, 추가적인 황폐화 차단을 통한 환경복원비용 최소화 등 북한

황폐지에 대한 대책을 사전에 마련함으로써 통일 비용 감소 효과도 있다.

또한 많은 북한 기업들에 환경 경영 문화를 조성할 수 있다. '에코 디자인 컨설턴트'로도 불리는 이들은 기업이 친환경제품을 설계하는 데 조언을 해주는 사람이다. 고객인 기업의 담당자와 함께 상품기획, 제품설계, 생산, 마케팅 등 단계마다 친환경 여부를 진단하며 아이디어를 도출하고 대안을 분석·평가하여 상세한 제품설계를 지원한다. 이 밖에 이들은 이 분야의 전문가를 양성하기 위한 교육을 수행하거나 디자인과 관련된 소프트웨어 개발, 그리고 환경성적표지 인증 등을 위한 컨설팅 업무도 한다.

이제 '우리강산 푸르게 푸르게'는 유한킴벌리의 공익 캠페인을 넘어 한반도를 푸르게 하고자 하는 환경 사업가들의 역할로 바뀌어갈 것이다.

환경 비즈니스 관련 '창직'

직업 변화 요인	세부 변화 요인	'창직'의 예
정부정책 및 법, 제도 도입	·친환경 규제 확대 ·다양한 분야에 환경관련 규정 제정 (탄소비즈니스 등)	·북한 환경정책 전문 공무원 ·한반도 환경정책 연구자 ·기후변화전문가
가치관과 라이프 스타일	·환경에 대한 인식 증대 ·친환경 제품 선호 ·쾌적한 생활환경 추구	·환경 마케팅 전문가 ·에코 여행 전문가 ·환경 NGO 활동가
기업의 경영환경	·친환경 경영 ·환경사업 다각화	·에코 디자이너 ·에코 시장조사 전문가 ·환경 컨설턴트
세계화 및 사회구조변화	·글로벌 환경시장 형성 ·환경교육 대중화	·탄소배출권 거래중개인 ·환경교육 전문가
기술과 혁신	·첨단 기술을 통한 환경산업 확대	·환경기술 엔지니어

| 글로벌 인재를 키우고 싶다면

북한의 외국어 교육

북한의 영어 열풍

한국은 영어 공화국이다. 연간 영어 사교육비에 쏟아 붓는 돈이 수조 원에 이르며 영어를 습득하기 위해 조기 유학도 마다하지 않는다. 한국 내 명문학교인 민족사관고등학교는 영어를 배우는 이유를 이렇게 설명하고 있다.

"English is only a tool to raise Korea to the highest level by accommodating diverse civilizations and cultures in accordance with Korean tradition. English-Only Policy is merely a means, not an end in itself."
"영어는 앞서간 선진 문명 문화를 한국화하여 받아들여 한국을 최선진국으로 올리기 위한 수단이며 그 자체는 결코 학문의 목적이 아니다."

그렇다면 미국과 적대적 관계를 맺고 있는 북한은 어떨까? 북한도 역시 영어를 배우고 있다. 북한의 명문 평양모란봉 제1중학교 어학실에는 이런 문구가 쓰여있다.

'Foreign Language is a weapon for the life and struggle.'
'외국어는 삶과 투쟁을 위한 무기.'

선택된 소수이긴 하지만 북한 학생들도 시대의 흐름에 맞추어 영어와 컴퓨터 학습에 열심이다. 과거 북한은 영어가 익숙하지 않은 영어교육 교사들에 의존할 수밖에 없었다. 그러나 최근에는 영어능력 향상을 위해 캐나다, 뉴질랜드 등의 비정부기구(NGO)가 지원해 모집한 자원봉사자들을 적극 활용하고 있다. 캐나다 NGO인 MCC(Mennonite Central Committee)는 북한당국의 승인을 받아 북한 중학교에서 영어를 가르치고 있다. 또한 영국문화원은 평양에서 정기적으로 북한 대학 교원들에게 영어를 가르치고 있다. 북한의 교원들은 영국 케임브리지대학이 개발한 영어 교재로 교육을 받고 있으며 원어민 강사로부터 교육을 받는 교원들은 다시 학생들(주로 평양과 지역중심도시)을 교육한다. 이 같은 원어민 강사들의 초빙확대는 북한 교원과 학생들에게 부분적으로나마 외부 문화와 정보를 접촉할 수 있게 하는 좋은 기회를 제공하고 있다.

북한 평양 제1중학교의 영어 듣기 수업

어학 교육을 통한 창직

시대의 흐름에 맞춰 영어 교육에 대한 북한의 관심은 더 커질 수밖에 없다. 앞으로 더 많은 원어민 강사들이 북한에 들어갈 것이며 특히 영어권 국가에 거주하는 한국계 교포들의 역할도 커질 것이다. 하지만 통일의 과정에 북한의 영어 교육은 남한이 갖고 있는 인프라를 활용하는 것이 가장 효과적인 방법이다. 한국은 이미 영어공화국이지 않은가? 이를 통해 한국의 영어교육 노하우와 세계화 감각을 전해 줄 수 있다. 이 과정에서 영어와 관련된 여러 직업들이 생겨날 것이다.

대표적인 것이 영어 교재 및 교구 개발자다. 코엑스 등에서 수시로 개최되는 교육산업 박람회에는 영어 학습에 관한 첨단 교재들이 개발되어 등장한다. 단어에 펜을 찍으면 발음을 들을 수 있도록 한다거나 이야기 책을 학습기에 가져다 놓으면 동영상과 함께 이야기를 들을 수도 있는 교재도 있다. 이렇게 장난감과 같은 각양각색의 교구재는 교재 및 교구 개발자에 의해서 만들어진다.

이들은 소비자 상담과 설문을 통해 프로그램이 선정되면 아이들에게 가장 효과적으로 전달할 수 있는 교육 이론을 정하여 전문가의 조언과 함께 교재 및 교구 개발에 들어간다. 소비자를 배려한 맞춤형 기획이다. 이 과정에서 교재 및 교구의 형태와 재료 선정까지 이루어지며, 마지막으로 상품이 아이들에게 어떤 영향을 미치는지 알아보는 시뮬레이션 작업까지 진행한다. 교육 대상자에게 흥미와 호기심을 불러일으키는 교재 및 교구는 다양한 형태와 신소재를 이용하거나 독특한 조작법을 가지고 있다. 교육도 패션과 같이 유행이나 트렌드를 쫓는 시대다. 특히 북한의 영어 학습자들에게는 북한과 한민족이라는 환경을 영어 학습에 반영하여 가르칠 수도 있다.

북한 영어교육과정에서 나오는 또 다른 직업은 IT 기술과 접목된 '사이처'다. 인터넷을 통해 원하는 과목을 수강신청하고 원하는 시간에 언제든지 공부하는 것은 이제 보편화되었다. 초·중·고등학생뿐만 아니라 대학생, 일반인들까지 널리 인터넷 학습사이트를 이용하고 있다. 사이처는 바로 이런 온라인 학습 사이트에서 교육 프로그램을 통해 학습을 도와주는 사람이다. '사이버(Cyber)'와 '티처(Teacher)'의 합성어인 사이처(Cycher)는 인터넷 교사 또는 웹 교사로도 불린다. 이들은 온라인상으로 회원들과 학습 내용 및 질문에 대해 상담하고, 시청각 자료를 활용하여 화상 수업을 진행하기도 한다. 또한 출석 체크, 과제검토 등을 통해 회원들을 평가하여 학습이 부진한 학생에게는 추가 학습 정보를 제공한다. 종래의 일방적인 학습전달방식인 온라인 교육이 아닌 회원을 관리하고 학습동기를 부여해주는 쌍방향 교육을 하는 것이 사이처의 역할이다.

북한 영어 교육 사이처는 재택근무도 가능하기에 굳이 북한에 갈 필요가 없다. 북한 전역에 먼저 인터넷 통신망을 구축하고 사이버 교육 시설을 갖추어 놓으면 북한의 학생들은 각급 학교에서 인터넷을 통해 남한의 영어 사이처들을 만날 수 있다. 특히 청년 실업난이 문제가 되고 있는 남한에서는 청년 인력들을 북한 영어 교육 사이처에 활용할 수 있다. 북한 학생들은 배우고 남한 청년들은 가르치면서 자연스럽게 서로 교감도 할 수 있다.

북한 외국어 교육 관련 '창직'

직업 변화 요인	세부 변화 요인	'창직'의 예
정부정책 및 법, 제도 도입	·교육관련 분야에서의 대북규제 완화 ·북한 어린이·청소년 교육지원 법률제정	·북한 교육정책 연구자
가치관과 라이프 스타일	·북한에 외부정보 유입 ·북한사람들의 자녀 교육에 대한 욕구 ·기존 러시아어 중심에서 영어, 중국어로 외국어교육의 중심이동	·외국어 컨텐츠 기획자 ·외국어 교사 ·외국어 교육기관 운영자
기업의 경영환경	·글로벌 인재의 필요	·외국어 교육시장 조사 전문가
세계화 및 사회구조변화	·북한을 방문하는 외국인 증가 ·외국을 방문하는 북한 사람 증가	·원어민 강사 관리 에이전트 ·해외파견 프로그램 기획자 ·외국인 홈스테이 운영자
기술과 혁신	·첨단 학습장비를 활용한 교육	·어학학습기 개발자 ·원격 교육프로그램 운영자

| 치유와 쉼의 공간을 구성하고 싶다면

의료관광

태국의 의료관광

태국 방콕의 범룽랏병원은 최첨단 의료설비와 호텔급 시설을 갖추었다. 직원 2,000명 중 700명이 의사다. 환자 1인당 2명의 간병인을 배치하고 입원환자 가족을 위해 레지던스를 빌려준다. 외국인 환자를 위해 영어, 한국어, 일본어 등 14개 국어로 상담과 홍보를 진행한다. 태국정부가 공식집계는 하지 않지만 매년 200만 명에 육박하는 의료관광객을 유치한 것으로 보고 있다.

태국은 1997년 외환위기 직후 민간병원의 43%가 존폐의 기로에 처하자 정부가 앞장서서 의료관광을 지원하기 시작했다. 의료관광은 진료를 위해 국경을 넘는 것을 말한다. 암·심장병 수술 등 중증 환자가 치료 만을 목적으로 움직이기도 하고 비교적 짧은 단기 방문기간 중 성형, 피부 관리, 건강검진 등 의료 서비스와 관광을 한 번에 즐기기도 한다. 태국은 선진국 수준의 의료 서비스와 저렴한 의료비, 신속한 진료와 치료 등을 무기로 의료 서비스와 휴양, 레저, 문화 활동을 결합한 새로운 영역을 개척했다.

의료관광에 대한 규제는 거의 없다. 의료시장을 개방해 외국인이 태국 병원 지분의 49%까지 보유할 수 있고, 영리활동과 가격에 대한 규제도 없어 대형 병원의 경우 외국 전문경영인이 시장원리에 따라 우수 의료진과 시설을 확보하고 고급 서비스를 제공하는 대신 높은 수익을 거두고 있다. 별도의 의료비자도 필요 없고 비자면제협정 대상국 이 외의 나라에서 온 환자에게는 공항에서 비자를 발급해 준다. 또 출입국관리소 직원이 1주일마다 주요 병원을 방문해 비자연장도 해 준다.

북한에도 의료관광을

의료관광은 무형의 서비스 상품을 파는 것으로 물건을 팔아 외화를 버는 다른 산업보다 파생효과가 크다. 환자를 동반해 오는 보호자의 체류비용과 쇼핑·관광·문화상품 등 진료비 외에 벌어들이는 소득이 크고 입소문이 나면 폭발적으로 성장할 가능성도 높다. 한국은 자본주의 국가지만 의료제도는 각종 규제로 묶여 있어 의료기관들이 발 빠르게 해외시장에 진출하기도 어렵고 외국 환자들이 국내외에서 들어와 진료와 시술을 받는 것도 어렵다.

만약 남북한 교류가 활성화되거나 통일의 길목에서 북한이 영리병원을 받아들이고 북한의 관광자원을 활용한 의료관광 서비스를 활용하는 것은 어떨까? 물론 북한은 경제적으로 낙후되어 있고 사회주의 시스템으로 의료관광을 하기도 힘들고도 무엇보다 일명 고려의학이라 부르는 북한의 의료수준이 그렇게 높지가 않다. 하지만 반대로 의료관광을 잘 활용한다면 제도적인 보완과 대규모 시설투자로 북한 경제를 활성화시킬 수 있고, 북한의 의료와 관련 서비스 수준도 높일 수 있다. 관광지인 북한 강원도 지역의 금강산과 원산 지역을 한번 보자. 남한의 자본으로 대단위 '의료 콤플렉스(Medical Complex)'를 구축하고 남한의 전문 인력과 기술을 받아들인 뒤 중국, 일본 등지의 의료 관광객을 유치한 뒤 의료 콤플렉스에서 의료 시술을 하고 금강산과 원산 관광을 동시에 하는 방법이다. 의료관광객의 접근성을 원활하게 하기 위해 원산에 비행장도 건설할 수 있다. 남한에서 가기 위해서는 경원선과 동해 북부선과 같은 철도도 복원할 수 있다. 아울러 남한의 의과대학 분교 및 의료관광 전문 아카데미를 설치해 북한의 의료 인력을 교육시켜 전문화, 국제화된 인재도 양성할 수 있다.

이런 직업이 생긴다

의료관광의 핵심 인력은 바로 의료관광 코디네이터다. 의료관광 코디네이터는 외국인 환자가 국내에 입국했을 때부터 진료, 그리고 귀국 후 의료 및 관광에 대한 편의사항 등을 지원하는 업무를 수행하는 사람이다. 외국인 환자의 체류 시 발생하는 관광지 예약, 항공권 예약, 렌트 등의 부대업무도 수행하며 성형이나 비만 등 다른 병원의 진료를 원할 경우 연계해 주거나 직접 예약해 주기도 한다.

의료관광에 외국인을 주로 상대하는 것이기에 의료통역이 많이 필요하다. 외국인 환자와 의료진 사이에 언어 통역서비스를 제공하는 사람이 의료통역사다. 의료통역사는 환자가 궁금해 하는 것을 정확히 설명함으로써 타국에서 진료를 받는 외국인 환자의 불안감을 감소시키고, 환자의 병적 상태와 심리 상태, 성격 등을 파악하여 그것을 의료진에게 정확히 설명하는 업무를 수행한다. 의료통역사가 되기 위해서는 외국어 능력이 필요하다. 최근에는 외국인 환자가 많은 러시아를 비롯한 극동지역과 중동지역의 언어에 대한 수요가 급증하고 있다. 단순히 언어능력이 아닌 현지 문화권에 대한 어휘와 용어 등 관련 나라의 문화에 대한 이해가 수반되어야 한다. 이와 더불어 환자와 의료진 사이에서 의사소통이 가능해야 하기 때문에 의료지식 및 의학용어를 이해해야 한다.

의료관광의 활성화를 위해서는 환자 유치를 위한 대외적인 마케팅이 필요하다. 이때 이 일을 하는 사람들이 바로 의료마케팅 전문가다. 이들은 외국인 환자를 상대로 하는 중·대형병원에서 주로 근무하며 외국인 환자유치를 위한 홍보·마케팅·기획 등의 업무를 수행한다. 홍보를 위한 국제컨퍼런스 등의 마케팅 활동을 하면서 동시에 외국인 환자의 진료수가 체계를 조정하고, 보험료 및 진료비를 산정하며, 의료사고 및 의료분쟁이 발생했을 때, 이를 조정하고 해외 기관과의 국제협력 등을 담당한다.

북한 의료관광 부문 '창직'

직업 변화 요인	세부 변화 요인	'창직'의 예
정부정책 및 법, 제도 도입	·북한 당국의 해당지역 의료특구 지정 ·남한기업과 의료기관의 투자에 대한 법적 보호	·북한 의료정책 연구자 ·보건의료 관련 법률 전문가
가치관과 라이프 스타일	·의료와 관광의 융합화 ·고급의료 혜택을 받고 레저를 즐기고픈 욕구	·북한 의료관광상품 기획자
기업의 경영환경	·의료기관의 기업화	·의료관광 산업 컨설턴트 ·의료관광 교육 전문가
세계화 및 사회구조변화	·건강관리를 위해 외국을 찾는 환자들의 증가 ·중상류층의 차별화된 의료소비 욕구	·의료관광 통역사
기술과 혁신	·첨단 의료기기 개발 ·첨단 의약품 개발	·동서의약학 융합 전문가 ·의료기기 개발자

| 창조적인 비즈니스를 꿈꾼다면

Win-Win의 경제협력

남북합작 애니메이션 '뽀로로'

누구나 만화 속 캐릭터를 보고 꿈과 희망을 가져 본 적이 있을 것이다. 미키마우스, 둘리, 머털도사, 텔레토비가 그러했듯 지금 어린이들의 최고 캐릭터는 '뽀로로'다. 요즘 아이들은 뽀로로가 그려지거나 새겨진 물건들을 몇 개씩 갖고 있다. '뽀로로'의 매력은 캐릭터에서 나온다. 주인공 뽀로로는 머리에 조종사 모자와 고글을 쓴 2등신 펭귄이다. 날개가 있어도 날지 못하는 펭귄의 안타까운 숙명에 조종사의 꿈을 덧입혀준 것이 귀엽다. 그밖에 여우나 곰, 새, 공룡 등 다양한 동물들이 둥글둥글한 모습으로 등장하는데, 이들이 아기자기하게 살아가는 공간이 눈으로 가득 찬 곳이라는 설정도 매우 흥미롭다.

뽀로로 애니메이션 작품의 일부는 남북 합작으로 만들었다. 북한은 인건비가 낮으면서도 애니메이션 작업을 할 수 있는 인력들이 있다. 뽀로로 시즌 1에서 9편, 시즌 2에서 5편, 총 14편의 제작에 북한의 삼천리총회사가 참여했다. 왜 인기 애니메이션을 북한과 함께 만들었을까? 그것은 경제적인 이유 때문이다. 애니메이션 색채 작업은 노동집약적이다. 밑그림이 많을수록 생생한 화면이 만들어진다. 북한은 이미 1980년대 후반부터 서유럽의 만화영화 하청을 맡아 작업한 바 있다. 2000년대 들어와 라이언 킹을 비롯한 미국의 인기 애니메이션의 하청 생산도 담당했다. 뽀로로 역시 마찬가지다. 남측의 자본과 기술, 그리고 북측의 저렴한 노동력이 결합했다. 호혜적 남북 경제 협력 사업이다. 남북 경제 협력은 한쪽만 이익을 얻고 한쪽은 희생하는 일방적인 관계가 아닌 상호 이익이 되고 창조적인 비즈니스가 요구된다. '뽀로로'처럼 말이다.

창조적인 사업 구상

금융 및 경제현상에서 일어나는 여러 문제들을 수학 및 통계이론의 접목을 통해 해결하고자 하는 학문을 '금융공학'이라 한다. 이 금융공학은 1973년 골드만 삭스에서 일하던 피셔 블랙과 마이런 숄스 교수가 '옵션 가격 결정 이론'을 발표하면서 발전하기 시작한다. 이 이론은 위험 없이 수익을 이자율 이상 올릴 수 없다.'는 가정 아래 옵션의 가격이 만족하는 방정식을 유도했다. 하지만 놀라운 것은, 이 방정식이 물리학의 열전도 방정식과 유사한 형태를 가지고 있으며, 이미 물리학자들이 100여 년 전에 유사한 이론을 만들었다는 것이다. 금융공학은 이렇게 수학, 물리학, 경제학의 경계가 무너지며 시작되었다.

1980년대 들어서는 미 우주항공국 (NASA) 출신의 물리학자들이 금융가의 중심인 월스트리트에 적극적으로 진출했다. 이는 소련을 중심으로 하는 사회주의 국가와의 군사패권 경쟁으로부터 한 발 물러선 미국에서 물리학 박사들의 일자리가 줄어들게 된 것과, 월스트리트에서 계량 분석의 수요가 증가한 시기가 잘 맞아 떨어졌기에 일어난 일이다. 즉, 사회주의의 쇠퇴가 월스트리트에 금융공학이라는 새로운 붐을 갖고 온 셈이다. 이때부터 본격적으로 주가, 환율, 금리 등 복잡한 경제 현상을 설명하는데 물리학자들이 고안해 낸 방법론이 적용되기 시작했다. 현재 북한의 핵, 첨단무기 개발 등 국방관련 인력들이 있다. 이들은 통일의 과정에서 인력 재배치의 과정을 거칠 것이다. 어쩌면 동구권 사회주의 국가처럼 경쟁에서 밀린 인재들이 실업의 늪에 빠져들 수도 있다. 결국 문제는 어떻게 창조적인 일들을 만드느냐에 있다.

아이디어 컨설턴트

세상에는 창조적인 생각을 현실로 만드는 일을 전문으로 하는 사람들이 있다. 바로 '아이디어 컨설턴트'다. 아이디어 컨설턴트는 새로운 제품이나 서비스를 구상하고, 머릿속으로 구상한 것들을 실물로 구체화시키는 일을 한다. 즉, 보이지 않는 것들을 보이게 하는 사람이 '아이디어 컨설턴트'다. 기존 경영컨설턴트와 가장 구별되는 특성은 '혁신'이란 과정을 통해 소비자를 중심으로 제품이나 서비스를 진단하고 기획한다는 것이다. 시장에서 수익성을 높이는 것도 중요하지만, 기존의 제품과 서비스와는 차별화된 고객 중심의 가치를 낼 수 있도록 혁신적인 제품 및 서비스를 구성하고 구체화시키는 역할을 한다.

아이디어 컨설팅 과정은 고객이 요청한 프로젝트에 따라 차이가 있지만, 일반적으로 새로운 상품 및 서비스의 콘셉 개발, 소비자 경험 개선, 미래 시나리오 도출 등으로 나눌 수 있다. 쉽게 말하면 '새로운 신용카드 서비스에는 어떤 것이 있을까?', '10년 뒤 스마트폰은 어떻게 변할까?', '소비자들은 친환경 상품을 어떻게 생각할까?' 등에 대답하는 과정이다. 양질의 아이디어는 쾌적한 환경에서 나올 가능성이 높기 때문에 즐겁고 자유로운 환경에서 일하는 것이 좋다.

아이디어 컨설팅은 상상력과 창의성이 생명이다. 기존의 방식이나 틀에서 변화를 추구할 수 있어야 하고, 사회의 변화와 트렌드에 민감해야 할 필요가 있다. 특히 통일을 준비하는 아이디어 컨설턴트는 북한에 대한 이해, 북한 사람들의 특성들을 잘 파악해 남북이 융합하여 시너지를 낼 수 있는 아이디어를 창출하는 것이 중요하다.

증강현실 엔지니어

미디어 아티스트인 마크 스트와렉(Mark Skwareck)은 2011년 스마트폰의 렌즈를 통해 물리적 경계표들을 제거하는 증강현실 예술 작업 시리즈, erasAR 프로젝트의 일환으로 한반도의 분단 역사 지우기를 시도했다. 그의 통일 프로젝트는 증강현실을 이용해 비무장지대를 없애고 본래 상태로 대체함으로써 남한과 북한을 통일한다. 스와트렉은 이 프로젝트의 의미를 "한국인들에게 통일된 한국을 볼 수 있게 함으로써 통일로 가는 과정을 돕기 위한 것이다."라고 설명했다.

그는 테크놀로지를 활용해 현실이 아닌 가상의 공간에서 비무장지대의 자연풍경을 바꿔 놓는다.

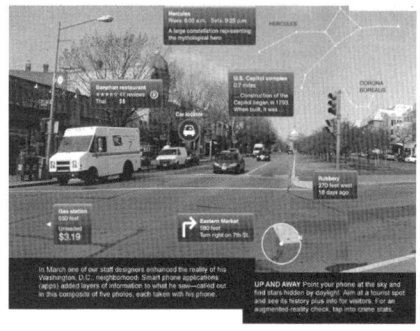

미국 워싱턴 D.C 거리에 대한 증강현실

'증강현실(AR : Augmented Reality)'은 모니터나 스크린, 액정 등 '화면'을 통해 눈으로 보는 현실세계에 정보나 가상현실을 합성함으로써 각종 편의를 제공하는 기술이다. 그런데 공상과학영화나 소설 속에서만 등장하던 이 기술이 스마트폰의 보급과 더불어 보편적인 현실이 되었다. 눈을 대신해 스마트폰 카메라에 내 위치를 비추면 액정 상에서 가장 가까운 편의점, 약국, 음식점 등의 위치를 확인할 수 있다. 또 마트에서 식품을 살 때 스마트폰 카메라로 QR 코드를 찍으면 제조공정이나 요리법이 동영상으로 나오고, 경주여행을 하다가 첨성대를 비추면 첨성대에 얽힌 이야기들이 그래픽으로 재현된다.

앞으로 증강현실은 여행, 의료, 게임, 쇼핑, 출판, 군수분야 등에 다양한 방식으로 적용돼 편의성, 재미(체험), 안전, 효율 등을 제공함으로써 일상생활을 획기적으로 변화시킬 것으로 기대된다. 특히 통일과정에서 북한 개발을 위한 설계를 하거나 남북한이 상호 이해하는데 많은 도움을 줄 것이다. 이러한 증강현실 기술의 실용화는 컴퓨터와 씨름하는 '증강현실 엔지니어'의 노력이 있기에 가능하다.

창조적인 비즈니스가 만들어 낼 '창직'

직업 변화 요인	세부 변화 요인	'창직'의 예
정부정책 및 법, 제도 도입	· 창업 활성화를 위한 법적, 제도적 지원	· 북한과 남북경협 및 산업정책관련 공무원 증가
가치관과 라이프 스타일	· 위험을 이겨내는 기업가정신 · 실용적인 가치소비	· 기업가정신 연구자 · 소비자행동 분석가
기업의 경영환경	· 새로운 성장 사업 모색 · 업종과 업태의 다변화 · 고부가가치와 임금 합리화를 경쟁력 확보를 위한 전략	· 아이디어 컨설턴트 · 기업혁신 전문가
세계화 및 사회구조변화	· 국경을 초월한 경제전쟁 시대 · 사회가 다원화 되면서 다양한 직업군 생성	· 글로벌 헤드헌터 · 시니어(노령층)산업 전문가
기술과 혁신	· 기술혁신을 통한 상품의 개발 · 운영혁신을 통한 경쟁력 향상	· 증강현실 엔지니어 · 마이크로 크레딧 전문가

통일의 날에 떠오를 'Hidden Job' BEST 10

지금 소개되는 10개의 직업은 당장 통일과 직접적인 연관이 거의 없다. 하지만 통일 과정과 그 이후 사회적인 필요가 더욱 증대될 직업들이다. 통일 한국의 숨겨진 직업들(Hidden Job)인 셈이다. 많은 숨겨진 직업들이 있겠지만 여기서는 비교적 예측 가능한 10여 개의 직업을 제시한다.

1. 통계전문가

숫자와 공식으로 이루어진 통계는 왠지 모르게 딱딱하다. 영어로 표현하면 'It's so boring(좀 지루해요!)' 정도 될 듯 싶다. 하지만 통계가 없으면 우리 생활은 좀 불안할 것 같다. 일기예보·여론조사·스포츠 분야 등 헤아릴 수 없을 정도로 많은 통계 지표가 이미 우리의 생활 속에 자리 잡고 있다. 일기예보는 확률과 통계를 바탕으로 미래의 날씨를 예측해 주며 실생활에서 없어서는 안 될 중요한 정보가 되었다. 선거철이 되면 각 정당은 통계기법을 활용한 여론조사를 바탕으로 국민들의 생각을 예측하고 정책을 수립한다. 틀리는 경우도 많지만 말이다. 스포츠에서도 통계는 깊게 자리잡고 있는데 가장 많이 사용되는 분야는 야구다. 선수의 타율, 타점, 방어율, 도루 성공률 등 많은 부문에서 통계를 사용하여 감독은 작전을 하고 관중은 야구를 좀 더 재미있게 즐긴다.

통계는 오늘날의 이야기만은 아니다. 중국의 삼국지에는 제갈공명이 동남풍을 이용한 화공 작전으로 양쯔강 남안에 있는 적벽에서 소수의 군사로 조조의 백만 대군을 섬멸시키는 장면이 나온다. 이것이 그 유명한 적벽대전이다. 공명은 자신이 몸소 익혔던 기후 통계를 이용한 셈이다. 통계는 때로 오남용되거나 악용되기도 한다. 흔히 통계를 비꼴 때 이런 말을 한다. '세상에는 세 가지 거짓말이 있다. 거짓말, 새빨간 거짓말, 그리고 통계가 그것이다.' 통계에 대한 불신을 아주 함축적으로 표현한 말이다.

통계는 크게 세 가지 방법에 의해 잘못 사용된다. 첫째는 통계를 만드는 주체가 의도적으로 왜곡 조작하여 속이는 방법이고, 둘째는 그들 자신들도 모르게 사용한 잘못된 기법에 의해 틀린 통계를 생산하는 경우이며, 셋째는 통계의 숫자를 보고 받아들이는 사람들에 의해 본래의 뜻과 다르게 해석이 된다. 통계가 편리한 점도 있지만 우리 주변에는 '나쁜 통계'도 많아 사람을 혼란케 하거나 잘못된 의사 결정에 빌미가 되기도 한다.

그렇다면 북한은 어떨까? 북한의 통계는 더욱 신뢰하기 힘들다. 북한 뿐 아니라 과거 사회주의 국가들은 '통계'에 큰 관심을 보이지 않았다. 따라서 통계조사도 부실했고 그 내용도 지나치게 과장되기도 했다. 1950년대 중국의 대약진운동도 결국 부실한 통계와 그에 대한 판단 부족에서 일어났다. 흉년이 들었는데 풍년이 들었다 하고 생산량은 떨어지는데 늘 생산량 초과 달성을 입에 달고 다녔다. 결국 돌아온 것은 수백 수천만 명의 아사와 영양실조였다. 북한 역시 경제난을 겪고 난 뒤부터 국가 통계조사는 거의 엉망이었다. 통계조사를 할 수 있는 여력도 없었고 인력과 기술 또한 부족했다. 그래서 북한 주요 매체들은 거의 통계지표를 이야기하지 않고, 아주 추상적인 개념으로만 말한다. 탈북민들이 남한에 오면 남한의 신문과 방송에 나오는 화려한 통계그래프를 보고 놀란다. 북한에서는 그런 자료를 접해 보지 않았기 때문이다. 로동신문과 민주조선에 나오는 정치면을 읽거나 사회 동정을 다루는 것이 신문 읽기의 전부였던 것이다.

앞으로 북한의 통계는 아주 기초적인 부분부터 시작해야 한다. 인구센서스와 같은 기본적인 통계에서 산업 통계, 소비자 통계 같은 부분까지 거의 모든 분야에 통계를 활용해야 한다. 통계 전문가는 남북통일의 기초를 닦는 전문가라고 할 수 있다. 공교롭게 '통일(統一)'과 '통계(統計)'는 같은 한자인 '거느릴 통(統)'을 사용한다. 통계 전문가는 계량화된 자료를 수집하여 집계, 도표화, 해석하는 기술의 전문가이며 조사계획의 입안, 설계, 자료의 분석, 평가 등을 담당한다. 통일 통계 전문가는 북한과 통일 문제에 대해 측정할 수 있는 모든 것을 측정하는 사람이다. 통계 업무 중에서도 특히 컴퓨터를 사용하여 각종 데이터를 체계적으로 수집, 정리, 가공 및 입력하는 데이터베이스 업무는 남북을 하나로 잇는데 가장 필요한 업무다.

2. 중독치료전문가

1980년대까지 강원도 정선·태백 지역은 한국을 대표하는 탄광지역이었다. 하지만 석탄 산업이 쇠퇴하면서 자연스레 사람들이 떠나고 지역사회도 침체되었다. 이때 정부와 지역 시민사회에서 지역 활성화를 위해 내놓은 것이 국내 유일의 내국인 출입 카지노인 '강원 랜드'다. 강원 랜드는 관광객 유치하고 지역 경제를 어느 정도 살아나게 하는 효과도 있었으나 반면에 과도한 카지노 이용으로 '도박중독' 현상도 적지 않게 나타났다. 도박에 중독된 사람들은 개인은 물론 가정까지 해체되는 경우가 많다.

'중독'이란, 습관성 질환으로 어느 한 가지에 빠져 그 행동을 반복함으로 인해 원치 않는 결과를 초래하는 것을 말한다. 우리 주변의 중독은 도박만 있는 것이 아니다. 사람의 내면을 병들게 하고 인간관계마저 무너뜨리는 중독은 사소한 것에서 시작한다. 사람들은 현실 속에서 무력감을 해소시켜주는 물질을 찾게 되고, 이 물질이나 행위는 알코올이나 담배, 음식이 될 수도 있고, 게임, 도박, 또는 마약이 될 수도 있다. 최근에는 일, 쇼핑, 섹스중독 등 다양한 중독이 늘어나는 추세다. 특히 청소년들은 게임중독, 성인은 도박중독에 빠져 상담을 받는 사례가 매년 증가하고 있다. 이러한 중독의 행위 저변에는 존재감을 확인받고 싶은 공통적인 심리적 욕구가 깔려있다. 근심이나 불안으로부터 도피하려는 욕구, 죄책감을 줄이려는 욕구, 자신의 환경을 통제하고 지배하려는 욕구, 신체적 심리적 영적 고통을 피하려는 욕구 등이 사람을 중독에 빠지게 만든다.

통일의 과정에서 적지 않은 사람들이 '중독'에 빠질 가능성이 크다. 남한 사람들보다 북한 사람들이 더 그렇다. 문화적인 충격과 경제적인 차이, 기존에 믿었던 신념에 대한 회의 등은 현실도피로 이어질 가능성이 높다. 도박, 인터넷 게임, 포르노, 사이비 종교, 마약 등이 통일 과정 속에서 심신이 지친 사람들을 잠깐의 달콤함으로 유혹할지 모른다. 특히 마약은 의약품이 제대로 없는 북한에서 약품 대용으로 사용하기도 해 적지 않은 북한 사람들이 현실을 도피하여 마약을 복용하기도 한다. 중독은 자녀에게 대물림되기도 하고, 사회생활을 하면서 겪는 심한 스트레스가 중독의 원인이 될 수도 있다. 한마디로 사회를 병들게 하는 바이러스가 되는 셈이다.

여러 가지로 중독된 이들을 치료해 주는 사람을 '중독치료 전문가'라 한다. 중독치료 전문가는 중독자의 재활을 위해 법적, 경제적, 의료적인 문제를 전문적으로 자문하고 지원한다. 상담 과정에서 중독으로 인한 정서적인 문제, 가족 관계를 포함한 불신과 증오와 같은 대인관계 문제를 확인한다. 중독에 대한 환상을 깨뜨리거나 중독 행위를 부추기는 환경을 조정하는 방법으로 치료에 접근하기도 한다. 삶에 대한 의지를 북돋아주고 스스로 자신이 삶의 주인이 되어 일어설 수 있게 하는 근원적인 심리치료를 중요하게 다룬다. 통일 과정에서 발생한 중독에 빠진 사람들을 치유하기 위해 꼭 필요한 직업이 바로 '중독치료 전문가'다.

3. 크라우드 펀드매니저

미국 시카고에 사는 무명 디자이너였던 스콧 윌슨은 애플 아이팟 나노를 손목시계처럼 차고 다니는 제품을 만들고 싶었다. 하지만 그에게는 제품 개발에 필요한 돈이 없었다. 고민 끝에 인터넷에 자신의 아이디어를 설명하는 동영상을 올리고, 네티즌을 상대로 투자를 요청했다. 윌슨은 1만 3,000여 명에게서 목표로 했던 금액(1만 5,000달러)보다 60배나 많은 94만 달러를 투자받아 자신의 아이디어를 실현할 수 있었다.

스콧 윌슨처럼 인터넷 등을 통해 대중으로부터 자금을 모으는 것을 크라우드 펀딩(crowd funding)이라고 한다. 제안자가 자신의 아이디어와 필요한 금액을 올리면 후원자들이 마음에 드는 프로젝트에 소액으로 기부하는 방식으로 운영된다. 크라우드 펀딩은 소셜 네트워크 서비스(SNS) 이용자가 증가하면서 더욱 활성화돼 현재 새로운 자금조달 방식으로 자리 잡았다. 크라우드 펀딩은 기업 투자자금 마련을 위한 것만은 아니다. 저소득층을 위한 소액대출 사업에도 크라우드 펀딩을 활용할 수 있다. 우간다의 가난한 생선 장수였던 엘리자베스 오말라는 생선을 구입할 돈이 부족해 온라인 소액대출을 제공하는 비정부기구(NGO) 키바(KIVA)에 도움을 요청했다. 인터넷으로 오말라의 사연을 접한 사람들이 그에게 500달러를 빌려줬다. 오말라는 빌린 돈으로 장사를 좀 더 크게 해 9개월 뒤 대출금을 모두 갚고 130달러를 저축했다.

금전적 이익보다 공익적 활동을 위해 자금을 조달하는 크라우드 펀딩도 있다. 공익후원 형태의 크라우드 펀딩에 참여하는 사람들은 해당 프로젝트의 취지에 공감해 자금을 지원하는 것이기 때문에 자발적으로 홍보활동에 나서기도 한다. 이 때문에 다른 방법으로 자금을 마련할 수 있더라도 프로젝트를 널리 알리기 위해 비용의 일부를 크라우드 펀딩으로 마련하기도 한다.

크라우드 펀딩은 돈이 필요한 사람이 직접 할 수도 있지만 이를 전문적으로 중개하는 사람도 있다. 크라우드 펀드매니저다. 이들은 돈이 있는 사람과 돈이 필요한 사람을 연결한다. 통일 분야에서 크라우드 펀드매니저는 새로 부상할 직업 중 하나이다. 기존의 투자 자금줄인 정부나 공공기관에 의존하지 않고 민간이 직접 사업을 기획하고 투자자들에게 모금을 받고, 사업을 하게 되는 모금사업을 하는 사람이다. 통일 펀드매니저는 단지 돈 때문이 아니라, 통일에 대한 비전과 미션을 실현하도록 돕는 사람이다. 투자자들의 펀딩을 이끌어 내기 위해 전략적으로 사업을 기획하는 것도 펀드매니저의 역할 가운데 하나이다. 통일관련 펀딩을 할 수 있는 분야도 많다. 탈북민, 통일 교육, 북한 투자사업 등 다양하다.

4. 이미지 컨설턴트

탈북민이라고 하면 머릿속에 떠오르는 것이 있다. 대부분 '북한'이란 단어가 가장 먼저이고, 그 다음이 우리가 쓰는 표준말보다 '어눌한 말투'와 남한 사람들에 비해 '작은 체구'가 떠오른다. 아직 우리에게 탈북민이란 기존 북한 체제와 그 속에서 힘들게 살았던 사람이다. 그래서 정부는 탈북민에 대한 부정적인 인식을 개선하기 위해 '새터민'이란 신조어를 만들기도 했으나 용어 하나 바꾼다고 근본적인 이미지가 바뀌지는 않았다.

앞으로 탈북민의 수는 계속 늘어날 것이고 통일 과정과 통일 이후를 생각한다면 남한에 있는 탈북민 한 사람 한 사람 그리고 북한주민 한 사람 한 사람에 대해 긍정적인 이미지를 갖게 해 주어야 할 필요가 있다. 한 사람의 이미지는 표정, 패션, 매너, 메이크업, 바디 랭귀지와 같은 시각적 이미지를 중심으로 화술, 목소리 등의 청각적 이미지, 그 외 후각적, 촉각적 이미지 등의 요소와 함께 결정이 된다. '이미지는 논리보다 강하다'는 말이 있듯이 이미지가 끼치는 영향력은 실로 대단하다. 보통 사람들은 깔끔하고 단정한 외모에 세련된 말솜씨, 그리고 부드러운 매너 같은 품격 있는 이미지를 원한다.

좋은 이미지를 갖기 원하는 사람들을 돕는 직업이 있으니 바로 이미지 컨설턴트다. 이 직업에 종사하는 사람들은 사회적으로 선호하는 이미지를 분석하고 조언해 주는 일을 한다. 고객의 직업과 체형을 토대로 표정, 의상, 메이크업, 매너 화술, 자세 등에서 발견되는 문제점을 파악하는 것부터 이들의 업무는 시작된다. 정확한 판단을 위해 비디오와 오디오를 사용해 이미지를 면밀하게 분석하고, 고객에게 어울리는 이미지를 만들기 위한 계획을 세운다. 또한 표정 연출법, 의상선택 방법, 화장법, 대화 방법에 대해서 조언하고 자세 교정을 지도한다.

처음에 이미지 컨설턴트는 주로 정치권과 방송미디어 업계를 중심으로 활동했지만 요즘에는 일반인들도 이미지 컨설턴트의 도움을 받는 일이 많아지고 있다. 따라서 앞으로 이미지 컨설턴트의 수는 점차 늘어날 것으로 보인다. 물론 탈북민와 북한의 주민들도 향후 이미지 컨설팅을 필요로 할 것이다. 특별히 통일을 준비하는 이미지 컨설턴트는 사람들에게 강요된 이미지, 기획된 이미지가 아니라 자신의 장점을 잘 살리고 연약한 부분을 보완하는 이미지를 드러내도록 컨설팅 해 주어야 할 것이다.

5. 다이어트 프로그래머

 탈북민들이 한국에 왔을 때 가장 이상하게 생각했던 것 중에 하나가 살빼기, 바로 '다이어트'다. 북한에서도 '살까기'란 말로 다이어트를 표현하고 있지만. 수백만 명이 영양실조에 걸려 있고 굶어 죽는 것이 뉴스거리조차 되지 못하는 북한에서 '다이어트'는 딴 세상의 이야기일 뿐이다. 반면에 남한에서는 TV나 인터넷에 나오는 S라인 몸매의 여성, 식스팩 근육의 남성이 일종의 가치 지향점이 되어 버려서 많은 사람들이 그들처럼 되기 위해 채식과 절식을 하고 피트니스 클럽에 등록해 열심히 몸을 가꾼다. 한마디로 남한은 다이어트 세상이다. 한국에서 다이어트라는 말이 등장하게 된 것은 1990년대 부터. 경제 발전으로 소득이 높아지면서 육식의 섭취가 늘어나고 패스트푸드가 인기를 끌면서 비만이 사회 문제화 되기 시작했다.

 2000년대 들어 웰빙이 강조되면서 다이어트의 개념도 바뀌기 시작했다. 단순 살빼기에서 미용은 물론, 비만에 따른 질병을 예방하기 위한 과학적이고 체계적인 것으로 변화하고 있다. 이러한 변화에 맞추어 '다이어트 프로그래머(Diet Programer)'라는 직업이 주가를 올리고 있다. 이들은 고객의 체중감소와 건강증진을 목적으로 영양학, 비만학, 운동학 등의 지식을 토대로 고객의 체형과 체질을 진단하여 프로그램을 개발하고 관리하는 일을 한다. 다이어트 프로그래머는 우선 고객의 체중, 체지방, 신장 및 기타 균형 상태를 기계로 측정하고 식습관, 운동량, 주변 환경 등을 점검표를 이용해 검토한다. 이와 같은 여러 조건들을 고려하여 고객에게 적합한 다이어트 기간, 적합한 운동 및 방법, 섭취 음식과 금지 음식 등 다이어트 프로그램을 설계한다.

지금은 식량이 부족한 북한이지만 통일이 된다면 북한도 남한의 전철을 밟을 수밖에 없는 구조다. 경제가 발전되어 주민들의 소득이 높아지면 가장 많이 지출하는 곳이 바로 '음식'에 관련된 비용기 때문이다. 부족한 영양을 채우고 어느 정도 영양 보충이 되면 그 다음에는 맛을 찾아 나설 것이고 그때부터 북한에도 과다 영향 섭취로 인한 비만 환자들이 나올 것이 분명하며 현재 남한처럼 다이어트를 하는 사람이 나올 것이다. 이때 다이어트 프로그래머는 개인의 웰빙을 위해 자신만의 역할을 할 수 있을 것이다. 상상 속 이야기이지만 일단 배고픈 북한 사람들이 먹고 싶은 것을 실컷 먹을 수 있는 날이 빨리 왔으면 좋겠다. 다이어트는 그때 가서 하더라도 말이다.

6. 안경사

1970년대 초까지만 해도 우리나라에서 안경을 쓴 사람은 그리 많지 많았다. 50대 이상 어르신들이 노안이 와서 쓰는 돋보기안경이 대부분이었고 학생들의 경우 반에서 1~2명 정도만 안경을 썼다. 지금은 동네에 몇 개씩 있는 안경원도 당시에는 도심에 한 두 개 정도 밖에 없었다. 하지만 1980년대 들어 컬러 텔레비전 방송이 시작되고 비디오가 대중화되면서 영상물을 시청하는 시간이 많아져 어른, 아이 할 것 없이 시력이 나빠지기 시작했다. 대한안경사협회의 조사에 따르면 안경 착용률은 1987년 24.1%에서 2008년 47%로 약 2배 증가했다. 콘택트렌즈 착용률 역시 지난 1987년 1.6%에서 2008년 7.3%로 증가했다. 이제 전 국민의 절반 이상이 시력이 좋지 않아 안경을 쓰거나 렌즈를 낀다. 안경도 이제는 하나의 산업으로 자리를 잡았다. 소규모 안경원 외에도 대규모 안경 체인점이 생겨 기업화되었을 뿐 아니라 주식시장에는 안경 관련 업체들을 모아 일명 '시력 보정주'라는 테마주도 생겼다.

안경원에서 고객에게 안경 및 콘택트렌즈를 처방하는 사람들을 안경사라고 한다. 안경사는 고객의 손상된 시력을 교정하기 위해 정확한 시력을 측정하고 고객의 시력이나 눈의 상태에 대하여 설명해 준다. 그 후 고객의 얼굴형에 적합한 안경테 및 안경렌즈, 콘택트렌즈를 추천하여 이를 판매한다. 이외에도 안경이나 렌즈의 세척 및 관리 방법을 설명하고, 시력보호를 위한 눈 관리법에 관하여 조언하기도 한다.

통일의 과정에서 안경과 안경사의 수요는 급격히 늘어날 것으로 보인다. 지금 북한에서는 한국 드라마 열풍이 불고 있다. 북한의 에너지난에도 불구하고 삼삼오오 모여 자동차나 군 탱크의 배터리를 변압기와 함께 이용해서 한국 드라마를 보는 일도 있을 정도다. 앞으로 사람들이 이러한 영상물을 시청하면 할수록 이들의 시력은 더욱 안 좋아 질 것이다. 우리가 1980년대에 그러했던 것처럼 앞으로 북한은 안경에 대한 수요가 늘어날 수 밖에 없는 구조다. 안경에 대한 수요가 늘어나면 안경사에 대한 수요 역시 늘어나게 될 것이 분명하다.

만약 북한 주민들의 시력이 나빠져서 안경을 맞추어야 하는데 경제적 여력이 안 될 경우 남한의 중고 안경을 안경점 등에서 수집하여 북한에 기부하거나 저렴한 가격으로 보급하는 전략적인 남북 교류도 필요할 듯 하다.

7. 유전자감식 연구원

2011년 7월 서울 중앙지방법원은 남북분단으로 재산분할 과정에 참여하지 못한 북한주민의 상속권을 처음으로 인정했다. 이 상속권의 이해 관계자들은 평안남도 출생인 윤모씨(1987년 사망)의 북한 자녀들과 남한 자녀들이다. 윤모씨는 1933년 결혼해 2남 4녀를 낳았다. 한국전쟁이 터지자 윤씨는 큰 딸만 데리고 남한으로 내려왔다. 윤씨는 전쟁이 끝나고 본적을 서울로 고치면서 북한에 있는 부인과 큰 딸만 호적에 올렸다. 다른 자녀들은 따로 등재하지 않았다. 윤씨는 남한에서 재혼한 뒤 2남 2녀를 더 낳았고 1987년 세상을 떠났다. 윤씨가 남긴 100억 원대 재산은 모두 남한의 자녀들에게 돌아갔다. 윤씨와 함께 피난 온 큰딸은 2008년 미국 선교사를 통해 북에 남은 형제들의 소식을 듣게 됐다. 큰 딸은 선교사의 도움으로 형제들의 자필 진술서와 위임장을 건네받아 '재산 되찾기'에 나섰다. 친생자 관계를 확인하기 위해 모발과 손톱 샘플도 건네받았다. 큰딸은 북한 당국이 보관하고 있는 주민대장을 촬영한 영상까지 받았고 2009년 2월 서울가정법원에 친생자 관계 확인 소송을, 서울중앙지방법원에 부동산 소유권 이전등기 소송을 냈다. 법원은 유전자 감식을 통해 북한에 있는 자녀들을 윤씨의 친자로 인정하고 조정을 시도했지만 양측 모두 재산을 양보할 생각이 없다고 버텨 공방이 계속됐다. 결국 법원은 판결을 통해 북한 주민의 상속권과 부동산 소유권을 공식 인정했다.

윤모씨 친자 소송에서 결정적인 증거 역할을 한 것은 '유전자 검사'다. 만약 이 과학적인 유전자 검사가 이루어지지 않았다면 법원의 판결은 다르게 났을 수도 있다. 앞으로도 다양한 경로를 통해 남북한 가족들 간의 상속 및 재산분할 소송은 더 늘어날 것으로 보인다. 마음이 아프지만 그것이 예정된 현실이다.

유전자 검사를 하는 직업을 '유전자 감식 연구원'이라고 한다. 유전자 감식 연구원은 각종 생물, 화학적 지식을 통해 사건 해결에 결정적인 단서를 제공하는 일을 하고 있다. 유전자 검사의 과정을 살펴보면 일단 DNA를 채취할 수 있는 뼈, 피부조직, 모발, 체액 등에서 시료를 채취한다. 시료 채취 후 DNA만을 분리하고 거기서 또 불순물을 제거하는 과정을 거쳐 최종적으로 판독을 한다. 이외에도 검사를 위한 분석시스템 개발 및 개량 등의 일을 담당하고 또한 전자 정보의 데이터베이스(DB)구축 업무 등을 한다.

그런데 이 유전자 감식이 부정적인 것만은 아니다. 통일 과정에서 흩어진 남북의 가족관계를 과학적으로 증명할 수 있으며 유전자 정보를 활용하여 범죄 수사 및 예방도 할 수 있다. 유전자 감식은 처음에는 국립과학수사연구소와 경찰 등에서만 하였으나 지금은 민간 유전자 감식 연구 회사에서도 검사 업무를 수행하기도 한다.

8. 기업 사회공헌 전문가

이제 더 이상 '기업은 돈만 벌면 된다'라는 생각은 통하지 않는다. 2000년대 들어 기업의 '이윤추구'에 영향을 미치는 이해 관계자들 즉 소비자, 임직원, 투자자, 지역사회 등의 기준이 과거와 달라졌다. 세계 각국의 정계·관계·재계 수뇌들이 모여 각종 정보를 교환하고, 세계 경제발전 방안 등에 대하여 논의하는 다보스 포럼에서는 2005년부터 지속적인 성장이 가능한 세계 100대 기업을 선정하고 있다. 이들 기업은 '착한경영'을 하고 있다는 공통점이 있다. 사회에 봉사하고 환경보호와 공정거래 등을 위해서도 노력하는 기업들이다.

소비자들은 건강과 사회의 지속성을 생각하는 생활패턴을 의미하는 로하스(LOHAS ; Lifestyles of Health and Sustainability)를 추구하며 기업의 윤리성을 요구하고 있고 사회공헌을 잘 하고 있는 기업에 대해 호감을 갖고 있는 소비자들도 늘어나고 있다. 이러한 호감은 기업이 만들어 낸 제품과 서비스에 대한 신뢰도로 이어져 브랜드 이미지를 견고하게 하고 기업에게 경제적인 이익을 가져다준다. 한국 상황에서 사회공헌과 관련된 이슈들은 무엇이 있을까? 기업들이 가장 관심을 갖고 있는 사회공헌 이슈는 사회 취약계층에 대한 배려, 다민족 다문화, 인구 고령화, 윤리적 소비, 일자리 나눔 등이다. 정감이 넘치고 지속 가능한 상생의 사회를 만들기 위해서 꼭 필요한 이슈들이다.

그렇다면 앞으로 한국에 꼭 필요한 사회공헌 이슈는 무엇일까? 세계화의 추세 속에 글로벌 시장 개척을 위한 현지 사회봉사 활동은 우리 기업이 적극 도입하려고 하는 사회공헌 사업이다. 현지 사회공헌 활동은 한국 경제가 세계로 뻗어 나가기 위해 해야 하는 사업 분야다. 그리고 또 하나 있다. 바로 '통일'과 '평화' 문제에 관련된 사회공헌 사업이다. 기업이 통일을 이야기하면 '남북경협'이나 '개성공단' 등을 떠올리기 쉽다. 하지만 기업이 참여하는 통일과 관련된 사업은 이런 것들만 의미하지 않는다. 직접적인 남북경협을 하지 않더라도 사회공헌 사업을 통해 통일과 평화에 기여할 수 있다. 그리고 이미 적지 않은 기업들이 이를 실천하고 있다.

기업의 사회공헌 활동을 통한 통일과 평화사업 참여는 크게 세 가지 형태로 나타난다. 첫 번째 유형은 대북지원이다. 경제난을 겪고 있는 북한에 식량, 분유 생필품을 보내거나 나무심기, 연탄, 비료 보내기 사업을 하는 형태다. 많은 기업들이 월드비전이나 굿네이버스와 같은 NGO와 연계하여 대북지원 사업을 했다. '우리강산 푸르게 푸르게'란 캠페인으로 유명한 유한킴벌리는 북한 나무심기 운동을 전개하기도 했다.

두 번째가 남한 내의 탈북민지원이다. 탈북민들이 남한 사회에 뿌리내리며 자립을 할 수 있도록 인적·물적 자원과 일자리를 지원하는 형태다. SK이노베이션은 탈북민들의 자립을 지원하는 열매나눔재단과 함께 탈북민을 위한 박스, 핸드백, 블라인드 공장을 세워 운영하고 있다. 포스코는 자사의 시설을 관리하는 사회적 기업에 탈북민들을 고용하는 등 일자리 나눔을 하고 있다. 그리고 한화는 탈북 어린이들을 초청하여 평화 캠프를 개최하고 있고 인터넷 기업 옥션에서는 온라인 창업 무료교육을 실시하기도 했다. 남한 내에서 탈북민들을 대상으로 하는 사회공헌 사업은 점차 늘어가는 추세다.

세 번째가 통일과 관련된 공익사업과 캠페인에 참여하고 광고를 만드는 것이다. 통일에 관련된 긍정적인 이미지와 기반 조성을 위해 기업이 후원하는 형태다. 동아오츠카는 한국스카우트연맹과 함께 휴전선 155마일 걷기 행사를 공동 주최하였고 롯데백화점은 한국전쟁 60주년 기념으로 한국전쟁에 참전한 국가를 기리는 공익광고를 제작하기도 했다. 그리고 2005년에는 남한의 가수 이효리와 북한의 예술인 조명애가 삼성 애니콜 휴대폰 광고에 함께 출연해 분단과 통일에 대한 메시지를 전달했다.

이제 사회공헌 활동은 시혜적 성격의 비용 지출에서 벗어나 기업의 가치를 높이는 투자로 개념이 바뀌고 있다. 이처럼 사회공헌이 기업의 경영 전반에 적용되면서 주목받고 있는 사람들이 있다. 바로 '사회공헌 전문가'다. 사회공헌 전문가는 사회적 투자 분야를 선정하는 일에서부터 사회공헌의 투명한 경영관리까지 체계적이고 전략적인 컨설팅을 하며 솔루션을 제공한다.

9. 사회적 기업가

북한의 에너지 상황은 남한의 1970년대와 비슷하다. 나무, 석탄, 석유, 전력 모두 매우 열악한 상황으로, 산모가 냉방에서 이불을 뒤집

어쓰고 출산하기도 한다. 전기가 항상 들어오는 것은 아니므로, 전기가 들어온 틈을 타 빨리 전기밥솥을 이용해 취사를 하기도 하며, 농촌 지역은 겨울에 아궁이에 불을 피워 난방과 취사를 해결하고, 여름철에는 풍로를 이용하여 취사를 하기도 한다. 북한의 식량난 이후, 국가로부터 연료공급도 중단되어 산에서 나무를 해서 난방과 취사를 해결하는 경우가 많아졌다. 이러한 북한 주민들에게 당장 연탄 공장을 세우고, 난방·취사 연료를 해결해 줄 수는 없으나, 중간 단계로 북한 주민들이 좀 더 효율적으로 연탄을 찍어낼 수 있도록 개량된 연탄제조기를 지원하거나, 태양광을 이용한 난방기 설치 등의 방법을 생각해 볼 수 있다. 이렇게 현지에 맞는 기술을 보급해 도움을 주는 것을 '적정기술'이라고 한다.

적정기술(appropriate technology)이란 제3세계의 지역적 조건에 맞는 기술이다. 즉 해당지역에서 산출된 원재료로 그 지역에서 소비되는 제품을 만들어 지역 환경에 적합한 기술을 만드는 것을 의미한다. 적정기술은 '고액 투자가 필요하지 않고, 에너지 사용이 적으며, 누구나 쉽게 배워 쓸 수 있고, 현지 원재료를 쓰며, 소규모 사람들이 모여 생산 가능한 기술'이다. 전문화와 대량생산이 아닌 소규모 현지 생산을 추구하는 대안 기술이다. 빈번한 자연재해 등으로 그나마 있었던 열악한 생활 인프라까지도 유실되었을 때 적정기술은 유용하게 사용될 수 있다. 식수원이 멀리 떨어진 아프리카 시골지역 주민들을 위해 고안된 Q드럼(Q Drum)은 식수에 필요한 양의 물을 보다 쉽게 운반할 수 있는 물통이다. 물동이를 지는 대신, 줄로 굴릴 수 있는 원주형으로 설계됐다. 한 번에 75리터의 물을 운반할 수 있다. 라이프 스트로우(LifeStraw)는 휴대할 수 있는 개인용 정수기다. 땅에 고인 더러운 물도 깨끗한 물로 걸러준다. 15마이크론 이상의 입자를 효과적으로 제거하는 필터를 내장했다. 장티푸스, 콜레라, 이질, 설사 같은 수인성 질병 예방에 도움을 준다. 홍수가 빈번하고 방역이 잘 안되어 있는 지역에 필요한 제품들이다.

'적정기술'은 북한의 열악한 생활 인프라를 개선하는데 새로운 대안이 될 수 있다. 수도꼭지의 경우 북한은 급수 시간이 일정하지 않기 때문에 보통 일반 가정에서는 수도꼭지를 열어 놓은 상태로 방치한다. 급수되는 동안 물을 받아 놓기 위해서다. 그러나 대부분 준비해 놓은 용기보다 물이 많이 쏟아져 넘치게 되어 물 낭비 상황이 반복되는데, 이를 방지할 수 있는 수도꼭지가 개발되기도 했다. 상황에 맞게 물을 효과적으로 관리하는 셈이다. 이러한 적정기술 제품들을 외부에서 디자인해서 사회적 기업 형태로 현지 공장에서 생산하고 다양한 방법을 통해 주민들에게 보급시킨다면 현지 주민들에게는 응급 구호가 되고 비즈니스를 통해 사회적 문제도 해결해 나갈 수 있을 것이다.

이러한 일들을 하는 사람을 우리는 사회적 기업가라 부른다. 가난한 사람들에게 돈을 빌려주는 금융 프로그램을 만들고, 장애인들의 경제 문제를 해결하기 위해 기업을 만들고, 사회적 기업과 공정무역을 통해 들여온 제품을 판매하는 쇼핑몰을 만드는 것이 바로 사회적 기업가의 모습들이다. 실제로 1990년대 초 중반 동유럽 사회주의가 붕괴되었을 때 동구권국가들에서 발생한 사회문제를 해결하는데 사회적 기업가들이 일정부분 역할을 하기도 했다. 북한에서 사회적 기업가는 북한 사회의 문제들을 비즈니스적인 감각으로 풀어내는 사람들을 말한다.

10. 재활용 사업가

　재활용 사업가 천정곤씨는 이색적인 두 가지 사업을 추진하고 있다. 세계중고물품무역기구 한국본부와 북한에 재활용센터를 만드는 일이다. 이를 위해 천씨는 '평양 재활용센터 설립 제안서'를 만들었고 '재활용운동의 세계적 확산방안에 대한 연구'를 하기도 했다. 사업가인 천정곤씨는 무일푼에서 시작해 재활용센터 운영으로 돈을 벌고 환경보전과 통일운동까지 하고 있다. 그가 처음 사업을 시작한 1990년대까지만 해도 '재활용센터'라는 말이 익숙하지 않을 때였다. 하지만 지금은 전국적으로 수천 개가 넘는다. 그의 도움을 받아 만들어진 재활용센터도 1,000곳이 넘는다. 천씨는 통일 비용과 남북한 생활 수준의 차이를 줄이기 위해서는 우리 중고제품을 어떤 방식으로든 북한에 보내야 한다고 생각한다.

　북한에는 많은 것이 부족하다. 식량도 부족하고 에너지도 부족하다. 그리고 생필품은 언제나 부족하다. 반면 남한은 이제 넘치는 사회가 되었다. 내구연한이 오래 남아 있는 제품들도 최신 유행과 신상을 따라가는 트렌드로 인해 버려지고 있다. 전자제품, 가구, 의류, 자동차, 각종 기자재 등 분명 쓸만하지만 철이 지났기 때문에 자연스레 처분된다. 이미 중앙아시아 국가에서 '한국 중고제품'이 애용되고 있다는 것을 이미 알 만한 사람들은 다 안다. 중앙아시아의 많은 사람들이 한국 중고핸드폰을 사용하고 한국 중고의류를 입고, 한국 중고자동차를 타고 다닌다. 만약, 이런 중고제품들을 북한으로 보내면 어떨까? 아마도 북한 사람들에게 유용하게 사용되고 그들의 경제생활도 높일 수 있을 듯 싶다.

북한에 중고 재활용품을 보내기에 앞서 고려해야 할 것이 있다. 바로 북한 사람들의 자존감이다. 남한 사람들이 쓰다 버린 것을 사용한다는 인식을 갖게 하면 그들의 자존심이 상할 수 있다. 하지만 대안은 있다. 이미 우리나라에서 널리 이용되는 재활용품 브랜드인 '아름다운가게' 모델을 적용하면 될 듯 싶다. 아름다운가게는 시민들이 자발적인 참여를 통해 물건을 기증하고 이를 수선하여 판매하는, 일종의 자원 재순환을 통한 재활용 상품점이다. 아름다운가게가 다른 재활용점과 다른 점은 수선과정을 거친다는 것이다. 기증받은 물건에 흠이 있는 것을 제거하고 고장난 것을 고쳐서 사가는 사람들을 최대한 배려하고 제품을 전보다 쓸모 있게 만든다.

　그리고 북한 사람들을 위해서 재활용이 불가능한 제품들은 따로 활용할 수도 있다. 에코파티메아리는 아름다운가게에 소속된 사업국으로 아름다운 가게에 기증된 물품 중 재사용이 어려운 의류와 인근 구청의 현수막, 가죽소파, 나무상자 등을 활용해 디자인 제품을 생산한다. 다양한 폐기물을 소재로 활용해 100여 종이 넘는 제품을 만들고 있다. 또한 공정 과정에서 이산화탄소의 배출을 최소화하고 수공 생산 방식으로 영세한 수공업 분야의 활성화도 도모한다. 물론 헌 재료를 세탁하고 다시 쓸 수 있는 상태로 하나하나 손질하는 수고스러움도 있고, 원료 공급이 충분하지 않아 디자인을 하는 것도 어려운 점이 있기는 하지만 그런 노력의 결과 똑같은 제품이 하나도 없는 개성 넘치면서 실용성 만점인 가죽신, 타폴린가방, 현수막가방 제품 등이 탄생하게 된다. 한마디로 폐품으로 버리는 제품이 아닌 '재창조하는 제품'인 셈이다.

남한에서 제품을 수거하고 수선의 과정을 통해 북한에 있는 재활용품 숍에 보내서 북한 사람들이 저렴한 가격에 구매하게 한다면 자원 재순환과 북한 사람들의 경제생활 면에서 좋다. 이미 판매된 제품을 가공하고 재판매하는 자원 재활용은 사실 경제 지표인 '국민소득(National Income)'이나 '국내총생산(GDP)'에 잡히지 않는다. 이 부분은 '국민소득'이나 '국민총생산'의 모순적인 부분이다. 그러나 우리가 남북을 잇는 재활용 사업을 해야 하는 이유는 간단하다. 북한 사람의 경제적인 삶의 향상을 위해서다. 수백에서 수천조로 추산되는 통일 비용은 바로 이런 남북 사이의 나눔에서부터 줄어들 수 있다. 그리고 이 일은 재활용 사업가들의 손에서 이루어질 것이다.

달란트 찾기

어디로 가야하는가?

여기 28세의 대학을 갓 졸업한 청년이 있다. 이 청년은 대학 때 예수님을 인격적으로 만나고 평생을 그를 알고 그를 알리기 위해 살겠다고 고백하며 세상을 변화시키기 위해 오늘도 하루하루 살아간다. 청년은 최근 북한에 대해 관심이 부쩍 많아졌다. 교회의 북한 관련 부서에 나가기 시작했고 부서에서 개최하는 '북한선교 아카데미'를 수강하며 북한에 대해 조금씩 알게 되었다. 하지만 이 청년의 진정한 고민은 지금부터다. 북한에 대한 부르심을 갖고 북한선교 공동체에 왔지만 기도모임과 아카데미 수강 그리고 단기선교, 탈북 청소년들과의 만남이 활동의 전부다. 북한에 대해 좀 더 알고 싶고 통일 문제를 좀 더 고민해 보고 싶고 사역의 현장에 좀 더 부딪치고 싶은데 아직은 좀 막막하다. 이 청년만 그런 것이 아니라 모임 공동체의 다른 사람들 역시 이와 별반 다르지 않다.

학부에서 경제학을 전공하고 현재 IT관련 업무를 하고 있는 이 청년은 자신의 전공과 업무에서 통일을 준비하고 싶어 한다. 같은 비전을 갖고 있는 지체들을 만나고 싶고 이 분야에서 적극적으로 활동하고 있는 멘토가 될 만한 사람을 만나고 싶은 생각이 간절하다. 하지만 무엇을 어떻게 시작해야 할지 막막하다. 세미나를 가보지만 대부분 국제 관계와 북한의 정치·경제적인 상황과 탈북민 이야기뿐이다. 총론적으로는 공감하지만 구체적으로 삶에서 어떻게 실천해야 나갈지는 더욱 고민을 해야겠다는 생각만 가득하다.

이럴 때 누군가 길과 방법을 제시해 준다면 이 청년은 좀 더 명확한 통일 사역의 길을 가게 될 것이다. 그리고 같은 비전의 사람들을 만나며 향후 이 분야에 활동하며 자신의 역할을 잘 감당 할 수 있을 것이다. 맛있는 음식을 만들려면 그에 적합한 레시피(조리법)가 있어야 하고 튼튼한 건물을 짓기 위해서 설계도가 필수인 것처럼 북한선교와 통일 한국 준비도 옥토에 뿌려진 씨앗처럼 30배, 60배, 100배의 결실을 맺기 위해서는 소명을 받은 자들의 열정과 헌신 그리고 모든 영역에서 통일을 준비할 수 있는 가이드가 필요하다. 실제로 많은 헌신자와 관심자들이 이러한 가이드를 찾고 있다.

어떤 일이나 특정 직업을 갖고 있는 사람에게 흥미를 생겼을 경우, 직업 전문가들은 다음과 같은 사항을 고려하라고 말한다.

· 하고 싶은가? 잘 할 수 있는가?
· 사회의 흐름과 변화에 잘 맞는가?
· 내가 갖고 있는 가치관과 잘 맞는가?

· 직업은 1만 개가 넘는다. 넓게 보자.
· 직장 보다는 일의 내용을 보자.
· 남들이 잘 모르고 하지 않는 분야를 보자.

　이러한 일에 기본은 끊임없이 탐구하는 자세인 창조성이 가미된 탐구정신에 있다. 미래 세대는 직업을 선택할 때 생계뿐 아니라 적성을 찾아 자신의 역량을 고려해 볼 필요가 있다. 그리고 기성 세대는 변화하는 시대 상황 속에서 미래 세대가 능력을 마음껏 발휘할 수 있는 장을 마련해줘야 한다. 보통 유망 직업은 아래와 같은 기준으로 말한다.

· 일자리가 많은가?
· 앞으로 그 일을 통해 돈을 많이 벌수 있을 것인가?
· 직업이 속한 분야의 기술의 수준이 높아지고 있는가?
· 사회적인 지위나 영향력이 높아질 것인가?

　일자리의 많고 적음, 앞으로 소득과 사회적인 지위 등으로 유망 직업의 기준이 정리되며, 통일 한국을 준비하는 직업에는 몇 가지를 더 첨가해야 한다.

· 통일 과정과 이후에 생기는 사회적 문제들을 해결해 나가는데 도움이 되는가?
· 통일 분위기를 조성하거나 북한을 재건하는데 있어 도움이 되는가?
· 무엇보다 북한 사람들에게 해가 되지 않으며 그들을 사랑으로 섬길 수 있는가?

　이러한 기준에 맞추어 통일을 준비하며 도전해 볼 수 있는 직업들을 찾아 갈 수 있다.

'모죽(毛竹)'을 보며 5년 후를 생각하다

중국에는 '모죽(毛竹)'이라는 대나무가 있다. 이 대나무는 심은 후 5년이 될 때까지 아무리 물을 주고 가꾸어도 싹을 틔우지 않는다. 그러나 정확히 5년이 지나면 싹을 틔우고 하루에 수십 cm씩 자라 단 6주 만에 25~30m까지 자라며 우람하면서도 굵은 대나무로 성장한다. 뿌리 깊은 나무가 비바람에도 흔들리지 않듯이 모죽 역시 5년이 될 때까지 성장을 준비하였기에 그 외부 충격에도 쉽게 쓰러지지 않는다. 모죽 이야기는 노력은 티끌만큼 하고 바로 성과를 바라면 안 된다는 교훈을 준다.

통일 한국을 준비하는 것 역시 마찬가지다. 단기적인 성과를 바라며 조급한 마음으로 젊은 날 외쳤던 구호와 슬로건에만 의지한다면 지속 가능성을 장담할 수 없다. 모죽이 자라나기 위해 준비하는 시간처럼 통일을 준비함에 있어 각기 주어진 역량과 상황에 맞게 훈련되고 가꾸는 일을 지속적으로 해야 한다. 때로는 답답하고 절망적이지만 성장을 준비하는 마음으로 하늘의 뜻을 구하며 희망의 끈을 놓지 않고 노력한다면 각자의 상황에 적합한 답을 얻을 수 있을 것이다.

전문성을 지닌 기독 통일 운동가가 되기 위해서는 '훈련', '헌신과 자기계발, 섬김', '리더십 발휘'의 대략 3단계 과정을 거치게 된다. 통일문제에 관심을 가진 기독인들이 1단계에서 2단계로 넘어가는 과정에서 '취업', '진학', '결혼'과 같은 현실적인 벽들에 부딪혀 꿈을 잃어버리는 경우가 많다. 2단계에서 3단계로 넘어가는 시점에서는 '가족 부양', '육아', '사회 생활에서 오는 다양한 갈등' 등 1단계에서 2단계로 넘어올 때 보다 더 큰 벽들에 가로막혀 다음을 기약하며 비전을 내려놓기도 한다.

기독 '통일' 직업인의 발전 3단계

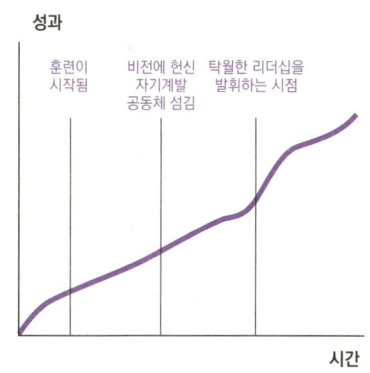

* 1단계: 소명을 따라 혹은 소명을 찾기 위해 훈련을 시작하는 시기. 기존 지식과 경험을 체계적으로 배우는 시기임.

* 2단계: 비전에 전적으로 헌신하고 관련 분야에 대한 자기계발을 하고 공동체를 섬기기 시작하는 시기. 자신이 가지고 있는 에너지를 쏟아 붓기 시작하며 인적 네트워크를 다져감.

* 3단계: 평범한 수준을 넘어 전문가로 자리매김하는 시기. 기존의 지식과 경험의 바탕위에 자신의 독특한 기질과 창의력을 가지고 리더십을 발휘함.

사람마다 부르심의 때와 방법이 다르고 주어진 달란트도 다르기 때문에 지금 열심히 그 길을 가는 사람도 있고 아직 길을 찾지 못한 사람도 있다. 그러나 각자가 처한 상황은 다르지만 공통적으로 중요한 것은 바로 지금 하나님께서 나라와 민족 그리고 통일을 위해 기도하기 원하신다는 것과, 두 렙돈을 헌금한 과부처럼 마음과 뜻과 정성을 다해 통일 한국의 카이로스 그날을 준비해야 한다는 것이다. 앞으로 다가올 통일의 그날에 열심히 가꾼 달란트가 사용되기를 바라며 다음과 같은 7가지의 사항들을 삶 가운데 실천에 옮겼으면 좋겠다.

1. 매일매일 중보기도를 하자

북한을 향한 하나님의 마음, 통일을 향한 하나님의 계획을 매일매일 묵상해 보자. 통일 큐티진 〈통일코리아〉에는 북한·통일에 대한 큐티 본문과 기도제목들이 있다.

2. 인터넷을 통해 북한·통일 관련 소식에 민감해 지자

북한/ 통일에 대한 소식을 자주 접하고 한반도 주변 상황에 대한 배경 지식을 쌓아 보자. 통일을 바라보는 눈이 뜨일 것이다.

3. 나만의 맞춤형 통일정보를 갖자

내가 지금 관심 있어 하는 분야에서 북한의 현황에 대한 호기심을 가져 보자. 내 전공, 직업 분야에서의 북한 현황에 대한 관심을 가져 보자.

4. 북한/통일관련 세미나와 포럼 등에 참석해 보자

세미나와 포럼에는 전문가들이 온다. 전문가들의 이야기를 듣고 통일 문제에 대해 좀 더 깊이 생각해 보자. 그리고 전문가들과 교제를 통해 관련 인맥을 만들어 보자.

5. 자원봉사와 재정 후원으로 섬김을 실천하자

대북지원 단체, 탈북민 지원 단체, 북한선교 단체 등 주변에는 많은 통일관련 단체들이 있다. 대부분의 단체들이 자원봉사, 재정 후원과 같은 도움의 손길을 기다리고 있다. 작은 섬김이 곧 큰 실천이다.

6. 함께할 공동체와 동역자들을 찾아보자

통일로 가는 길은 개인적인 각개전투의 장이 아니라 각기 주어진 은사대로 공동체를 이루어 함께 가는 길이다. 같은 비전을 가진 동역자들이 모인 공동체들을 찾아 통일의 꿈을 함께 꾸자.

7. 창의적인 발상을 통해 작은 통일을 이룰 수 있는 방법을 찾아보자

새 술은 새 부대에 담듯 분단의 갈등을 넘는 통일의 길을 위해 다양하고 새로운 방법을 강구해야 한다. 특히 이를 위해서는 젊은 세대들의 적극적인 참여와 기성세대가 생각하지 못했던 신선하고 새로운 방법들이 나와야 한다.

위에 제시한 작은 습관들이 각자의 생활 속에서 나타날 때 우리 각자 한 사람 한 사람은 통일을 준비하는 온전한 일꾼으로 세워질 수 있으며 통일 한국의 든든한 대들보가 될 수 있다. 바로 지금 여기에서부터 작은 실천을 이루어 보자. 그리고 모죽(毛竹)처럼 정확히 5년간 준비하며 그 때를 기다려 보자.

Living United Korea

역사의 큰 흐름 위에서 당시 기독인들이 했던 고민과 신앙의 고백들을 찬송과 시로 풀어 보고, 일제시대-분단-전쟁-갈등-민주화-통일의 꿈을 경험했던 선배들의 신앙을 다시 한번 기려 보고자 한다. 그래서 격동의 역사 가운데서도 강 같은 평화를 노래했던 신앙 선배들의 삶을 배우고 싶다.

3부

내게, 그리고 우리에게 강 같은 평화

은혜의 메아리

미국 장로교 호러스 언더우드(Horace Underwood, 1859-1916) 선교사와 감리교 헨리 아펜젤러(Henry G. Apenzeller, 1858-1902) 선교사는 1885년 4월 5일 부활절, 한국에 첫 발을 내디뎠다. 아펜젤러는 인천 제물포항에 내리며 다음과 같은 감사의 기도를 올렸다.

"We came here on Easter. May he who on that day burst as under the bar of death, break the bands that bind his people and bring them to the light and liberty of God's children."

"우리는 부활절에 이곳에 왔습니다. 그날 사망의 권세를 이기신 주께서 이 백성을 얽어매고 있는 결박을 끊으시고, 하나님의 자녀로서의 자유와 빛을 주옵소서."

한국 개신교의 공식적인 역사는 이들로부터 시작된다. 당시 아펜젤러의 나이는 27세, 언더우드는 26세에 불과했다. 두 사람은 이 땅에 온 최초의 선교사로서 개신교의 씨앗을 뿌렸고, 교육과 의료사업을 통해 한국 근대화에 기여했다. 이들은 1882년 조선과 미국이 수교를 한 이후 처음으로 조선정부의 공식적인 허락을 받고 입국한 목회자였다. 하지만 이미 조선 땅에는 비공식적으로 중국과 일본 등지에서 복음을 받아들인 믿음의 형제들이 있었고 평양 대동강변에서 순교한 영국 출신 토머스 목사와 중국에서 활동한 존 로스 선교사 등 조선을 품은 간절한 기도가 있었다.

영국 스코틀랜드 장로교 선교사인 존로스(John Ross, 1842-1915)는 1872년부터 중국 만주에서 활동했다. 그는 만주에서 조선인 선교를 계획했고, 조선어 성경을 간행하는 것이 가장 효과적인 선교라고 생각했다. 로스 선교사는 만주 통화현에 있는 조선과 중국의 교류의 장인 고려문을 방문해 조선 내지로 복음을 전하는 것을 모색했고 서상륜 등을 만나 한국어를 익히며 그들에게 복음을 전했다.

1879년 로스 선교사는 4명의 조선인에게 세례를 주고, 이들의 도움을 받아 한글성경 번역 작업을 시작했다. 1882년, 로스는 이들과 함께 3년 만에 누가복음과 요한복음을 번역했다. 언더우드와 아펜젤러가 조선 땅을 밟기 3년 전의 일이었다. 이후 1883년에는 사도행전, 1884년에는 마가복음과 마태복음을 각각 한글로 번역·출간했다. 그리고 첫 한글성경이 번역된 지 5년 만인 1887년, 최초의 한글 신약성경인 〈예수셩교젼서〉가 탄생했다. 이렇게 번역된 성경은 일본을 거쳐 부산과 원산, 대구 등지에 전해졌고, 1885년 우리나라에 언더우드와 아펜젤러 같은 첫 선교사들이 도착하기도 전 이미 1백 명이 넘는 세례 희망자들을 만들어 냈다.

언더우드와 아펜젤러 선교사의 입국과 함께 조선의 선교는 새로운 전환점을 맞이한다. 서양식 신식 학교가 세워졌고 병원과 교회가 설립

미국 선교사 알렌과 언더우드의 헌신으로 설립된 연세대학교의 100주년 기념우표. 1985년 발행.

되었다. 배재학당과 정동교회(아펜젤러 설립), 연희전문학교(오늘날 연세대학교)와 새문안교회(언더우드 설립) 등 한국의 근대화를 대표하는 학교와 교회가 세워져서 많은 지식인들과 젊은이들이 학교와 교회로 몰려들었고, 그들은 이곳에서 새로운 학문과 기독교 신앙을 접하게 되었다.

선교의 힘은 이곳에서 나왔다. 서양식 신식 학교에서는 가난한 학생에게 일자리를 마련해 주고 등록금을 벌면서 공부하도록 배려했고 서양식 병원은 돈이 없어 한의원에 갈 수 없는 사람들을 성심껏 보살폈다. 이들이 세운 학교와 병원은 당시 조선 사회에 신선한 충격을 던졌다. 나라는 기울어 갔지만 선교사들의 헌신으로 교회는 부흥하였고, 교회에서 많은 민족 지도자들이 배출되어 한국 교회와 사회를 섬기게 된다.

'내게, 그리고 우리에게 강 같은 평화'

그 격동의 역사 가운데 신앙의 선배들의 삶은 한마디로 이와 같았다. 이번 3부에서는 역사의 큰 흐름 위에서 당시 기독인들이 했던 고민과 신앙의 고백들을 찬송과 시로 풀어 보고, 일제시대-분단-전쟁-갈등-민주화-통일의 꿈을 경험했던 선배들의 신앙을 다시 한번 기려 보고자 한다.

삼천리 반도 금수강산 (찬송가 580장)

남궁억 작사

〈1절〉
삼천리 반도 금수강산 하나님 주신 동산
삼천리 반도 금수강산 하나님 주신 동산
이 동산에 할 일 많아 사방에 일꾼을 부르네
곧 이날에 일 가려고 누구가 대답을 할까
일하러 가세 일하러 가 삼천리 강산 위해
하나님 명령 받았으니 반도 강산에 일하러 가세

〈2절〉
삼천리 반도 금수강산 하나님 주신 동산
삼천리 반도 금수강산 하나님 주신 동산
봄 돌아와 밭 갈 때니 사방에 일꾼을 부르네
곧 이날에 일 가려고 누구가 대답을 할까
일하러 가세 일하러 가 삼천리 강산 위해
하나님 명령 받았으니 반도 강산에 일하러 가세

〈3절〉
삼천리 반도 금수강산 하나님 주신 동산
삼천리 반도 금수강산 하나님 주신 동산
곡식 익어 거둘 때니 사방에 일꾼을 부르네
곧 이날에 일 가려고 누구가 대답을 할까
일하러 가세 일하러 가 삼천리 강산 위해
하나님 명령 받았으니 반도 강산에 일하러 가세

삼천리 반도 금수강산

샤론의 장미, 무궁화

우리나라의 국화는 무궁화(無窮花)다. 무궁화는 뜨거운 여름 태양 아래서도 피어나는 꽃이다. 무궁화는 또한 꽃이 하나 지면 곧이어 새로운 꽃이 피어, 보는 이에게 늘 신선함을 선사해 주는 꽃이다. 이렇게 피고 지고 또 피어나는 무궁화의 변치 않는 의지는 흔히 한민족의 정서에 많이 비유된다. 무궁화의 영문 명

대한민국 국화, 무궁화 기념우표

칭은 'The Rose of Sharon(샤론의 장미)'이다. 그리고 성경 속에서는 샤론의 장미를 예수님으로 표현하고 있다.

"나는 사론의 장미요, 골짜기의 백합화라네."
(아가 2장 1절, 현대인의 성경)
"I am a rose of Sharon, a lily of the valleys."
(2:1 Song of Songs, NIV)

샤론은 이스라엘의 평원, 황야를 뜻하는 말이다. 즉 모질고도 험난한 이 세상을 뜻하고, 야생 장미는 이스라엘에 가면 흔하게 볼 수 있는 꽃이다. 그렇다면 왜 성경에서는 예수님을 '사론의 장미'라고 했을까? 바로 무궁화가 예수님의 모습을 꼭 닮은 꽃이기 때문이다. 세상 속에서 아낌없이 자신을 내어 주며 고난과 역경을 겪으신 예수님의 모습 속에는 '샤론의 장미', 무궁화의 진한 향이 배어 있다.

남궁억 선생과 무궁화

"땅이 크고 사람이 많은 나라가 큰 나라가 아니고, 땅이 작고 사람이 적어도 인물이 많은 나라가 위대한 나라가 되는 것이다."

— 남궁억 선생

강원도 홍천은 우리나라의 대표적인 무궁화의 고장으로 불린다. 한서 남궁억(1863-1939) 선생은 일제 강점기인 1918년 부터 홍천을 중심으로 활동하며 무궁화를 전국적으로 보급하는 데 힘썼다. 남궁억 선생은 조선 말 개화기와 일제강점기를 살며 민족의 새날을 열어 간 독립운동가이자 교육가요, 신실한 기독교인이었다. 남궁억은 조선 말 청렴하고 강직한 관료였으며 독립협회와 YMCA의 시민 활동을 통하여 겨레의 눈을 열어 독립의 기초를 놓고자 했다. 또한 교육으로 이 땅의 자주와 주권을 회복하고자 하는 꿈을 갖고 있었다.

남궁억 선생은 1918년 서울의 배화학당과 청년학원에서 8년 간 잡았던 교편을 놓고 강원도 홍천의 모곡이란 작은 시골 마을로 간다. 그는 모곡학교를 세워 민족의 미래를 준비하는 교육과 사회계몽활동에 온몸을 던졌다. 그는 나라꽃 무궁화로 둘러싸인 교정에서 '일하러 가세', '무궁화 삼천리', '철 잃은 나비'와 같은 창가(唱歌)를 목청껏 부르며 우리 역사를 가르쳤다.

남궁억 선생은 77년의 삶 중 22년의 시간을 모곡에서 보냈다. 그리고 무궁화 사건으로 구속되시기 전까지 유리봉 정상에 올라 새벽기도를 드렸다. 일제가 우리의 정신과 문화를 빼앗으려 했던 황국 우민화 정책이 가시화되던 1933년, 그는 갇힌 몸이 되었고, 1년 3개월 옥고의 후유증을 이기지 못해 1939년 4월 5일 77세의 일기로 소천하고 만다.

찬송 <삼천리 반도 금수강산>

하나님과 민족을 사랑한 남궁억 선생은 여러 편의 찬송시들을 남겼다. 일제 침략과정에 조선인이 수모를 겪기 시작할 무렵 만들어진 남궁억 선생의 찬송시에는 민족을 향한 뚜렷한 애국심이 나타난다. 1922년 '봄 돌아와 밭 갈 때'가 곧 온다는 가사의 조국광복의 찬가를 만들어 온 교회에 새로운 소망을 불러일으켰는데, 이 찬송이 바로 <삼천리 반도 금수강산>이다. 이 찬송의 쉬운 가사와 오페라 '라머무어의 루치아(Lucia di Lammermore)에서 따온 경쾌한 멜로디는 부르기 쉬워서 빨리 전파될 수 있었다. 이 찬송은 나라 잃은 우리 민족에게 큰 경각심을 불어넣었을 뿐 아니라 일제에는 두려움을 안겨주기도 했다. 일제는 이 찬송이 민족과 나라 사랑에 대한 애국성이 농후하다 하여 부르는 것을 금지했다. 1937년 <삼천리 반도 금수강산>은 일제에 의해 '금지 찬송가 1호'로 기록되는 영예(?)를 얻기도 했다.

〈삼천리 반도 금수강산〉은 '하나님이 주신 아름다운 금수강산에 할 일이 많으니 일하러 가자'는 내용을 담고 있다. 찬송가의 첫 구절인 '삼천리 반도 금수강산 하나님 주신 동산'은 일본에 의해 국권을 상실했지만 땅과 산, 강이 남아 있고, 이는 하나님이 주신 것이라는 내용을 담고 있어서 장래의 희망을 끝까지 지키려는 사람의 외침이 느껴진다. 2~3절은 밭, 일꾼, 곡식과 같은 농촌과 관련된 표현이 등장하는데 당시 국민의 80% 정도가 농민이었기 때문에 시대적 상황에 어울렸고 이해하기도 쉬웠다. 〈삼천리 반도 금수강산〉은 현실의 어두움 가운데에 있지만 하나님의 명령을 따라 나라와 민족을 위해 일하는 사명이 우리들에게 맡겨졌다고 믿게 하며 부르는 이에게 미래의 희망을 안겨주었다.

금수강산을 추수한 일꾼들

보통 인류학에서는 세계 인류를 두 가지로 분류한다. 그 하나는 인종(人種)이다. 인종(人種)이란 피부, 머리털, 눈의 빛깔, 코, 입술, 얼굴의 윤곽, 머리의 형태, 키, 체구 등 혈통을 중심으로 나타나는 몸의 모양과 체질의 특색으로 구분한 것이다. 또 하나는 민족(民族)이란 용어인데, 이것은 동일한 지역에서 태어나 동일한 혈통, 언어, 풍습, 역사 등 동일한 문화를 갖고 있는 사람들의 집단을 말한다. 인종과 민족은 같은 혈통, 같은 피부 색, 같은 기질, 같은 언어, 같은 문화, 풍습, 정신 등 동일한 민족성과 국민성, 역사성이 포함되어 있다는 면에서 깊은 연관이 있다. 민족주의나 민족정신이라는 말도 이런 연관된 관계 속에서 만들어진 말들이다.

한국의 민족정신, 민족주의 역사는 1910년 한일합방 이후 '잃어버린 나라와 역사를 찾자'는 구국운동에 그 뿌리를 두고 있다. 빼앗긴 조국의 역사와 문화, 땅과 주권을 찾아야 겠다는 강한 구국정신은 바로 민족정신이고, 나아가 민족주의 운동이었다. 비운의 역사 한가운데에서 기독교는 독립운동의 여명을 여는 빛줄기와 같았다. 그래서 뜻있는 지식인들과 젊은이들이 교회로 모여들었고 교회는 자연히 나라와 민족을 사랑하는 이들의 마음의 안식처가 되었다. 독립된 나라에서 하나님을 섬기는 것이야말로 그 당시 한국교회가 주장하는 시대적인 가치였다.

서양선교사들에 의해 한국에 기독교가 전래된 후 많은 기독교 민족주의자들이 배출되었다. 월남 이상재, 도산 안창호, 남강 이승훈, 고당 조만식 등 일제시대 민족의 아픔과 함께 미래의 희망을 이야기한 이들 가운데는 기독교 민족주의자들이 많았다. 지역과 영역은 달랐지만 이들이 갖고 있는 마음은 단 하나였다. 바로 하나님이 주신 삼천리 금수강산에 일꾼이 되어 봉사하고자 하는 청지기의 마음이었다.

눈을 들어 하늘 보라(찬송가 515장)

석진영 작사
박재훈 작곡

〈1절〉
눈을 들어 하늘 보라 어지러운 세상 중에 곳곳마다 상한 영의
탄식소리 들려온다
빛을 잃은 많은 사람 길을 잃고 헤매이며 탕자처럼 기진하니
믿는 자여 어이할꼬

〈2절〉
눈을 들어 하늘 보라 어두워진 세상 중에 외치는 자 많건 마는
생명수는 말랐어라
죄를 대속하신 예수 선한 일꾼 찾으시나 대답할 이 어디 있나
믿는 자여 어이할꼬

〈3절〉
눈을 들어 하늘 보라 살아계신 주 하나님 약한 자를 부르시어
하늘 뜻을 전하셨다
생명수는 홀로 예수 처음이요 나중이라 주님 너를 부르신다
믿는 자여 어이할꼬

〈4절〉
눈을 들어 하늘 보라 다시 사신 그리스도 만백성을 사랑하사
오래 참고 기다리셔
인애하신 우리 구주 의의 심판하시는 날 곧 가까이 임하는데
믿는 자여 어이할꼬

눈을 들어 하늘 보라

고난이 찾아 왔을 때

성경 속 다윗은 사울에게 위협을 당하면서도 하나님을 고백하며 믿음으로 나아갔다. 우리 주변에도 다윗과 같이 고난 속에서 하나님을 의지하며 나아간 믿음의 선배들이 있다. 특히, 일제시대 말 신사참배를 거부하고 옥중에서 순교한 주기철 목사(1897-1944)의 일사각오(一死覺悟) 신앙은 우리에게 큰 교훈을 준다. 믿음의 성도들에게 해방 이후 찾아온 남북분단과 전쟁은 갈등과 굶주림 속에서 절망치 아니하고 하나님을 바라보는 간절한 고백을 하게 만들었다. 한국전쟁 중인 1952년에 만들어진 찬송 〈눈을 들어 하늘 보라〉는 민족의 아픔 가운데 하늘의 하나님만 바라고자 하는 성도들의 고백이 고스란히 담겨있다.

이 찬양의 작사자 석진영 여사는 1926년 강원도 화천에서 태어났다. 어린 석진영은 보통학교(오늘날의 초등학교)를 다니면서 공부에 눈을 뜨게 되었고 서울로 전학 후에는 학문에 대한 깊은 열정을 갖게 된다. 서울대 국문과 재학 시절에는 기독학생 모임에 참석하여 함석헌 선생의 가르침을 통해 실천의 신앙을 배우기도 했다. 석진영은 1949년 대학 졸업 이후 본격적인 문학의 길로 접어든다. 활발하게 꿈을 펼치던 무렵에 의지하던 언니의 죽음은 그녀에게 큰 시련을 주었다. 허무한 인생에 대한 고뇌와 성찰이 그녀를 찾아왔다. 이 일을 계기로 삶을 주관하는 절대자에 대한 신앙이 더욱 깊어졌고 그녀만의 맑고 투명한 문학의 세계를 만들었다. 세상과 교회에 대한 말씀의 깨달음은 그녀의 문학 세계에 접목되어 갔고 믿는 자로서 사회에 대한 정의감과 책임감도 더욱 커졌다.

석진영은 1950년 한국전쟁이 발발하면서 서울을 떠나 부산으로 피난을 간다. 당시 부산은 전국 각지에서 몰려온 피난민들로 가득했고 혼란 그 자체였다. 석진영은 전쟁으로 인해 고통 받고 있는 민족의 아픔을 눈으로 보며 인생에 대해 깊이 생각하게 된다. 전쟁의 절망 가운데에 있는 우리민족에게 보이는 것은 희망이 아닌 탄식과 눈물 뿐이었다. 이러한 가운데 그녀는 민족에 대한 사랑의 마음을 갖게 되고 깊은 슬픔에서 오로지 바라보아야 할 것은 하나님이라는 것을 고백하게 된다. 그렇게 그녀의 깊은 신앙심은 현실과 접목되어 한편의 찬송시로 표현되는데 이것이 바로 〈눈을 들어 하늘 보라〉이다.

이렇게 만들어진 찬송시는 1952년 여름 해군 군악대에 복무하던 작곡가 박재훈에게 보내진다. 박재훈은 그 가사에서 하늘을 향한 소망의 메시지를 발견한다. 생명수가 마른 것 같은 어지러운 상황에서도 변함없이 역사하시는 하나님을 찬양하려 했던 그는 이 노랫말에서 위로를 얻고 영감을 받아 떠오르는 악상을 10분 정도 오선지에 옮겨 적었다. 이렇게 영혼을 울리는 서정적이며 잔잔한 감동을 주는 〈눈을 들어 하늘 보라〉의 멜로디가 태어났다.

이 찬송은 영육으로 메말라 가는 전쟁의 척박한 시대적 정황을 배경으로 하면서 믿는 자로서 하나님의 긍휼하심을 구하고 있다. 또한 하늘을 향한 소망으로 성도와 교회가 깨어나고 믿음으로 회복되는 된다는 믿음의 결단을 호소하고 있다. 가사 속 어지러운 세상과 탄식소리에서는 '와서 우리를 도우라' 했던 사도바울의 마케도니아 환상이 연상된다. 이 찬송에는 현실은 답답하고 어렵지만 그리스도의 십자가를 생각하면 극복할 수 있다는 희망의 메시지가 담겨져 있다.

영혼을 울리는 작곡가 박재훈 목사

〈눈을 들어 하늘 보라〉의 작곡가 박재훈은 1922년 강원도 김화군의 기독교 가정에서 태어나 자랐다. 우연의 일치일 수도 있겠으나 이 찬송의 작사가 석진영과 작곡자 박재훈의 고향인 강원도 화천과 김화는 서로 마주하고 있는 지역이다. 또한 이 두 지역은 한국전쟁 당시 치열한 격전지였으며 지금은 휴전선을 경계로 화천은 남한 지역에, 김화는 북한 지역에 속해 있다. 두 사람은 같은 강원도 동향이었지만 분단이 그들의 고향을 갈라놓았다. 혼란한 일제 말기에 청년 박재훈은 학업을 포기해야 하는 어려운 상황에 처하기도 했지만 신앙의 힘으로 이겨내고 평양 요한학교에 입학했고 이곳에서 음악 인생을 시작하게 된다. 이후 미국 웨스트민스트 합창대학과 인디애나폴리스 크리스천 신학교에서 교회 음악을 전공하고 귀국 후에는 한양대 음대 교수로 활동하게 된다. 또한 박재훈은 한국 최초의 동요작곡가로 〈산골짝의 다람쥐〉, 〈송이송이 눈꽃송이〉, 〈시냇물은 졸졸졸〉, 〈어머니의 은혜〉 등 주옥같은 동요들과, 찬송가 〈지금까지 지내온 것〉, 〈어서 돌아오오〉 등을 작곡

했다. 한마디로 박재훈 목사는 한국 동요와 찬송가 작곡의 개척자라고 할 수 있다. 박재훈은 2004년 우연히 여수 애양원을 방문한 뒤 손양원 목사의 기념관에서 충격적인 사진 한 장을 발견하게 된다. 그 사진에는 손 목사가 어느 나환자의 발바닥에 고여 있던 피고름을 빨고 있는 모습이었다. 그는 사진을 보자마자 전율이 일어서 그림 앞에 무릎을 꿇었다. 그리고 '손양원 목사의 삶을 꼭 오페라로 표현해 보리라'고 다짐했다.

'사랑의 원자탄' 손양원 목사

1939년 7월, 전남 여수의 한센인 시설 애양원에 손양원 목사가 부임했을 때, 당시 전도사였던 그는 이렇게 기도했다.

"이들은 세상에서 버림을 당한 자들이옵고, 세상 모든 인간이 다 싫어하여 꺼리는 자들이오나, 오 주여, 그래도 저는 이들을 진정으로 사랑하게 하여 주소서…."

사회의 냉대 속에 식량도 귀했고 치료약도 없는 애양원은 온몸에 피고름과 진물이 흐르는 환자로 넘쳐났다. 손양원은 '장갑을 끼고 장화를 신어야 한다.'는 규정도 무시하고 그들의 상처를 어루만졌다. 애양원 사역 중 신사참배를 거부하던 손양원 목사는 1940년부터 8·15 광복 때까지 옥고를 치러야 했고, 1946년 목사 안수를 받았

사랑의 원자탄 손양원 목사

다. 하지만 그가 당한 고난은 여기서 그치지 않았다. 1948년 여수·순천 반란 사건 때 그의 두 아들은 좌익 청년들에게 총살을 당한다. 그리고 아들을 잃은 슬픔 앞에서 손양원은 이러한 고백을 하게 된다.

1. 나 같은 죄인의 혈통에서 순교의 자식들이 나오게 하셨으니 감사합니다.
2. 가장 아름다운 두 아들 장자와 차자를 바치게 된 나의 축복을 감사합니다.
3. 많은 성도 중에 이런 보배를 내게 주셨으니 그 점 또한 감사합니다.
4. 한 아들의 순교도 귀하다 하거늘 하물며 두 아들의 순교라니요, 하나님 감사합니다.
5. 예수님 믿다가 누워 죽는 것도 큰 복이라 하거늘, 하물며 전도하다 순교 당함이라니요, 하나님 감사합니다.
6. 미국 유학 가려고 준비하던 내 아들 미국보다 더 좋은 천국 갔으니 감사합니다.
7. 사랑하는 두 아들을 죽인 원수를 회개시켜 내 아들 삼고자 하는 사랑의 마음 주신 하나님께 감사합니다.
8. 내 두 아들의 순교로 말미암아 무수한 천국의 아들들이 생길 것이라 믿으니 감사합니다.
9. 이 같은 역경 중에서 이상 여덟 가지 진리와 하나님의 사랑을 찾는 기쁜 마음, 여유 있는 믿음 주신 우리 주 예수 그리스도께 감사합니다.
10. 나에게 분수에 넘치는 과분한 큰 복을 내려주신 하나님께 모든 영광을 돌립니다.

여수·순천반란이 진압된 뒤 범인들이 잡혔다. 하지만 손양원 목사는 범인들을 용서했다. 그리고 자신의 아들들을 죽인 안재선이라는 학생 공산당원을 양아들로 삼는다. 사람들은 이런 손 목사의 사랑과 섬김의 정신이 원자폭탄보다 강하다 하여 사람들은 그를 '사랑의 원자탄'이라 불렀다. 손양원 목사는 한국전쟁이 발발한 후 피난길을 마다하고 한센병 환자들과 함께 병원과 교회를 지키다가 1950년 9월 28일 북한군에게 죽임을 당하며 두 아들이 먼저 간 하늘나라로 가게 된다.

박재훈 목사가 만든 오페라 〈손양원〉에는 하나님의 사람 손양원 목사의 일대기가 담겨 있다. 손양원 목사의 삶의 여정이 음악의 선율에 맞추어 사람들의 마음을 촉촉이 적신다. 그리고 오페라의 피날레에는 모든 출연진들이 나와 함께 〈눈을 들어 하늘 보라〉를 부른다. 손양원 목사 개인뿐 아니라 당시 해방 이후 극심한 이념의 혼란 가운데 있던 우리의 마음을 가장 잘 표현한 찬양이 바로 〈눈을 들어 하늘 보라〉다.

오페라 손양원의 피날레. 이 장면에서 모든 출연진이
찬송 〈눈을 들어 하늘 보라〉 함께 부른다

"눈을 들어 하늘보라 어지러운 세상 중에
곳곳마다 상한 영의 탄식소리 들려 온다
빛을 잃은 많은 사람 길을 잃고 헤매이며
탕자처럼 기진하니 믿는 자여 어이 할꼬."

어둔 밤 마음에 잠겨 (찬송가 582장)

김재준 작사
이동훈 작곡

〈1절〉
어둔 밤 마음에 잠겨 역사에 어둠이 짙었을 때
계명성 동쪽에 밝아 이 나라 여명이 왔다
고요한 아침의 나라 빛 속에 새롭다
이 빛 삶 속에 얽혀 이 땅에 생명 탑 놓아간다

〈2절〉
옥토에 뿌리는 깊어 하늘에 줄기가 치솟을 때
가지 잎 억만을 헤어 그 열매 만민이 산다
고요한 아침의 나라 일꾼을 부른다
하늘 씨앗이 되어 역사의 생명을 이어가리

〈3절〉
맑은 샘 줄기 용솟아 거칠은 땅에 흘러 적실 때
기름진 푸른 벌판이 눈앞에 활짝 트인다
고요한 아침의 나라 새 하늘 새 땅아
길이 꺼지지 않는 인류의 횃불 되어 타거라

어둔 밤 마음에 잠겨

새벽기도의 힘

한국 기독인들에게는 기도의 열정이 있다. 교회마다 '특새'라 불리는 특별새벽기도회 기간이 되면 성전은 빈자리가 없을 정도로 꽉 찬다. 새벽기도뿐 아니라 말씀을 통해 주님을 만나는 경건의 시간인 QT는 영적인 양식을 공급받는 귀중한 시간으로 자리를 잡았다. 왜 성도들은 새벽기도와 아침 묵상을 갈망하는 것일까.

새벽기도와 아침 묵상은 한 개인의 신앙생활에 큰 영향을 미친다. 하루의 첫 시간이고, 다른 때보다 집중력이 높아 신앙의 기초체력을 키워주는 영적 훈련이 되고, 예수님이 새벽 미명에 한적한 곳에서 기도하심으로 하루의 사역을 시작한 것처럼 이른 아침은 결단의 시간이기도 하기 때문이다. 애굽 군대가 홍해 바다에 수장된 때와 모세가 시내 산에서 십계명을 받은 시각도 새벽이었다. 또한 광야에 만나가 내린 시간도 새벽이며, 다니엘이 사자 굴에서 살아난 때도 새벽이었다.

새벽기도는 한국교회와 매우 밀접한 연관이 있다. 우리나라의 새벽기도는 1906년 가을, 길선주 장로의 주도로 평양 '장대현교회'에서 시작되었다. 길선주 장로는 나라와 민족을 걱정하며 새벽에 교회로 나가 기도했고, 이에 많은 교인들이 호응하여 같이 기도하기 시작했으며, 얼마 지나지 않아 300-500명에 이르는 교인들이 모이기 시작하였다. 이 새벽기도회는 1907년 평양에서 촉발된 대부흥의 시발점이 되었다. 이처럼 여명의 시간은 하루의 첫 시작이면서 우리 민족에게는 역사가 이루어지고 고민하던 문제가 풀리던 응답의 시간이었다.

민족과 교회의 여명

어둡던 일제시대를 보내고 광복을 맞이한 한국교회에는 새로운 여명이 올 것이란 기대감이 가득했다. 하지만 안타깝게도 한국교회는 분열로 무거운 발걸음을 내딛었다. 일제 말 친일 행적에 대한 크고 작은 갈등, 사회주의 국가들의 교회가 가입되어 있던 세계교회 연합 단체인 WCC(세계교회협의회) 참여에 따른 용공시비 등 크고 작은 문제들로 인해 한국교회는 분열을 거듭했다.

한국의 대표 교단인 장로교의 경우 '기장'과 '예장', 예장 안에서도 '통합', '합동', '고신', '합신' 등 복잡할 정도로 많은 핵분열이 일어났다. 기독교인들조차도 도무지 뭐가 뭔지 모를 정도로 많은 교단이 생겨났다. 한국교회를 근대사의 신비라고 주목했던 세계교회도 한국 장로교회를 세계에서 가장 많이 분열하는 교회로 보고 연구 대상으로 삼아야 한다고 할 정도였고, 한국에서는 '기독교'와 '예수교'가 싸우고 있다는 비아냥거리는 소리도 심심치 않게 들렸다.

한편에서는 짓누르는 분열의 무게를 감당하지 못해 뒤척거리고 있었지만 다른 한편에서는 그 무게를 떨쳐 버리고 새로운 교회로 거듭나려고 에큐메니컬운동, 사회참여 등의 새로운 움직임이 일어났다.

- 1959년 갈라져 있던 감리교의 무조건 합동
- 1964년 연세대에 연합신학대원에 설치가 되어 신학교육에서 연합이 이루어짐.
- 1965년 전국 복음화 운동 – '3천만을 그리스도에게로'가 일어남. (NCC, 보수교단, 가톨릭 연합)
- 1971년 부활절에 개신교와 가톨릭이 연합하여 신·구교 공동번역 신약성서 발간.
- 1972년 한국대학생선교회 CCC를 중심으로 교계가 연합하여 강원도 춘천에서 세계 최초의 성시화 운동이 일어남.

1960~70년대 교회는 마땅히 세계와 현실에 참여하지 않으면 안 된다는 사명을 가지고 1962년 군정에 민간으로의 정부이양 촉구, 1965년 한일협약 반대성명, 1969년 대통령 3선 개헌 반대 운동에 참여하면서 기독교는 한국 민주화 운동과 인권 운동의 선구로서 몫을 다해나가기 시작한다. 찬송가 〈어둔 밤 마음에 잠겨〉는 이러한 새로운 역사의 여명기에 태어났다. 이 찬송은 1966년 기독교 장로회 총회 기념곡으로 지어졌는데 '역사 속 한국교회'에 대한 메시지를 담고 있다.

이 찬송의 1절에는 우리나라(고요한 아침의 나라)가 일제치하(어둔 밤 마음에 잠겨 역사에 어둠 짙었을 때)에서 광복(빛 속에 새롭다)을 얻었으니 그 감격을 잊지 말고 그 빛을 우리의 삶속에 실현하여 생명 탑을 놓아가자는 의미가 있다. 2절은 '일꾼을 부른다'는 새로운 나라를 위한 일꾼이 되어 일하러 가자는 의미를 담고 있는 듯 하다.

　이 찬송의 1, 2절의 곡을 쓴 장공 김재준 목사의 신학의 중심 주제는 '현실의 변혁'이다. 이곡의 1, 2절에는 하늘나라와 거룩함 속에서도 현실의 것을 소홀히 해서는 안 되며, 자기 정체성을 잃지 말고 지금 내게 닥친 현실을 그리스도 생명의 현실로 변혁해 가야 한다는 '생활 신앙적 신념'이 담겨있다.

　이 찬송의 3절은 김재준의 제자 문익환 목사에 의해 지어졌다. 문익환은 1976년 명동 3·1구국선언사건으로 옥고 중에 3절을 작사하여 앞으로 고요한 아침의 나라에서 일어날 새 하늘을 꿈꾸며 이 곡을 완성하였다. 3절은 1, 2절과는 다른 어조로 '새 하늘 새 땅'을 염원하고 있다. 해방된 나라만으로는 새 하늘, 새 땅이 오지 않아서 하나님의 나라, 새 하늘, 새 땅의 꿈을 꾼다는 의미이다.

장공 김재준

　〈어둔 밤 마음에 잠겨〉의 주 작사자인 김재준 목사는 한국교회가 사회 참여 운동에 앞장서며 민주화운동에 교회가 적극 뛰어들도록 길을 열었다. 또한 보수 일색으로 경직됐던 한국 신학계에 현대신학의 물줄기를 들여와 교회 갱신에 힘써 '한국교회의 스승'으로 불리기도 한다.

　함경북도 경흥의 유교 집안 출신으로 어려서부터 한문과 서예에 능통했던 김재준은 당시로서는 안정적인 직업이었던 금융조합 서기를 뒤로 하고 1920년 서울로 올라와 YMCA의 시국강좌에 참여하면서 기독교를 접하게 된다. 이후 당시로서는 드물게 일본 아오야마신학교와 미국 프린스턴신학교, 웨스트민스터신학교 등에서 유학하며 성서비평학을 받아들이게 된다. 지금은 국내에서도 성서비평학을 받아들이고 있지만 당시만 해도 성서를 신앙이 아닌 학문으로 접근한다는 것은 낯선 일이었다. 김재준은 성서비평학을 소개하며 한국교회에 충격을 던졌다. 이로 인해 격렬한 신학논쟁이 일어났고 결국 해방 뒤인 1953년, 그는 장로교단에서 파면된다.

김재준은 뜻을 같이 하는 성직자들과 함께 '한국기독교장로회' 교단을 창설하고 한국교회를 변혁할 목회자 양성을 위해 '한국신학대학(현 한신대학교)'을 설립한다. 김재준은 사회참여 운동에도 적극적이어서 1965년 한일회담 반대운동을 시작으로 1970년대 유신헌법 반대, 반독재 민주화, 민족통일 운동에 참여하면서 민주주의와 평화, 인권의 가치를 실현하는데 앞장섰다. 마지막 순간까지 교회와 민족, 사회를 위해 몸을 아끼지 아니했던 김재준은 1987년 1월 민주화 운동의 결실을 미처 보지 못하고 하나님의 부름을 받았다.

김재준은 신학 연구의 자유, 현실 참여의 열정과 함께 신앙의 경건성을 강조했다. 무엇보다 신앙의 자기 정체성과 사회변혁과의 사이에서 균형을 잡기 위해 많은 노력을 기울였다. 그는 후배 신학자들에게 늘 그리스도의 마음이 살아있는 신학을 공부하라고 말했다. 근본주의적인 한국교회에 큰 충격을 주고 생명공동체로서 하나님 나라의 비전을 제시한 장공 김재준은 많은 신학자와 목회자들에게 영향을 주었다. 또 1960~70년대 종로5가를 중심으로 한국교회가 민주화의 성지 역할을 할 수 있었던 것도 김재준의 헌신과 희생이 있었기에 가능했다.

한국교회, 보수와 진보의 갈등

한국 사회의 보수와 진보 간 갈등의 골은 심각한 수준이다. 과거에 비하면 많이 줄었지만 요즘도 '색깔론'이 심심찮게 등장한다. 한국교회 역시 보수와 진보의 갈등 구조에서 자유롭지 못하다. 한국교회 지형에서는 주로 '사회참여 문제'와 '성서에 대한 이해'에 따라 크게 기장 교단과 한국기독교교회협의회(KNCC)로 대표되는 진보 측, 한국기독교총연합회(한기총)로 대표되는 보수 측으로 나뉘어 졌다. 물론 복음 전도와 사회적 책임을 강조하며 개혁적인 입장의 복음주의 진영이 있기는 하지만 한국교회에서 복음주의 그룹은 보수 측에 속하면서 개혁 운동을 지향하는 그룹이 주축이기에 그들을 딱히 한국 복음주의의 실체라고 말하기에는 무리가 있다.

한국교회의 보수 측은 반공에 깊은 뿌리를 갖고 있다. 해방 전후 한반도의 기독교인은 장로교인이 전체 기독교인의 3/4쯤 되었는데, 그 중 북한의 평안도를 중심으로 한 서북세력이 장로교의 60%를 차지하고 있었다. 당시 북한 기독교인은 20만 명 가량 되었는데 공산주의와의 갈등과 토지개혁 문제로 북에서 남으로 월남한 기독교인이 7~8만 명이었다. 사실 기독교와 공산주의 세력과의 싸움은 일제치하인 1920년대에 한반도에서 공산주의가 생겨나면서부터 시작되었다. 공산주의자들은 기독교를 제국주의 앞잡이, 민중의 아편, 미신 등으로 비판했고, 기독교는 공산주의가 가진 무신론과 유물론 사상 때문에 그들과 함께 갈 수 없었다.

남한으로 온 북한 기독인들은 곳곳에 모여 여러 교회들을 설립했다.

그 대표적인 교회가 바로 한경직 목사가 설립한 영락교회와 주기철 목사의 순교자 정신을 이어받은 산정현교회다. 공산주의를 반대하며 신앙의 자유를 찾아 온 이들의 굳건한 반공사상은 당시 한국사회와 한국교회의 북한에 대한 의식을 잘 대변해 주고 있다. 1950년 한국전쟁을 거치며 한국교회의 반공사상은 더욱 확고해져서 '북한정권은 적그리스도이기 때문에 무력을 동원해서라도 북진통일을 해야 한다'는데 이의를 갖고 있는 사람들이 거의 없었을 정도였다. 한국교회 보수 측은 반공과 함께 선교와 구제를 중심으로 사역해왔다. 반면에 한국 기독교의 진보측은 오랜 기간 사회 정의와 복음화 운동을 해왔다. 4·19 혁명, 전태일 사건, 유신 반대 운동, 광주 민주화 운동, 통일 운동 등 한국 현대사에서 일어난 중요한 사건에 참여해 사회문제 해결에 앞장서 왔다. 정치적으로 암울했던 시대 기독교회관이 있던 종로5가 일대는 민주화 운동의 성지와 같은 역할을 했고, CBS 기독교방송은 세상을 향해 희망의 메시지를 전했다.

1984년에 발행된 한국기독교 100주년 기념우표. 역사 앞에서 고난의 짐을 져야했고 또 앞으로 역경의 길을 가야할 한국 교회를 그리스도의 십자가로 이미지화했다

한국 교회의 보수와 진보는 1990년대 이전까지 각자의 방식으로 사고하고 행동해왔기 때문에 하나님의 정의로운 나라를 이 땅에 이루는 일과 하나님의 교회를 확장하는 일에 서로 대화하고 연합하지 못했다. 찬송〈어둔 밤 마음에 잠겨〉를 둘러싸고도 한국교회 내 보수와 진보 사이의 보이지 않은 갈등이 있어 왔다.

이 찬송은 KNCC, 기독교장로회, 한신대 등 기독교계 진보 진영 쪽에서 만들어졌고 널리 불려 왔다. 1984년 교단별로 따로 사용하던 찬송가를 통일할 때 가사의 내용과 신학적인 이유를 들어 보수교단 일부에서는 이 찬송이 찬송가에 실리는 것을 반대하기도 했다. 하지만 지금은 보수와 진보, 너나 할 것 없이 널리 불리고 있는 찬송가로 자리를 잡았다. 특히 이 찬송은 1984년 한국기독교 100주년 기념선교대회 때에도 불리며 극단의 시대 격동의 역사를 살고 있는 한국 기독인들의 마음을 위로했다.

부흥

고형원 작사·작곡

이 땅의 황무함을 보소서
하늘의 하나님 긍휼을 베푸시는 주여
우리의 죄악 용서하소서 이 땅 고쳐 주소서

이제 우리 모두 하나 되어
이 땅의 무너진 기초를 다시 쌓을 때
우리의 우상들을 태우실 성령의 불 임하소서

부흥의 불길 타오르게 하소서
진리의 말씀 이 땅 새롭게 하소서
은혜의 강물 흐르게 하소서
성령의 바람 이제 불어와

오, 주의 영광 가득한 새 날 주소서
오, 주님 나라 이 땅에 임하소서

부흥

영적 대부흥

1907년 평양 장대현교회에서 시작된 영적 대각성 운동은 한국교회 전역으로 퍼져 나갔다. 마치 작은 지류(支流)들이 모여 대하(大河)를 이루듯 1903년 하디 선교사 중심으로 일었던 원산 대부흥 운동을 시점으로 이어져 온 영적 각성의 움직임이 평양을 거쳐 전국적인 부흥운동으로 발전하게 된다. 평양 대부흥을 기점으로 기독교는 한국인들의 삶의 변방에서 서서히 삶의 깊은 의미로 다가오기 시작한다. 기독인들은 나라를 찾기 위해 나섰고 전쟁의 틈바구니에서 나라와 민족을 위해 중보하기를 그치지 않았다. 기독교는 경제발전과 민주화에 큰 기여를 했으며 한국사회의 현대화를 이끈 주역으로 자리매김했다.

1996년 11월, 평양과 북한지역이 영적 기근과 물질적 궁핍함에 시달리고 있는 것을 아파하며, 한 찬양사역자가 〈부흥〉이란 찬양을 만든다. 이 찬양사역자의 이름은 고형원이다. 고형원 선교사는 1,000만 명의 기독교인을 자랑하는 한반도의 남쪽이 물질만능주의와 개인주의로 황폐해져 있어 북한 땅의 아픔을 외면하고 있는 상황에서 이 땅에 다시 새로운 부흥의 불길이 일어나기를 기대하며 성령의 도우심을 구하는 마음을 갖고 〈부흥〉 찬양을 만들었다. 이 찬양은 비무장지대는 어두움으로, 북한은 에스겔의 속이 비어있는 메마른 뼈로, 남한은 풍성한 열매지만 내부로부터 썩고 있는 모습으로 보였다는 오대원 목사의 간증을 듣고 생긴 영감을 바탕으로 한다.

〈부흥〉은 1996년 11월 학원복음화협의회(학복협)에서 개최한 '리바이벌 96 대회'에서 처음 불린다. '리바이벌 대회'는 1989년부터 학원복음화협의회에서 매년 청년대학생들을 민족과 역사를 일으키는 일꾼으로 세우기 위한 개최해 오던 '복음·민족·역사' 집회의 새 이름이다. 〈부흥〉 찬양은 '리바이벌 96 대회'의 주제가로 불렸고 1997년 예수전도단에서는 〈부흥〉 찬양과 함께 한국의 회복과 부흥을 갈망하며 기도하기 위해 고형원 선교사가 만들었던 노래들을 모아 〈부흥〉 앨범을 제자한다. 〈부흥〉은 1997년 IMF 외환위기 속에서 영적인 곤고함에 처한 기독인들에게 큰 위로를 주었고 고통 받는 북한 동포들을 향한 신원의 마음을 품게 만들었다. 이후 고형원 선교사가 주축이 되어 후속 앨범들이 발표되었고 '부흥 콘서트'라는 이름으로 전국, 해외 콘서트가 진행되었다. 콘서트마다 모은 헌금은 100% 북한 돕기를 위해 사용되었으며 수많은 사람들이 부흥콘서트에서 북한과 세계선교를 위해 기도하고 헌신했다.

형제애로 북한을 돕다

한국교회는 해방 이후 신학적인 노선과 정치적인 성향에 따라 분열이 점점 더 심해졌다. 이러한 양상은 북한선교에서도 동일하게 나타났는데, 진보적인 교회에서는 북한을 대화의 상대라는 인식을 갖고 통일운동을 모색해 보고자 하는 움직임이 있었지만 대다수의 보수적인 교회들은 반공 정서에 근거하여 북한에 대한 적대적인 면을 많이 취하고 있었다.

보수 측 교단의 북한선교는 1977년 충현교회 김창인 목사를 중심으로 북한선교회가 설립되면서 새로운 국면을 맞이하게 된다. 북한선교회를 기점으로 무조건적, 적대적, 감정적인 북한 바라보기에서 벗어나 북한을 향한 선교적인 관점을 키우고 북한을 마음에 품고 준비하자는 운동이 본격화되었다. 세계정세가 급박하게 돌아갔던 1980년대 후반과 90년대 초반의 상황은 한국교회의 북한 선교에 전환점을 가져다 주었다. 진보적인 교회들은 1980년대 후반 분단 이후 최초로 북한교회와 만나 남북교회 교류를 시작했고, 보수 교회들은 북한을 인도적으로 돕고 남한 내에 입국한 탈북민들과 제3국의 탈북민들을 돕는 현장 사역에 본격적으로 뛰어들게 된다.

1992년에는 진보·보수 교회가 연합하여 국내 최초의 대북 지원 사업 단체인 '남북나눔운동'이 출범하게 된다. 남북나눔운동은 그동안 진보측이 중심이 되어 전개하던 통일 운동을 보수와의 연합으로 만들어 가는 계기가 되었으며 보수측의 적극적인 대북사업 참여의 시초가 되었다. 또한 1993년 만들어진 남북나눔운동 산하 연구위원회는 기독교계 북한선교 및 통일 운동의 이론적 토대를 제공하는 전문가 모임 역할을 했다. 기독지성인들의 신앙과 학문의 공동체였던 남북나눔운동 연구위원회는 2007년 통일을 준비하는 기독교 싱크탱크인 '한반도평화연구원'으로 창조적인 발전을 하게 된다.

한국교회 교단 차원에서는 예장 합동 측에서 1997년에 북한동포돕기 대규모 사업을 벌여 밀가루를 전달하는 것을 시작으로, 예장 통합 측은 북한선교와 평화통일을 위한 기도주일 및 예배, 평화와 통일을 위한 백두산 금강산 산상기도회, 북한 인근지역 방문, 북한 동포돕기, 탈북민 돕기, 통일학교 등을 개최하고 있다.

감리교에서는 교단 내부의 북한선교를 담당하는 '감리교 서부연회'를 통해 조선그리스도교연맹(조그련)과 연대하여 식량, 의약품, 의류 지원, 성경보내기 등을 지원하였으며 북한의 목회자 양성소인 평양신학원 건립의 운영비를 후원하기도 했다. 이외 서울신대, 아세아연합신학대 등에는 북한선교연구소가 있으며 주요 신학대학에는 '북한선교학' 과목이 개설되어 남북 교회 교류와 통일 선교를 대비하고 있다.

탈북민 지원

1998년 故 정주영 현대그룹 회장의 소떼 방북 이후 금강산 관광이 시작되고 2000년 남북 정상회담이 성사되면서 남북 관계의 새로운 가능성이 열렸다. 북한에 다녀오는 것이 더 이상 이례적인 일이 아니게 되었고 수시로 들어오는 탈북민들이 늘어나면서 탈북민들을 만나는 것도 더 이상 낯설거나 신기한 일이 아니었다. 2000년 이후 한국교회도 북한선교에 대한 새로운 가능성을 모색하고 새로운 영역의 북한선교를 개척하게 된다. 북한 기독교 기관과의 교류가 지속적으로 진행되면서 많은 기독교계 인사들이 북한을 방문하고 다양한 방법으로 북한을 돕기 위한 움직임이 본격화된다.

제3국의 탈북민 문제에 대한 구체적이고 실천적인 방법이 모색되었고 남한에 들어온 탈북민들의 정착을 돕기 위한 체계적인 프로그램이 도입되기 시작했다. 탈북민를 돕기 위해 중국에 파송된 선교사들은 중국 지역에 탈북민를 위한 피난처를 설치하고, 지하 신학교를 운영하며 성경, 테이프, 라디오, 노트북 등을 북한으로 밀반입시키고 있다. 최근에는 북한에 불고 있는 한류 붐을 이용해 남한의 드라마와 영화도 같이 보내고 있다. 이들의 사역은 탈북민을 회심시켜 다시 북한으로 파송하여 북한 지하교회를 활성화하는 방식, 탈북민을 한국으로 안전하게 망명시키는 방식, 한국에 들어온 탈북민을 한국에 정착시키는 방식 등 세 부류로 나뉜다.

한국에 들어온 탈북민들에 대한 정착지원은 많은 교회와 기독교단체가 관심을 갖고 실천에 옮기고 있다. 굿피플 자유시민대학은 탈북민의 직업교육과 창업교육에 전념하고 있으며 열매나눔재단은 탈북민을 대상으로 하는 사회적 기업을 운영하고 있다. 또한 '여명학교', '자유터학교', '하늘꿈학교', '한꿈학교' 등 기독교 계통의 탈북민 대안학교가 설립되어 탈북민들의 학업과 남한 사회 정착을 돕고 있다. 또한 탈북민 출신 사역자들을 중심으로 모임이 결성되고 탈북민들이 주축이 된 북한선교단체도 조직되었다.

복음주의 청년 통일운동

'학원복음화협의회'(학복협)은 전국 주요 선교단체들과 교회의 청년대학부를 주축으로 이루어진 복음주의 선교단체이다. 학복협은 학원복음화를 통한 성서한국, 통일한국, 선교한국을 이루는 것을 목표로 하고 있다. 학복협은 1989년부터 매년 '복음·민족·역사'라는 주제로 전국적인 연합 집회를 개최해왔다. 민족, 역사라는 단어가 의미하듯이 이 집회는 기독 대학생들이 개인적 차원의 고민을 넘어 민족과 사회문제를 품도록 비전을 제시하는 역할을 했다.

특히 1993년 대회의 참가자들은 임진각에 모여 '기독학생 임진각 선언문'을 발표하기도 했다. 이 선언문은 남북 분단을 인류에 편만한 죄악의 결과로 보는 동시에, '하나님께서 우리에게 부과하신 민족의 과업인 통일을 향한 애씀을 학우들의 어깨에 대신 지웠으며 지금 우리는 그들에게 많은 부분을 빚진 자임을 겸허히 인정한다.'고 하여 분단의 역사적 책임을 구체화했다. 또한 통일운동에서 비 기독인 학우들의 희생을 인정하고 있으며 기독청년들이 '복음·민족·역사' 앞에서 선교한국·성서한국·통일한국 운동에 동참할 것을 요청하고 있다.

1997년도에는 북한의 극심한 식량난에 대한 소식이 전해지면서 복음주의 청년 학생들사이에서도 북한동포돕기 운동이 벌어졌다. 기독청년학생들은 '기독청년대학생 통일봉사단'을 조직, 금식기도, 거리모금 캠페인, 모금 콘서트, 지역별 대국민 홍보 등의 활동에 나섰다. 통일봉사단은 학복협 소속 캠퍼스 선교단체와 몇몇 지역 교회들이 참여하여 결성되었다. 또한 학복협에서는 2004년 평양과기대 실립 후원을 위한 운동을 펼쳐 많은 청년대학생들의 호응을 얻었다.

복음주의 청년단체가 통일에 대해 가장 적극적으로 활동하고 있는 곳은 한국대학생선교회 CCC다. CCC는 북한젖염소보내기운동을 활발하게 전개하고 있는데 1999년부터 시작하여 2,000마리 이상의 젖염소를 북한에 보내고 젖이 잘 나오도록 착유기를 지원했다. 이외에 IVF, SFC, CMF 등이 북한·통일과 관련된 부서와 소모임을 만들어 운영하고 있으며 온누리교회·사랑의교회 등 수도권 지역 중·대형 교회 대학·청년부에도 북한·통일과 관련된 사역 부서들이 있다.

또한 2001년 기독교 사회자 지도자 양성과 통일 한국을 준비하기 위해 설립된 '한국리더십학교'는 통일 시대의 리더십과 각 영역별 남북 통합 모델을 제시하고 있다.

'분열'을 딛고 '연합'으로

2000년대 이후부터는 북한선교와 통일 사역의 뜻을 둔 학자, 사역자, 활동가들이 모여서 교류하는 장들이 많아졌다. 한국기독교통일포럼(2003년), 북한교회세우기연합(2006년), 기독교통일학회(2006년), 한반도통일연구원(2007년), 쥬빌리 통일구국기도회(2011년) 등이 설립되어 전문직업인 학자, 목회자, 현장활동가 사이에 교류가 활성화되기 시작했다.

2007년에는 전문 영역별로 통일 과정 그 이후의 미래상을 조명해 보는 '성서한국 영역별 통일대회'가 개최되었고 각 지역의 북한·통일 기도 모임들을 네트워크화 하는 움직임도 일어났다. 2007년 6월 6일에는 임진각 평화누리에서 북한·통일 선교단체들과 지역교회가 연합하여 'Jubilee Korea' 대회를 열었다. 2004년부터 부흥한국과 사랑의교회 대학부가 함께 진행했던 '부흥을 위한 연합기도운동'은 2007년 쥬빌리 코리아를 계기로 '쥬빌리 연합기도운동'으로 명칭을 변경했다. 이 중보기도 운동은 2011년 북한선교단체의 연합체인 '쥬빌리 통일구국기도회'로 승화되어 기도의 역량을 전국적으로 확산하고 있으며 2012년 이후 매년 전국적인 통일기도큰모임을 개최하고 있다.

2012년 6월 6일에 서울 숭실대학교 한경직기념관에서 열린 쥬빌리코리아 기도큰모임

2001년에 시작된 북한선교를 위한 중보기도 네트워크(PN4N)은 10년 이상 월간 기도 책자를 발행해 왔으며, 2012년에 월간 〈통일코리아〉라는 이름으로 한국교회를 대표하는 통일 큐티 매거진으로 자리를 잡았다.

'그날'을 향하여

한국 교회는 한국사회 어느 단체들보다 통일에 대한 의식이나 책임감이 높다. 또한 타의 추종을 불허할 만큼 헌신된 인적자원과 물적 역량을 갖고 있다. 이제 우리는 하늘에서 부어주신 지난날의 은혜에 감사하며 또 다른 부흥의 그날을 준비해야 한다. 찬양 〈부흥〉을 만든 고형원 선교사는 1998년에 부흥콘서트를 준비하면서 특별히 북한을 향한 하나님의 마음을 표현한 곡을 만들고 싶은 소망이 있었다. 그때 굶주림과 수많은 고통으로 죽어 가는 북한의 영혼들이 하나님의 오랜 슬픔이었다는 것을 깨닫고, 금식하며 〈그날〉이라는 찬양을 만든다. 이 찬양은 북녘을 향한 그분의 아파하심이며 한국의 기독인들을 향한 도전의 메시지다.

그날

고형원 작사·작곡

사망의 그늘에 앉아 죽어 가는 나의 백성들
절망과 굶주림에 갇힌 자들은 내 마음의 오랜 슬픔
고통의 멍에 메여 울고 있는 나의 자녀들
나는 이제 일어나 저들의 멍에를 꺾고
눈물 씻기기 원하는데
누가 내게 부르짖어 저들을 구원케 할까
누가 나를 위해 가서 나의 사랑을 전할까
나는 이제 보기 원하네
나의 자녀를 살아나는 그날
기쁜 찬송 소리 하늘에
웃음소리 온 땅 가득한 그날
누가 내게 부르짖어
저들을 구원케 할까
누가 나를 위해 가서 나의 사랑을 전할까
나는 이제 보기 원하네
나의 자녀를 살아나는 그날
기쁜 찬송 소리 하늘에
웃음소리 온 땅 가득한 그날

십자가

윤동주 지음

쫓아오던 햇빛인데
지금 교회당 꼭대기
십자가에 걸리었습니다.
첨탑(尖塔)이 저렇게도 높은데
어떻게 올라갈 수 있을까요.
종소리도 들려오지 않는데
휘파람이나 불며 서성거리다가,
괴로웠던 사나이
행복한 예수 그리스도에게처럼
십자가가 허락된다면
모가지를 드리우고
꽃처럼 피어나는 피를
어두워 가는 하늘 밑에
조용히 흘리겠습니다

십자가

민족주의와 기독교

한국인이 가장 좋아하는 시인 윤동주 (1917-1945)의 시에는 두 가지의 가치가 자리 잡고 있다. 바로 민족주의와 기독교다. 민주주의와 기독교는 윤동주가 자라온 환경과 깊은 관련이 있다. 윤동주의 외할아버지 김약연 목사는 만주 용정에 민족학교인 '명동학교'를 세운 교육자였고, 그 학교에서 민족 교육을 하

2001년 발행된 시인 윤동주의 우표

여 후에 많은 독립운동가를 길러냈다. 명동학교에서 함께 공부한 윤동주 시인과 문익환 목사가 친한 친구 사이였다는 것은 이미 널리 알려진 사실이다.

윤동주의 시 〈서시〉, 〈참회록〉 등에는 깊은 '소명'과 '자기희생'이 배어 있는데 이는 윤동주의 기독교 정신에서 나온 삶의 고백이기도 하다. 윤동주는 〈십자가〉에서 뚜렷한 인생의 방향과 삶의 목표를 나타낸

다. 그가 연희전문학교를 마치고 일본 유학을 간 것도 개인적 출세나 영달을 위해서가 아니라 어두운 시대에 민족을 구출할 수 있는 방법을 찾기 위함이었다.

시 〈십자가〉에는 자기희생을 통해 독립의 밀알이 되고자 하는 작가의 신념이 배어 있고 삶의 희망과 목표가 걸려 있다. 하지만 삶의 목표 이면에는 연약한 인간으로서의 고뇌와 갈등도 있다. 그래서 시 속의 화자는 차마 교회 위 첨탑에 올라갈 수 없어서 그냥 혼자서 서성인다. 윤동주는 자신이 가야할 길의 방향을 예수에게서 찾는다. 예수 그리스도는 현실에서 인류의 모든 짐을 지고 괴로워했으나 십자가에 못 박혀 희생되었기 때문에 그의 삶은 불행하지 않고 행복했다고 고백한다. 그래서 예수처럼 자기희생을 위한 십자가가 허락되기를 바란다.

그에게 십자가는 곧 일제치하에서 무기력하게 사는 자기 자신에 대한 자책과 현실적 괴로움 그리고 민족을 위하여 스스로 희생하겠다는 소명의식을 의미한다. 윤동주는 일본 후쿠오카 형무소에서 임종을 하기 전까지 신약성경 읽기에만 몰입했다고 한다. 시 〈십자가〉는 죽음을 눈앞에 둔 어렵고 힘든 고난의 순간에 오직 하나님의 말씀을 붙들고 하나님과 친밀한 대화를 나누며 최후의 삶을 마무리하는 순교자의 신앙고백이다.

'십자가'와 '통일'

우리는 종종 십자가에 관련된 찬양을 부른다.

♪ '십자가를 질 수 있나 주가 물어보실 때. 죽기까지 따르오리 저들 대답하였다'

♪ '하나님의 사랑이 영원히 함께 하리 십자가의 길을 걷는 자에게 순교자의 삶을 사는 자에게'

찬송 가사의 내용을 보면 십자가의 길은 세상적으로 감미로운 길이 아니다. 고난의 길이다. 고난을 바라보면 누구나 다 두려워 떨 수밖에 없다. 고난을 좋아하는 사람은 아무도 없다. 그러나 고난이 없는 사람도 없다. 세상을 살아가다 보면 성공과 행복만 있는 것이 아니다. 하나님을 잘 섬긴다 하여 고난이 면제되는 것도 아니다. 하나님께서 우리에게 고난을 허락하시는 이유는 고난을 통하여 우리가 성숙해지고 온전케 하기 위함이다.

우리들의 구원자이신 예수 그리스도도 고난을 통해 온전케 되셨다. 예수님이 어떤 부족한 부분이 있어서 고난으로 온전케 되신 것이 아니라 인간의 구원을 완성하기 위해서 고난을 받으셨다. 그리스도의 십자가는 죄로 인한 고난이 아니라 바로 우리들을 구원하기 위한 고난이었다.

"그가 찔림은 우리의 허물을 인함이요 그가 상함은 우리의 죄악을 인함이라 그가 징계를 받음으로 우리가 평화를 누리고 그가 채찍에 맞음으로 우리가 나음을 입었도다. 우리는 다 양 같아서 그릇 행하며 각기 제 길로 갔거늘 여호와께서는 우리 무리의 죄악을 그에게 담당시키셨도다."

(이사야 53장 5~6절)

사람의 죄는 분노와 증오를 불러일으킨다. 그리고 종국에는 싸움과 전쟁에 이르게 된다. 하지만 하나님의 은혜는 서로를 돌아보아 사랑과 격려를 하고 용서와 화해로 그 열매가 나타난다. 창세기에 나오는 동생 아벨을 죽인 가인의 죄는 분노와 저주로 나타났고 야곱과 에서의 갈등은 하나님의 은혜로 사랑과 화해를 이루며 해피엔딩으로 막을 내린다. 또한 예수 그리스도의 피로 죄인들이 하나님과 화해하고 원수 되었던 사람들이 용서하고 사랑하며 화해하게 되었다.

한반도의 화해와 통일도 십자가의 영성에서 시작되어야 한다. 십자가의 영성은 '내려놓음'과 '헌신'의 영성이고 '용서'와 '사랑'의 영성이기 때문이다. 우리의 겉 사람은 하나님과 공동체를 이야기하지만 속사람의 본성에는 강한 이기심이 있다. 물질, 명예, 집안, 지역, 민족에 집착하는 것이 사람의 본능적인 이기심이다. 암울한 분단의 현실 속에서도 우리는 이기적인 집착을 보여 왔다. 그러므로 지금 우리에게 필요한 것은 바로 이기심을 버리는 것이다. 그러기 위해서는 십자가 앞에서 나를 비우고 내려놓는 훈련을 지속해야 한다.

십자가 영성은 기독교 신앙의 핵심이다. 오직 십자가 사랑만이 사람을 변화시킨다. 십자가 아래에서만이 미움이 사랑으로, 갈등이 평화로, 이기심이 나눔으로 바뀐다. 만약에 십자가의 사랑이 없다면 우리가 어떻게 통일을 만들어 나갈 수 있을까? 서로를 품지 못하고 의심하고 서로 경계하고 두려워하는데 어떻게 화해하자고 할 수 있을까? 그러나 남한의 기독인들이 십자가 사랑을 실천한다면 남북 관계가 아무리 얼음장과 같더라도 그것을 녹이는 따뜻한 물이 될 수 있다. 그리고 얼음이 녹음과 함께 우리는 따뜻한 봄을 맞이할 수 있다. 십자가의 사랑 안에 있을 때 우리는 두려운 것이 없게 된다. 1948년 좌·우익이 대립하는 극단의 역사 현장에서 십자가의 사랑을 실천했던 손양원 목사처럼 말이다.

평화의 기도

십자가의 사랑은 전쟁마저도 무력화시킨다. 실제로 수도사 성 프란체스코(1182~1226)의 삶이 그랬다. 성 프란체스코는 모든 것을 내어놓은 청빈의 삶을 살았다. 그는 재산도, 평안한 삶도, 세상의 향락도, 아버지로부터의 상속권도, 아버지도, 모두 버린 채 한평생 약함과 가난과 청빈의 삶을 살았다. 그래서 그는 이 세상의 모든 것을 품고 사랑하는 평화의 사도로 살수 있었다. 그리고 늘 평화를 기도했다.

> "주여 나를 평화의 도구로 써 주소서!
> 미움이 있는 곳에 사랑을,
> 상처가 있는 곳에 용서를,
> 오류가 있는 곳에 진리를,
> 절망이 있는 곳에 희망을 심게 하소서!"

우리에게 너무나 잘 알려진 '평화의 기도'는 이렇게 태어났다. '평화의 기도'가 태어났던 13세기 유럽과 중동은 전혀 평화로운 시기가 아니었다. 유럽의 교회는 동서로 분열되었고 예루살렘 회복을 위한 십자군 전쟁이 일어난다. 기독교인들은 이성을 잃고 자본과 군대의 힘으로

1976년 이탈리아에서 발행된 성 프란체스코를 기념하는 우표

모든 것을 해결하려 했다. 예루살렘을 탈환하기 위해 '십자군'을 일으켜 싸움터로 나갔다. 성 프란체스코는 탄식하며 무력의 십자군에 대항하여 '평화의 십자군'을 만들고 무력이 아닌 평화를 외친다. 1219년 제5차 십자군 전쟁 당시 12명의 제자들을 데리고 무장을 하지 않은 채 시리아와 이집트를 방문해 복음을 전한다. 중동에서 십자군 전쟁 이후 유일하게 복음의 열매가 맺힌 곳이 바로 시리아와 이집트다.

성 프란체스코는 그들을 대적하는 사람들을 만나기 전 항상 기도를 드렸다. 그 기도가 바로 우리가 잘 알고 있는 '평화의 기도'다. 이 평화의 기도는 단순히 900여 년 전의 옛 기도문이 아니라 지금도 긴장관계 속에 있는 남북한과 동북아시아에 동일하게 적용되는 기도문이다. 이 시간 조용히 '평화의 기도'를 묵상해보자.

평화의 기도

성 프란체스코

주여 나를 평화의 도구로 써 주소서
미움이 있는 곳에 사랑을
다툼이 있는 곳에 용서를
분열이 있는 곳에 일치를
의혹이 있는 곳에 신앙을
그릇됨이 있는 곳에 진리를
절망이 있는 곳에 희망을
어두움에 빛을
슬픔이 있는 곳에 기쁨을
가져오는 자 되게 하소서
위로받기보다는 위로하고
이해받기보다는 이해하며
사랑받기보다는 사랑하게 하여 주소서
 우리는 줌으로써 받고
용서함으로써 용서받으며
자기를 버리고 죽음으로써
영생을 얻기 때문입니다.

Living United Korea

젊은이들에게 필요한 네 가지는 흔들 수 있는 깃발, 부를 수 있는 노래, 믿을 수 있는 신조, 따를 수 있는 지도자다.

나단 푸쉬(Nathan Pusey, 1907-2001) 前 하바드대 총장

마치며,
통일 세대에게

마치며, 통일 세대에게

"젊은이들에게 필요한 네 가지는 흔들 수 있는 깃발, 부를 수 있는 노래, 믿을 수 있는 신조, 따를 수 있는 지도자다."

– 나단 푸쉬(Nathan Pusey, 1907-2001) 前 하바드대 총장

젊은 그들

· 조선말기 개화사상(開化思想)에 영향을 받은 김옥균은 국가의 개혁을 위해 노력하다 33살 때인 1884년 개화파 세력들과 함께 갑신정변(甲申政變)을 일으킨다.

· 1898년 개화사상과 기독교를 받아들인 23살의 청년 이승만은 독립협회와 언론 활동을 하며 정부전복을 획책하였다는 혐의로 사형선고를 받았다.

· 1893년 17살의 나이로 동학(東學) 운동에 참여한 청년 김구는 청년 시절의 대부분을 항일운동을 하며 현장 활동과 투옥을 번갈아 가며 했다.

김옥균, 이승만, 김구뿐 아니라 같은 시대를 살았던 많은 젊은이들이 풍전등화(風前燈火) 가운데 있는 조선의 운명을 바꾸어 보고자 자신의 모든 것을 내걸었다. 이것은 19세기 말 조선의 젊은이들이 가지고 있었던 시대정신이었다. 어떤 이들은 개화사상과 기독교를 받아들이며 그 사명을 다 하고자 했다. 또 어떤 이들은 서구문물인 서학(西學)을 반대하며 동학(東學)을 만들고 인내천(人乃天) 사상을 바탕으로 나라의 운명을 바꾸려고 했다.

이러한 시대의 흐름 속에 청년정신은 조선 말과 일제강점기 젊은이들에게는 일종의 횃불과도 같았다. 이상재, 안창호, 조만식 같은 지도자들은 젊은이들의 역할 모델이 되기도 했다. 암울했던 일제 강점기의 젊은이들에게는 항일독립이라는 대의명분을 바탕으로 분명 '흔들 수 있는 깃발', '부를 수 있는 노래', '믿을 수 있는 신조', '따를 수 있는 지도자'가 있었다. 그렇다면 통일시대를 살아갈 지금의 젊은이들은 어떨까?

사회가 양극화되고 청년 실업률이 나날이 증가하면서 많은 청년들이 미래에 대한 불안감을 갖고 있다. 하지만 우리 젊은 세대들은 좌절만 하고 있지 않고 삶의 현장에서 또 다른 가능성을 찾아 자신과 사회를 같이 생각한다. 몇 년 사이 예전과는 다른 젊은 세대에 대한 논의가 다시 불붙었다. 2010년 1월 조선일보가 기획보도한 G세대와 2011년 4월 중앙일보가 기획 보도한 P세대가 대표적이다.

G세대와 P세대는 용어만 다를 뿐 사실은 다양한 공통분모를 갖고 있다. 공통분모를 조합해 보면 '글로벌시대 열린 민족주의를 갖고 있는 자기 개성이 강하고 실용을 중시하는 젊은이들'로 정의를 내릴 수

있다. 그리고 이러한 시대의 공통분모 속에 우리는 다음 세대가 통일 세대로 세워지기 위해 고민해야 한다.

지금 지구촌 곳곳에서는 젊은 감각을 가진 리더들의 새로운 도전이 세상을 바꾸고 있다. 애플의 CEO 이었던 스티브 잡스(Steve Jobs), 페이스 북의 설립자인 마크 주커버그(Mark Zukerburg)가 그렇다. 이들은 모두 약관의 20대 나이에 처음 일을 벌였다.

비록 기술개발과 통일은 큰 연관이 없긴 하지만 청년 세대를 열광하게 하는 이들의 모습을 보면 다음 세대를 위한 통일 담론의 방향에 대한 영감을 얻을 수 있다. 다음 세대를 위한 통일의 방향은 나단 푸쉬의 '흔들 수 있는 깃발, 부를 수 있는 노래, 믿을 수 있는 신조, 따를 수 있는 지도자'에 그대로 반영되어 있다.

· 흔들 수 있는 깃발 – 통일을 이야기 할 수 있는 '커뮤니티'
· 부를 수 있는 노래 – 미래세대를 아우를 수 있는 '문화적 역량'
· 믿을 수 있는 신조 – 통일과 평화의 가치가 내포된 '시대정신'
· 따를 수 있는 지도자 – 시대의 가치가 반영된 '리더십'

미래 세대의 주인공들에게는 주입식 교육과 같이 일방적인 방향으로만 통일을 이야기해서는 안 된다. 미래세대의 상상력과 창의력을 자극하여 그들 스스로 행동하도록 동기부여 하는 선에서 이루어져야 한다. 그들 스스로 신념을 갖고 커뮤니티를 만들고 문화를 꽃피우며 리더십을 구축해 나가도록 해야 한다. 기성 세대가 미래 세대를 위해 해 줄 수 있는 일은 아젠다의 설정, 감독이 아니라 꿈을 펼칠 수 있는 장을 만들어 주는 것이다. 그리고 현재 진행형인 미래 세대의 '통일 담론'에

애써 알파벳 이니셜의 '세대'를 붙이지 말고 훗날 객관적이고 역사적인 평가를 기다리는 어느 정도의 여유도 필요하다.

'좌정우정(左情右情)'의 마음으로

2004년 북한 개성지역에 남북합작 개성공단이 가동되면서 심심치 않게 북측 근로자들에게 간식으로 제공되는 '초코파이'에 대한 이야기들이 자주 오르내리고 있다. 북측 근로자들이 초코파이를 먹지 않고 밖으로 가져가 이를 판매하고 있으며 장마당(북한식 시장)을 통해 평양뿐 아니라 북한 전역에서 높은 가격에 거래되고 있다는 내용이다. 북한 당국의 경계에도 불구하고 초코파이의 인기는 높다. 개성공단의 북측 근로자들은 초코파이를 조금이라도 더 받기 위해 열심히 일하는 노력을 아끼지 않는다. 이미 초코파이의 애칭인 '개성빵(개성에서 온 빵)'은 북한에서 자본주이이 달콤함을 상징하는 '특별한 ㄱ 무엇'의 자리를 굳히고 말았다.

그동안 '개성빵' 초코파이는 '진보적인 가치'의 실현이었다. 대북 포용 정책의 결과물로 만들어진 것이 개성공단이며 개성빵 초코파이는 개성공단이 낳은 최고의 히트상품이다. 어쩌면 개성빵 초코파이는 대북포용 정책이 갖고 있는 이상향의 한 단면일 수도 있다. 진보논객인 조국 서울대 교수는 저서 〈진보 집권 플랜〉에서 '천안함과 초코파이'란 꼭지글을 통해 '천안함'을 하드파워 갈등의 결과물로 표현했고 '초코파이'를 소프트파워의 열매로 표현하기도 했다.

하지만 이제 더 이상 '초코파이'는 진보만의 가치로 끝나서는 안 된다. 보수에서도 초코파이 개성빵을 이야기해야 될 때가 왔다. 아니 이미 이야기하고 있는 사람들이 나오기 시작했다. 2012년 1월 설 연휴를 앞두고 탈북민·북한 민주화 단체들은 강화도에서 초코파이 100kg을 풍선에 실어 북한으로 날려 보냈다. 진보적 가치의 전유물이었던 '초코파이'가 보수도 함께 이야기하는 '실용적인 가치'로 전환되는 순간이었다.

앞으로는 좌파든 우파든 상관없이 북한 주민들에게 '초코파이만 전달되면 된다'는 자세가 필요하다. 일명 '좌정우정(左情右情)'이다. 여기서 정(情)은 초코파이의 브랜드 콘셉트인 '정(情)'을 의미한다. 북한 내 초코파이 현상의 기초를 진보가 놓았다고 해서 그 열매를 진보만 누려서도 안 되고, 보수는 또 그것을 외면하려고 해서는 안 된다. 앞으로는 초코파이를 진보-보수가 같이 공유하고 다양한 방법으로 북한 주민들에게 전달하는 실용적인 자세가 필요하다. 그것이 바로 '좌정우정(左情右情)'이다.

우리 사회는 그동안 진영논리에 묶여 북한·통일문제에 극단의 대립을 가져왔다. 하지만 이제는 차이점만을 이야기하는 것이 아니라 공통점을 찾아 뜻을 융합하는 지혜가 필요하다. 통일의 과정과 이후에 우리에게 가장 필요한 것은 진보든 보수든 북한 사람들의 마음을 얻는 것이다. 이미 초코파이의 보급으로 북한 사람들은 자본주의의 달콤함을 맛보기 시작했다. 이제는 실용적인 가치에 입각하여 잠시의 달콤함을 지속적인 느낌으로 만들어 주어야 한다. 30여 년 전, 검은 고양이든 흰 고양이든 쥐만 잘 잡으면 된다는 덩샤오핑의 '흑묘백묘' 이야기가 중국이

G2가 되는데 초석을 놓았듯이, 이제는 우리가 통일 한국의 새로운 한반도를 디자인할 차례다. '좌정우정(左情右情)'의 기치를 들고 말이다.

통일 한국을 향한 이중적 귀 기울임

2011년 타계한 복음주의의 거장 존 스토트 목사의 신앙과 신학은 철저히 성경을 기초로 하고 있다. 그의 사역의 핵심은 성경을 해석하고, 말하고, 적용하는 일이었다. 존 스토트는 세상에 대한 관심도 많았다. 성경이 오늘날 우리의 삶에 어떤 해답을 가져다주는가를 찾아내기 위해 세상에 늘 귀를 기울였다. 그는 현대사회의 문제들을 기독교적인 시각으로 바라보는 '런던 현대기독교 연구소(LICC)'를 설립하는 등 세상과 소통하려는 노력을 게을리하지 않았다. 존 스토트는 이중적 귀 기울임(double listening)에 관심을 가져야 한다고 말했다. 여기서 이중적이란 말은 말씀으로부터 듣는 일(listening from the Word)과 세상으로부터 듣는 일(listening from the World)을 말한다.

통일 한국을 준비하는 기독인들에게 존 스토트의 삶과 사역은 커다란 영감을 준다. 기독인들은 끊임없이 말씀을 통해 영적인 교감을 해야 하고 직업과 일의 영역에서 자신의 역량을 키우며 사회와 소통해야 하는 위치에 있다. 어느 것 하나 소홀히 할 수 없으며 극단적으로 치우쳐서도 안 된다.

지금 우리에게 필요한 것은 통일과 북한을 향한 하나님의 마음을 알고 곧 다가올 그날을 위해 부르심에 순종하며 최선을 다해 준비하는 것이다. 통일 한국은 거창한 구호나 슬로건이 만드는 것이 아니다. 돈이나 명예나 권력이 통일을 만들어 주지 않는다. 통일은 복음·민족·역사 앞에 순전한 마음을 가지고 나아가는 사람들의 헌신과 준비를 통해서 만들어진다.

It's our turn !!!

참고자료

〈단행본〉

가와기타 마노루, 설탕의 세계사, 좋은 책 만들기, 2003년
강원택 외, 한국형 싱크탱크의 가능성, 삼성경제연구소, 2006년
강준만, 한국현대사산책3, 인물과 사상사, 2002년
고형원, 부흥 예배자, 규장, 2006년
권경걸 외, 꼭 알아야 할 북한통일 110가지, 평화문제연구소, 2011년
김민주·송희령, 시티노믹스, 비즈니스맵, 2010년
김별아, 스크린의 독재자 찰리 채플린, 이룸, 2012년
김병로, 남북한교회 통일콘서트, 기북선, 2006년
김삼웅, 한권으로 보는 해방 후 정치사 100장면, 가람기획, 1999년
김성보 외, 북한현대사, 웅진지식하우스, 2004년
김윤태, 교양인을 위한 세계사, 책과 함께, 2007년
남성욱 외, 한반도 상생프로젝트, 나남, 2009년
니콜라 베르트, 러시아혁명, 시공사, 1998년
롤프얀센, 드림소사이어티, 리드리드, 2005년
말콤 글래드웰, 티핑포인트, 21세기북스, 2004년
무하마드 유누스, 가난 없는 세상을 위하여, 물푸레, 2008년
박기찬 외, 경영의 교양을 읽는다, 더난출판, 1995년
박용규, 평양대부흥 이야기, 한국교회사연구소, 2005년
박원순, 세상을 바꾸는 천개의 직업, 문학동네, 2011년
박지연 외, 우리들의 직업 만들기, 한국고용정보원, 2011년
배기찬, 코리아 다시 생존의 기로에 서다, 위즈덤하우스, 2005년
비전성경, 두란노, 2002년
스미소니언연구소, 소외된 90%를 위한 디자인, 에딧더월드, 2010년
양문수, 북한 경제의 시장화, 한울아카데미, 2010년
오소운, 누구나 알기 쉽게 쓴 21세기 찬송가 연구, 성서원, 2012년

오카베 마키오, 만주국의 탄생과 유산, 어문학사, 2009년
윤영관·양운철, 7·1 경제관리개선조치 이후 북한 경제와 사회, 한울아카데미, 2009년
이덕주, 이덕주 교수가 쉽게 쓴 한국교회사 이야기, 신앙과지성사, 2009년
이사벨라 버드 비숍, 한국과 그 이웃 나라들, 효형출판, 2005년
이선민, 민족주의 이제 버려야하나, 삼성경제연구소, 2008년
이종석, 새로 쓴 현대북한의 이해, 지식비평사, 2000년
이화여대 한국근현대사 연구실, 한국근현대 대외관계사 재조명, 국학자료원, 2007년
전병길 외, 코즈마케팅, 새로운 제안, 2010년
전병길·고영, 새로운 자본주의에 도전하라, 꿈꾸는 터, 2009년
전병길·박일수, 통일한국 브랜딩, 꿈꾸는 터, 2011년
전우택, 사람의 통일 땅의 통일, 연세대 출판부, 2007년
정세진, 계획에서 시장으로, 한울아카데미, 2000년
정진호, 멈출 수 없는 하늘의 열정, 규장, 2005년
조국·오연호 공저, 진보집권플랜, 오마이북, 2010년
조선일보 위클리비즈팀, 위클리비즈 I, 21세기북스, 2010년
조용관·김윤영, 탈북민와 함께하는 통일, 한울아카데미, 2009년
존 판던, 오 이것이 아이디어다, 웅진지식하우스, 2012년
최윤식, 2020 부의전쟁 IN ASIA, 지식노마드, 2010년,
프라할라드, 저소득층 시장을 공략하라, 럭스미디어, 2006년
필리퍼 틴데일, 네가 선택한 길에서 뒤돌아보지 마라, 포이에마, 2010년
한국개발연구원·시장경제연구원, 시장경제의 재발견, 한빛비즈, 2012년
한화룡, 4대 신화를 알면 북한이 보인다, 한국기독학생회출판부, 2000년
홍일표, 세계를 이끄는 생각, 중앙북스, 2008년
황의서, 독일 통일이야기, 야스미디어, 2009년

〈신문·잡지〉

"[이상규의 새롭게 읽는 한국교회사] (52) 김재준의 신학", 국민일보 2012년 3월 4일
"1958년 중국 공산당 대약진운동 전면 개시", 경향신문, 2009년 5월 15일
"20세기 사람들 레닌에서 비틀즈까지 - (8) 헨리포드", 한겨레, 1993년 7월 24일
"40-80으로 가는 길", 매일경제, 2012년 6월 28일
"4만여 명 먹여 살리는 '보통령' 뽀로로의 꿈", 머니투데이, 2011년 11월 10일
"7000조원....북한의 광물 매장량 잠재가치", 중앙일보 2011년 1월 6일
"강제규 감독과 다큐멘터리의 인연", 한국일보, 2011년 12월 15일
"개성공단과 초코파이", 서울신문, 2010년 9월 13일
"남궁억 선생의 무궁화사랑", 강원일보, 2009년 8월 28일
"남북 이복형제 100억 원대 유산분쟁, 조정으로 마무리", 노컷뉴스, 2011년 7월 12일
"도시재생, '삶의 질' 향상에 중점 둬야", 건설경제신문, 2012년 2월 17일
"독일영화 '굿바이레닌'", 한겨레 2003년 10월 20일
"동양제과 오리온 초코파이", 매일경제, 2000년 12월 14일
"북한에 재활용 열풍 일으킬 것", 국민일보, 2005년 10월 3일
"사법연수원 41기, 탈북민 안내책자 내기로", 법률신문, 2011년 8월 25일
"서울의대, 통일 대비한 통일의학센터 개소", 연합뉴스, 2012년 6월 11일
"손양원 목사(1902~1950)", 조선일보, 2012년 2월 25일
"시력보정주 '눈에 띄네", 이데일리, 2011년 3월 25일'
"의료관광 성공 비결 태국서 배운다", 의협신문, 2012년 4월 3일
"좌빨올림픽? 런던올림픽에 등장한 노동과 인권", 미디어 오늘, 2012년 7월 29일
"초코파이 북한에선 '개성빵'" 국민일보 2009년 12월 14일
"커피, 영어 낯선 탈북 청년들 자립도와요", 조선일보 2010년 9월 2일
"케인스 수제자 로빈슨이 본 1960년 북의 경제 한 마디로 말하면 '기적'", 민족21, 2001년 7월호

"크라우드펀딩, 돈보다 신뢰를 모으는 투자", 한국경제, 2012년 7월 5일
"탄소배출권 거래제로 연 매출 12조 감소", 한국경제 2010년 11월 25일
"통일과 십자가의 영성", 크리스천투데이, 2012년 4월 16일
"홍위병과 공작조 등장…문화대혁명 비극의 중심에", 미디어오늘, 2012년 3월 8일
"Korea,1964 : Economic Miracle", Monthly Review, Feb, 1965

〈영화·다큐멘터리〉

20세기의 희망과 절망, BBC, 1997년
굿바이 레닌, 볼프강 베커 감독, 2003년
다큐프라임-잊혀진 나라 13년, EBS, 2010년
레즈, 워렌 비티 감독, 1981년
마이웨이, 강제규 감독, 2011년
모던 타임즈, 찰리 채플린 감독, 1936년
인생, 장예모 감독, 1994년
잘 돼갑니다. 조긍하 감독, 1968년
찬송가 이야기-눈을 들어 하늘 보라, CGN-TV, 2007년
천리마 축구단, 다니엘고든 감독, 2005년
크로싱, 김태균 감독, 2008년
태극기 휘날리며, 강제규 감독, 2003년
화려한 휴가, 김지훈 감독, 2007년

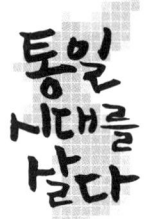

초판발행	2012년 9월 9일

지은이 | 전병길
펴낸이 | 오성훈
펴낸곳 | 포앤북스

편집주관 | 신 희
편집진행 | 임정은
디자인 | 최문영 김진영
영업관리 | 최현민

출판등록 | 제 2011-000055호
등록일자 | 2011년 2월 21일

주　　소 | 서울시 서초구 서초동 1308-16 한서그린빌리지 502호
　　　　　T. 02-3411-4443　F. 02-3478-8082
　　　　　www.4nbooks.com

제　　작 | (주)진성애드피아　T.02-456-8002

값 12,000원

ISBN 978-89-966055-3-9 03230

* 잘못된 책은 교환해 드립니다.
* 이 책의 전부 또는 일부 내용을 재사용하려면 반드시 사전에
  저작권자와 (주)포앤북스 양측의 서면에 의한 동의를 받아야 합니다.